echt EMF

Die Ereignisse in diesem Buch sind größtenteils so geschehen, wie hier wiedergegeben. Aus Gründen des Personenschutzes und für den dramatischen Effekt sind jedoch einige Namen und Ereignisse so verfremdet worden, dass die darin handelnden Personen nicht erkennbar sind.

echtEMF ist eine Marke der Edition Michael Fischer

1. Auflage
Erweiterte, aktualisierte Neuausgabe 2023

Covergestaltung: Michaela Zander und Jonas Högerl
Umschlagfotos: Enno Kapitzka (vorne), Alexander Tempel (Autorenbild)
Bilder Vor- und Nachsatz: Kämpfen auf Hawaii; Training am See;
Abkühlung dringend nötig: © Frank Wechsel/spomedis;
Zieleinlauf auf Hawaii: © Nils Flieshardt/spomedis;
Mit "Hase" Markus: © Marathon Photos;
Alle anderen: © privat
Satz: Jonas Högerl

Druck: Gedruckt bei GGP Media GmbH, Pößneck

ISBN 978-3-7459-1791-8

www.emf-verlag.de

THORSTEN SCHRÖDER

MIT JEDER FASER

MEIN WEG ZUM HÄRTESTEN TRIATHLON DER WELT

ERWEITERT & AKTUALISIERT: ZURÜCK NACH HAWAII

echt EMF

INHALT

PROLOG

„Jaaa!" – Ich schieße von der Holzbank hoch, als hätte mir das graue, wollene Halstuch meiner Freundin Wiebke, mit dem ich gerade noch hochnervös auf dem Tisch herumgespielt habe, einen Stromstoß versetzt. „Ja, ja, jaaaaa!", brülle ich, während meine Fäuste wild durch die Luft fliegen. Wäre die Sporthalle unter meinem Geschrei bebend zusammengebrochen – es hätte mich nicht gewundert. Ist sie aber zum Glück nicht. So kann ich von meinem Platz am Ende der Halle loslaufen in Richtung Bühne. Nach drei, vier Schritten hat sich so viel Energie in mir aufgestaut, dass ich drohe überzusprudeln. Ich hebe ab zum ersten Freudensprung. Nach ein paar Metern folgt der nächste Hüpfer. Erstaunlich, wie leicht das geht. Eben hatte ich noch Muskelkater, schwere Beine und war müde.

Kein Wunder, 19 Stunden zuvor war ich durch das Ziel eines Ironman-Rennens gewankt, nach 3,8 Kilometern Schwimmen, 180 Kilometern Radfahren und einem Marathon. Alles für einen Traum, von dem ich bis vor wenigen Augenblicken nicht wusste, ob er sich erfüllen würde.

Erschöpft und mit leiser Hoffnung hatte ich mich nach wenigen Stunden Schlaf hierher nach Hamburg-Wilhelmsburg geschleppt, zur Siegerehrung, bei der die Athleten bekanntgegeben würden, die sich qualifiziert hatten für das Sehnsuchtsrennen des Langdistanz-Triathlons: die Weltmeisterschaft in Kona auf Hawaii. Und der Sprecher hat gerade verkündet, dass ich einer von ihnen bin. Mit zwei Worten, die mich schon mein Leben lang begleiten, sich aber nie so gut angehört haben wie in diesem Moment: „Thorsten Schröder".

Ich bin plötzlich hellwach und voller Energie. Würde vor mir ein Baum aus dem Boden wachsen, ich würde ihn ausreißen. Würde sich mir ein Drache in den Weg stellen, ich würde ihn mit einem Faustschlag schachmatt setzen. Warmgeboxt bin ich ja schon.

Nach einem 50 Meter langen Ekstase-Jubel-Sprint erreiche ich die kleine Treppe zur Bühne. Die Stufen hinauf sind ein Witz für mich. Ich nehme sie behände, locker und setze oben noch einen letzten Freudensprung drauf. Muskelkater? Keine Spur!

Mir strecken sich Hände entgegen, in die ich kräftig und mit einem glückseligen Lächeln einschlage. Ich umarme Menschen, die ich nicht kenne. Adrenalin ist eine tolle Sache. Vor allem, wenn es den Körper flutet, weil sich ein Traum erfüllt, für den man hart gearbeitet hat: Ich bin einer der Glücklichen, die in zwei Monaten an der Ironman-Weltmeisterschaft teilnehmen dürfen. Ich gehöre dazu! Ein Moment, für den ich gebangt und gehofft, für den ich neun Monate lang alles Mögliche und Unmögliche getan habe. Ich bin an meine Grenzen gegangen, körperlich, psychisch und organisatorisch. Habe Material und Ausrüstung teuer optimiert, meinen Urlaub für Trainingscamps geopfert und mir den geliebten Wein und die Schokolade verkniffen. Hätte ich allerdings geahnt, welche Quali-Zeiten ich hinlegen muss, um nach Hawaii zu kommen – ich hätte das Projekt Kona niemals in Angriff genommen. Und trotzdem war es mit das Beste, was ich jemals erleben durfte. Dabei hat es etwas gedauert, bis ich meine Liebe zum Triathlon entdeckte.

OHNE BALL NIX LOS

Ginge es nach meinem jugendlichen Ich, wäre das hier ein Fußballbuch. Jeden Samstagnachmittag hörte mein Vater die Reportagen der Bundesligaspiele im Radio und guckte danach die Sportschau. Meinen Kinderaugen und -ohren blieb das nicht verborgen, und ein bisschen interessierte mich der Ball schon, aber noch besser gefiel mir damals mein Kettcar. Aber nicht lange.

Zu meiner Leidenschaft wurde Fußball 1974, ich war sechs Jahre alt, und in Deutschland fand die Weltmeisterschaft statt. Seit die deutsche Nationalelf im eigenen Land um den WM-Titel spielte, rollte der Ball im Garten, und das Kettcar stand still. Nicht nur für die Dauer des Turniers, sondern ständig. Der Fußball erklomm den Thron meiner Lieblingsspielgeräte. Erstmals zog mich ein großes, weltweites Sportereignis komplett in seinen Bann. Ich saß auf unserem Sofa im Wohnzimmer und schaute fasziniert zu, wie Mannschaften aus Ländern, deren Namen ich zum ersten Mal hörte, wie Haiti und Zaire (so hieß damals die heutige Demokratische Republik Kongo), in meist vollen deutschen Stadien gegeneinander antraten. Fußball war offenbar ein Sport, der überall auf der Welt beliebt ist. Auch bei meiner Familie. Mein Vater diskutierte mit meinem Onkel, dem Fleischermeister oder unserem Nachbarn wild über das Turnier: toller Schuss von Breitner gegen Chile, die Holländer spielen schönen Fußball, was ist bloß mit Netzer los, was für eine peinliche Niederlage gegen die DDR, ausgerechnet gegen die. Und meine Schwester Anke schwärmte für den schönen Brasilianer Francisco Marinho. Der mit den langen Haaren. Es packte jeden. Mich auch.

Ich sah, wie Franz Beckenbauer die Bälle mit eleganten Bewegungen an seine Mitspieler verteilte und wie Gerd Müller sie ins Tor schoss – oder stocherte. Beide wurden meine Helden! Ihnen wollte ich es nachmachen. Hoffentlich irgendwann einmal vor zigtausenden Zuschauern im Stadion, vorerst aber im eigenen Garten oder auf dem Sportplatz. Von da an gab es mich nicht mehr ohne einen Fußball. Dieses Spiel hatten die Engländer oder schon vorher die Chinesen – ganz egal eigentlich – allein für mich erfunden. Das stand fest. Nur im Klassenzimmer und im Bett verzichtete ich auf einen Ball. Und auch das nicht freiwillig.

In jeder freien Minute trommelte ich Nachbarskinder und Klassenkameraden zusammen, um zu kicken. Entweder auf der Straße oder auf dem Bolzplatz, der zu Fuß in zehn Minuten zu erreichen war. Einer meiner Freunde wollte immer Pierre Littbarski sein, der mit den O-Beinen. Ich hatte keinen absoluten Favoriten. Mal war ich Beckenbauer, mal Keegan, mal Müller. Manchmal auch alle zusammen. Denn wenn ich allein spielen musste, vervielfältigte ich mich und lieferte mir in unserem Garten dramatische Matches gegen mich selbst. Ich war gleichzeitig Flankengeber und Kopfballspieler, Mittelstürmer und Verteidiger oder Schütze und Torwart. Der Apfelbaum mitten auf dem Rasen wurde zum Gegenspieler, der sich mir immer wieder in den Weg stellte, aber selten eine Chance hatte. Meist umdribbelte ich ihn locker. Manchmal brachte er mich aber auch zu Fall: Weil ich beim Vorbeilaufen mein Bein seitlich ausstreckte, um am Stamm hängenzubleiben – so könnte es ein unbeteiligter Beobachter behaupten. Für mich aber war ganz klar, dass der Baum mich böse gefoult hatte. Ich wälzte mich auf dem Boden und hielt mir vor schlimmem imaginärem Schmerz das Schienbein. Logo, das gab Elfmeter. Da zögerte der Schiri nicht lange, der ebenfalls ich war. Nur eine Rote Karte gab es nie, den Baum vom Rasen zu schicken, ging ja nicht.

Beim Fußball konnte ich mich so austoben, wie ich es brauchte. Ich hatte nicht nur die normale Energie eines Grundschulkindes, sondern war – so würde ich es ausdrücken – besonders lebhaft. Mein Vater bezeichnete mich mit wachsender Resignation entweder plattdeutsch als „Wippsteert" oder hochdeutsch als „Zappelphilipp", und meine Mutter verzweifelte an meiner Garderobe: Kein Hemd konnte meinem Bewegungsdrang standhalten, ständig rutschten sie aus der Hose.

Wenn ich mir heute auf alten Super-8-Filmen selbst zuschaue, dann sehe ich einen jungen Kerl mit einer ganzen Schar Hummeln im Hintern. Selbst beim Versuch, die Familie aufzustellen und in Ruhe zu filmen, tanzte ich wortwörtlich aus der Reihe und machte Faxen. Man sieht genervte Blicke der Eltern und der beiden etwas älteren Schwestern sowie vergebliche Versuche, meinen Arm zu packen und mich zu bändigen. Heute würden manche Voreilige wohl ADHS bei mir diagnostizieren und mir irgendwelche Pillen verabreichen. Keiner würde glauben, dass es dieser Junge in ferner Zukunft schaffen würde, in der *Tagesschau* eine Viertelstunde und in den *Tagesthemen* gar eine halbe Stunde lang ruhig stehen zu bleiben. Mit dem Hemd in der Hose!

1974 verschrieb aber noch kein Arzt Ritalin, stattdessen schrieb ich Fußballgeschichte am Fließband im elterlichen Garten in Reinbek-Neuschönningstedt in Schleswig-Holstein, nur wenige Kilometer vor den östlichen Toren Hamburgs. Doch trotz meiner Leidenschaft weigerte ich mich, in einen Fußballverein einzutreten. Weder das rote Trikot des Vereins des Nachbar-Stadtteils FC Voran Ohe, noch das blaue des TSV Glinde wollte ich überstreifen. Aus gutem Grund, denn: Was passierte, wenn ich mitten im Spiel aufs Klo musste? Ich konnte doch nicht einfach vom Platz laufen, während die anderen weiterspielten. Dieses große Problem hatten meine

Eltern offenbar völlig übersehen, als sie mich fragten, ob ich Vereinsfußball spielen wollte. Wie gut, dass ich damals schon mitdachte. Drei Jahre lang konnten mir meine Eltern meine Klo-Sorge nicht nehmen. Erst mit neun Jahren vertraute ich meinen Körperfunktionen so weit, dass ich doch noch Mitglied beim FC Voran wurde.

Neben dem Fußball hatte kein anderes Hobby auch nur einen Millimeter Platz. Eigentlich. Meine Eltern versuchten trotzdem, mich auf den Musikgeschmack zu bringen. Sie schwärmten von den schönen Liedern, die eine Tochter von Bekannten auf der Heimorgel spielte. „Willst du das nicht auch mal versuchen, Thorsten?" Heimorgelmusik war damals voll im Trend, ihr Star hieß Franz Lambert. Der „Zauberer an der Hammondorgel" sorgte auch in Halbzeitpausen von Fußballspielen für fröhliche Unterhaltung, deshalb war er auch mir ein Begriff. Mich interessierte aber mehr, was während der beiden Halbzeiten passierte als das musikalische Geschehen dazwischen. Nein, wollte ich also natürlich nicht, dieses Orgelspielen. Dann bliebe ja weniger Zeit zum Fußballspielen.

Und doch war mir am Silvesterabend 1977 plötzlich klar: Ich werde Heimorgel lernen! Meine Eltern hatten nämlich das entscheidende Argument vollkommen vergessen: Es hatte langes, glattes, schwarzes Haar, war zuckersüß, hatte ein hinreißendes Lachen und hieß Anja. Die musikalische Tochter der Bekannten. Sie war 10 Jahre alt, genauso wie ich, und keine Hundertstelsekunde ließ ich das wunderbare Wesen aus den Augen, ich wich nicht von ihrer Seite. Dieser nicht blonde Engel verursachte bei mir Glückseligkeit und aufgeregtes Herzwummern. Gleich am Neujahrstag sagte ich meinen Eltern, dass ich es mir überlegt hatte. Sie waren begeistert: Was für ein toller Sohn! Er war vielseitig interessiert. Nicht nur an Sport, sondern auch an Kultur.

Fortan fuhr ich mit Anja Woche für Woche ins „Musikstudio Erbe" zum Orgelunterricht. Daheim ließ ich öfter den Ball liegen, um mich durch die „Schule für electronische Heimorgeln" zu musizieren. Mit Liedern wie „Muß i denn, muß i denn", „Mein Hut, der hat drei Ecken", oder dem „Schneewalzer" erfreute ich meine Eltern, Omas und Opas und Freunde und Bekannte, wenn sie sich anhören durften, welche Fortschritte der Junge gemacht hatte.

Ich übte gerne und viel, um Anja zu beeindrucken. Aber der Schuss ging nach hinten los. Jahre später erfuhr ich, dass sie mich doof fand, weil ich mir die begehrte blaue Heimorgel-Urkunde früher ertastet hatte als sie. Obwohl sie vor mir angefangen hatte. Ich hatte also ein gewisses Talent für die Orgel, aber noch mehr für den Fußball. Zumindest in meinem kleinen Fußballuniversum gehörte ich immer zu den Besseren. Ich konnte gut mit dem Ball umgehen, hatte ein Gefühl für ihn, einen guten Blick für die Mitspieler und den tödlichen Pass.

Einzeltraining beim FC Voran und zwei Sichtungsspiele beim Hamburger Fußball-Verband machten mir ein paar Monate lang sogar Hoffnung, dass ich aus meinem Talent etwas machen könnte: vielleicht eine Karriere à la Uli Hoeneß, dem ich ähnliche Fähigkeiten am Ball attestierte wie mir. Ich bereitete mich auf alle Eventualitäten vor und bat meine Mutter, ein Foto von mir in voller Nationalmannschaftsmontur zu schießen: weiße Stutzen, schwarze Hose, weißes Shirt. Nur die Flagge fehlte auf dem Trikot. Kurzerhand ernannte ich meine Mutter zum Zeugwart und bat sie, mir die fehlende Flagge aufzunähen. Was ich nicht bedacht hatte: Die Nationalspieler trugen nicht die schwarz-rot-goldenen Farben auf der Brust, sondern den Bundesadler.

Ein kleiner Schönheitsfehler, aber ich sah generös darüber hinweg, auch wenn dadurch ein nur fast perfektes „Nationalspieler"-Foto entstand. Darauf sieht man mich kerzengerade auf dem heimischen Rasen stehen, die Hände hinterm Rücken verschränkt, das Kinn leicht angehoben, zwischen meinen Füßen liegt mein Ball. Mein Gesicht wird durch den Schatten des Baums leicht verdunkelt (er wollte sicher gerade wieder zum Foul ansetzen). Ich hielt das Foto sowohl fürs Panini-Album als auch für Autogrammkarten geeignet; also signierte ich es eigenhändig. Weil man das als Fußballstar eben so macht. Ich war vorbereitet, der Rest war allein Sache des Bundestrainers. Der meldete sich aber partout nicht. Nicht einmal Spielerbeobachter kamen. Das könnte unter anderem daran gelegen haben, dass ich zu langsam lief. An diesem Manko arbeiteten wir beim Oher Einzeltraining leider vergebens. Oder es lag an meinen viel zu dünnen, kraftlosen Oberschenkeln, die mein Trainer bemängelte. Da halfen auch die Extrasteaks nichts, zu denen er mir geraten hatte. Ein paar Jahre später hatte der deutsche Fußball mit Lothar Matthäus eine adäquate Alternative zu mir gefunden. Er war tatsächlich viel schneller als ich und hatte viel kräftigere Oberschenkel.

Mit den Riesenmuskelpaketen von Big Jim konnte aber auch ein Lothar Matthäus nicht mithalten. Big Jim war meine Actionfigur. Ein 24 Zentimeter großes Männchen, breitschultrig mit Bodybuilder-Muckis, von seinen Herstellern eindeutig dazu auserkoren, böse Feinde dank seiner unbändigen Kraft zu besiegen. Zum Fußballer war Big Jim mit diesem Körperbau nicht gemacht. Aber vielleicht ahnte ich ja damals schon, dass man Großes erreichen kann, selbst wenn man nicht dafür geschaffen ist.

Mit Big Jim machte ich mein Kinderzimmer zur Stätte epischer Rasenschlachten: Ich zog ihm Trikot, Hose, Stutzen und Schuhe an und machte ihn zum Helden der Fußballspiele auf dem graubraunen Teppich in meinem Zimmer. Dort traf sich ganz Europa. Ich hatte im KICKER gelernt, dass es Vereine gab aus Städten mit teils unaussprechlichen Namen wie Durres, Debrecen, Turku, Braga, Mielec oder Bor-de-aux (was ich genauso aussprach, wie man es schreibt). In Erdkunde konnte mir lange kein Gleichaltriger das Wasser reichen.

Wenn die Clubs aus aller Welt in meinem Kinderzimmer gegeneinander spielten, war die Hütte voll und tolle Stimmung garantiert. Und weil sonst niemand der Öffentlichkeit von diesen fußballerischen Meilensteinen berichtete, nahm ich das selbst in die Hand und wurde mit meinen neun Jahren zu einem dieser Sprechakrobaten, die mich so faszinierten. Samstag für Samstag, wenn die Bundesliga spielte, schaltete ich das Radio ein und lauschte bewundernd den dauerredenden Männern, die inmitten der mehr oder weniger lärmenden Zuschauer saßen, das Mikro in der Hand, Kopfhörer auf dem Kopf, und wunderbar lebhaft, enthusiastisch, klagend und blumig erzählten, was sie vor sich auf dem Rasen und um sich herum auf den Tribünen erlebten.

Die Kommentatoren beamten mich aus Neuschönningstedt ins Stadion nach Dortmund, München oder Frankfurt.

Das wollte ich auch können. Und weil für das große Stadion-Klangerlebnis im Kinderzimmer die Geräusche der Zuschauer fehlten, übernahm ich diesen Job gleich mit und versuchte, Jubel, Raunen und Anfeuern von 30 000 bis 80 000 Menschen nachzuahmen. Ich fand, das klappte ganz gut und klang echt.

Auch mit 13 oder 14 Jahren machte ich das noch, versteckte meinen Big Jim aber und spielte heimlich. Also, Zimmertür zu, auf den Teppich sinken, in der einen Hand Big Jim, in der anderen den kleinen, schneeweißen Ball, der eigentlich zum Tischfußballspiel gehörte. Den Kommentar flüsterte ich, und Torschreie und Jubel wurden leise gedimmt. Wie peinlich wäre es gewesen, wenn meine Eltern mich beim „Puppenspielen" erwischt hätten! Oder, noch schlimmer, meine Schwestern! Hörte ich die Treppe knarzen, verschwanden Ball und Big Jim ganz schnell in der Schublade.

Dass ich weiterspielte, hatte einen einzigen Grund. Ich hatte einen neuen Traumberuf: Fußballkommentator. Und dafür musste ich üben. Ich kommentierte Big-Jim-Spiele. Ich kommentierte, wenn ich im Garten kickte. Ich kommentierte Bundesligaspiele aus der Sportschau, die ich auf Video aufgenommen hatte. Wir hatten schon sehr früh ein solches Gerät. Mein Vater hatte sofort zugeschlagen, als die ersten dieser topmodernen Dinger in den Läden standen.

Notfalls wäre ich auch ein Schreiberling geworden. Um auf diesem Gebiet Erfahrung zu sammeln, gab ich eine Fußballzeitschrift heraus. Leser gab es leider fast keine. Nur meine Mutter und meine Schwestern blätterten freundlicherweise ab und an durch die zehn, zwölf Seiten meiner „Fußball-Tag", wie ich das in loser Folge erscheinende Blatt nannte.

Redaktion, Layout, Grafik – alles mein Werk. Eine One-Man-Show. Für schlappe 30 Pfennig wurde dem Leser viel geboten: Spielberichte und Interviews, Autogrammkarten (die Unterschriften der Spieler musste ich leider fälschen), Bilder der Teamtrikots zum Ausschneiden und Sammeln. Alles, wofür das Fanherz schlägt. Ich schrieb sämtliche Texte selbst, mit der Hand und Bleistift oder Kuli – und ich war gnadenlos ehrlich zu meinen Lesern: Am Ende von Ausgabe Nr. 2/1981 hieß es in der Vorschau auf das folgende Heft: „In der nächsten *Fußball-Tag* wissen wir noch nicht, was wir bringen." Ich verstand es meisterhaft, die Spannung aufrechtzuhalten und Kaufanreize zu schaffen.

Für mich stand fest: Beruflich musste es unbedingt „Irgendwas mit Fußball" sein. Meine Karriere als aktiver Fußballer sollte damals allerdings nur noch wenige Monate dauern.

ICH HABE RÜCKEN

Das Ende begann nach einem Ligaspiel, als ich 14 Jahre alt war. Mittags hatte ich für den FC Voran auf dem Platz gestanden und alles gegeben. Offenbar etwas mehr als alles, denn mein Rücken fing an, sich zu beschweren. Ich saß in meinem Zimmer in meinem gemütlichen alten Sessel und spürte, dass irgendetwas nicht stimmte. Keine drei Stunden nach dem Spiel konnte ich mich kaum noch bewegen. Nach vorn beugen ging nicht, den Oberkörper zur Seite drehen war unmöglich. Ein Gefühl, als wären sämtliche Muskeln, Sehnen und Bänder in meinem Rücken erstarrt. Ich versuchte aufzustehen. In Zeitlupe drückte ich mich mit beiden Händen von den Sessellehnen ab, um auf die Beine zu kommen. Ungefähr so dynamisch wie der Star-Wars-Roboter R2-D2 zockelte ich mit einer Hand am Geländer ungelenk die Treppen hinunter, dorthin, wo Rettung nahte. Auch mein Vater hatte häufig Rückenprobleme, deshalb hatten wir das Nötigste immer im Haus. Meine Mutter brauchte nur den kleinen weißen Arzneischrank zu öffnen und nach der Salbe zu greifen, „die so schön brennt", wie Vater immer sagte, wenn Mutter sie ihm auf den Rücken schmierte. Nun war zur Abwechslung ich dran. Sie brannte zuerst tatsächlich auf meinem Rücken, aber dann wurde es wohlig warm. Nach drei, vier Stunden löste sich die völlige Erstarrung, bis sie ganz verschwunden war. „Das hätte ich überstanden", dachte ich. „Kann passieren, wahrscheinlich eine falsche, abrupte Bewegung, die meinem Rücken nicht gefallen hat."

Aber die Erstarrung kehrte zurück. Nur eine Woche später, wieder nach einem Spiel für Ohe, konnte ich mich erneut nicht bewegen. Und wieder musste mich meine Mutter mit der Salbe retten. Aber diesmal war da noch etwas anderes: In meinen Oberschenkeln kribbelte es, als liefen unzählige Ameisen kreuz und quer. Ich versuchte, dieses unangenehme Gefühl wegzukratzen und musste feststellen, dass sich zum einen die Ameisen davon nicht beeindrucken ließen und ich zum anderen nicht viel von meinem Kratzen spürte. Dort, wo die Ameisen herumkrabbelten, waren meine Beine ein bisschen taub. Jetzt wurde es mir unheimlich. Was war das denn? Und was konnte man dagegen tun? Eine Salbe gegen krabbelnde Ameisen in den Beinen hatten wir nicht im Arzneischränkchen. Also tat ich, was ich für das Beste in einer solchen Situation hielt: abwarten. Und, siehe da, sowohl Rückenschmerzen als auch Ameisenkribbeln waren am Abend weg. Ich war erleichtert, aber merkwürdig war es doch. Zumal es dem Krabbelgetier bei mir zu gefallen schien. Jede Woche besuchte es mich wieder, und auch der Rücken versteifte sich weiter nach jedem Ligaspiel. So konnte es nicht weitergehen. Nachdem die Beschwerden auch nach einigen Monaten nicht verschwunden waren, fuhren meine Mutter und ich zum Orthopäden. Der ließ mich röntgen und besah sich dann die Bilder. In meiner jugendlichen Unbekümmertheit machte ich mir keine großen Sorgen. Ich war einfach nur gespannt, wo die Ursache für meine Probleme lag. Auch der Arzt, dem meine Mutter und ich gegenübersaßen, wirkte nicht sonderlich besorgt und was er sagte, klang auch erst mal nicht so schlimm: Wirbelgleiten lautete seine Diagnose, die mir ungefähr genauso viel sagte wie ägyptische Schriftzeichen. Der Arzt erklärte, dass dabei ein Wirbelkörper in der Lendenwirbelsäule auf dem darunterliegenden nach vorn gleitet und auf die Nerven drückt. Bis dahin für mich immer noch nicht tragisch, doch dann ließ er die Bombe platzen: „Das Problem wird umso größer, je heftiger du Sport treibst. Wenn du Fußball spielst, bekommst du das hinterher unangenehm zu spüren. Darum solltest du das von nun an sein lassen."

Ich glaubte, mich verhört zu haben. Ich starrte ihn an und wartete darauf, dass er sagte: „Nur ein Scheheerz!" Aber da kam leider nichts. Langsam sickerte die Bedeutung seiner Worte in mein Bewusstsein, und mir wurde schummrig. Plötzlich drehte sich alles, und ein Wirbelwind rauschte durch meinen Kopf. Ich nahm gerade noch wahr, dass der Doktor fragte: „Alles in Ordnung mit dir?" und dann kollabierte ich, zusammen mit meiner Fußballwelt. „Schnell, die Beine hochhalten", hörte ich aus einer fernen Galaxie den Hiob sagen, der behauptete, mein Arzt zu sein. Jemand legte mir ein Kissen unter den Kopf und brachte ein Glas Wasser. Aber der Schalter meiner Lebensgeister ließ sich nur sehr mühsam wieder von „Aus" auf „Ein" umlegen. Nur langsam lichtete sich das Schwarz vor meinen Augen und machte dem sorgenvollen Gesicht meiner Mutter Platz. Ich kam wieder zu mir – und mir schwante, dass dieser Tag alles verändern würde. War ein Leben ohne Fußball überhaupt möglich – oder sinnvoll? Und wie lange sollte dieser unerträgliche, fußballlose Zustand anhalten? Für immer? „Nein, nicht für immer", machte mir der Arzt ein bisschen Hoffnung, als ich noch immer etwas benommen wieder neben meiner Mutter saß. Es gebe, so sagte er, eine Lösung für das Wirbelgleiten: Man könne es an der Uniklinik in Hamburg-Eppendorf operieren. „Ganz erfolgreich. Gehen Sie da mal hin."

Meine Mutter war besorgt, mein Vater unsicher. Eine Operation am Rücken ist schließlich keine Kleinigkeit. Dort verlaufen Nervenstränge, dort ist das Rückenmark. Ich sah die Sache entspannter. Zwar hatte ich schon mitbekommen, wie wichtig eine intakte Wirbelsäule für einen funktionierenden Körper ist, und auch von Querschnittslähmung hatte ich schon gehört. Aber die Operation sollte mich ja gerade wieder funktionsfähig machen. Die Ärzte würden schon wissen, was sie tun – und um wieder Fußball spielen zu können, hätte ich noch einiges mehr auf mich genommen, als mich auf einen OP-Tisch zu legen. Zugegeben, auch mir wäre wie meinen Eltern Krankengymnastik deutlich lieber gewesen, aber wenn es nun mal nicht anders ging, mussten wir eben den großen Schritt wagen. Nachdem auch ein zweiter Orthopäde bestätigt hatte, dass eine Operation unvermeidbar war, weil sonst Lähmungen drohten, stimmten wir einem Eingriff zu. Heute würde man wohl tatsächlich erst einmal versuchen, dem Problem mit ausgiebig Physiotherapie oder Osteopathie beizukommen. Aber damals, Anfang der 80er-Jahre, war es eben anders.

Als ich den Professor kennenlernte, der mich operieren sollte, war ich mir sicher, dass ich das Richtige tat. Der Mann mit den vielen Locken auf dem Kopf, der runden Brille auf der Nase und dem milden, wissenden Lächeln versprach mir: „Wir kriegen dich schon hin. Bald kannst du wieder schwerste Gewichte stemmen." Messerscharf kombinierte ich: Wenn selbst Gewichtheben möglich sein sollte, dann doch wohl erst recht so etwas Banales wie Fußball. Ich sah mich schon wieder im roten Ohe-Trikot auflaufen, Pässe spielen, dem Gegner den Ball abjagen und, wenn nötig, über den Platz grätschen.

An meine Mutter gewandt erklärte der Arzt das genaue Prozedere: Er würde ein Stück aus meinem Beckenkamm zwischen den betreffenden Wirbeln platzieren, quasi als Bandscheibenersatz. Dort sollten die Knochen dann verwachsen. Sie würden von ventral operieren, also vom Bauch aus. Blitzschnell war ich gedanklich vom Fußballplatz zurück im Untersuchungsraum, und mein überlegenes Grinsen verschwand. Meines Wissens nach befand sich die Wirbelsäule nicht am Bauch, sondern mehr so Richtung Rücken. Meine Mutter war offenbar ähnlich irritiert: „Vom Bauch aus?", fragte sie. Mit zehn Fragezeichen. „Ja", bestätigte der Arzt. „So kommen wir besser an die Problemstelle, weil der Wirbel nach anterior rutscht, also nach vorne." Mutter gab sich zufrieden, ich aber blieb skeptisch.

Wenn ich den Biounterricht nicht völlig falsch verstanden hatte, waren da doch ein paar Organe im Weg. Musste der Arzt die dann alle rausholen, um an die Wirbelsäule zu kommen? Eine gruselige Vorstellung, aber meinetwegen. Wenn er Milz, Leber und all das andere Geglibber wieder ordentlich dorthin zurücklegte, wo er es hergeholt hatte, sollte er sich eben von ventral vorarbeiten. Da musste ich durch, wenn ich wieder Fußball spielen wollte. Für meine Leidenschaft war ich gewillt, jegliches Leiden zu akzeptieren.

Doch nach der OP traf es mich mit voller Wucht. Ganze vier Wochen lang lag ich starr im Krankenhausbett. Für einen „Zappelphilipp" wie mich eine Tortur. Aber das dicke Ende folgte noch: Ich sollte ein Jahr lang ein Korsett tragen. Und diese Plastikschale um meinen Rumpf, mit der ich schließlich nach Hause entlassen wurde, entpuppte sich als die wahre Folter. In der Theorie klang es einleuchtend: Mein Rumpf sollte stabilisiert werden, damit die beiden einst beweglichen Wirbelkörper in aller Ruhe mit dem dazwischengesetzten Knochenstück aus meinem Becken verwachsen konnten. De facto war ich damit aber genauso unbeweglich wie zuvor durch die Rückenschmerzen. Mit dem Unterschied, dass diese Steifheit nun anhalten würde – für ein ganzes Jahr! Dass ich als bewegungsfreudiger Fünfzehnjähriger angesichts dieser monströsen Zeitspanne nicht die Nerven verlor, verdankte ich allein der Aussicht darauf, dass danach alles besser werden würde.

Das Korsett wurde ein Teil von mir. Ich musste es permanent tragen, auch nachts im Bett und beim Duschen. Um mich von meiner Plastikhülle zu befreien, hätte ich eine Säge gebraucht. An die Schrauben, die das Ungetüm mit drei metallenen Querstreben am Rücken zusammenhielten, kam ich allein nicht heran. Mein hautenges Gefängnis durfte nur ein Fachmann öffnen – und auch der nur dann, wenn es mir darin unerträglich eng wurde, weil ich zugenommen hatte. Statt wie andere nur in einen Laden zu gehen und die Klamotten eine Nummer größer zu kaufen, marschierte ich zusätzlich zum Orthopädietechniker, damit der mein Korsett eine Nummer weiter machte. Dazu löste er die Schrauben, bog die Hälften auseinander, schnitt das Korsett vorn der Länge nach auf und fügte eine zwei oder drei Zentimeter breite Plastikschicht ein, um den Umfang zu vergrößern. Für ein paar Augenblicke war ich befreit. Endlich frische Luft an Bauch, Brust, Rücken! Meine Haut sog den Sauerstoff auf wie ein Verdurstender das Wasser. Der leicht süßsaure Modergeruch, der aus der geöffneten Plastikschale stieg, verflüchtigte sich leider nur langsam. Zudem wurde der Techniker immer flinker, denn ich gab ihm jede Menge Gelegenheit zum Üben: alle drei bis vier Wochen war ich bei ihm.

Verantwortlich dafür war ganz besonders der Samstagabend: Zu „Wetten, dass ...?“, „Auf los geht's los“ oder einem spannenden Spielfilm holte mein Vater immer Chips und Schokolade aus dem Süßigkeitenschrank im Schlafzimmer meiner Eltern. Und wer sich nicht bewegt und weiterfuttert wie gehabt, der nimmt zu.

Außerdem gab es Limo oder Cola. Wasser war für mich lange Zeit nur zum Waschen und Kochen da, runter bekam ich das nicht. Mit sechs oder sieben Jahren hatten mir mal Bekannte meiner Eltern in Köln „Sprudelwasser“ angeboten, eine Getränkebezeichnung, die ich gleichgesetzt hatte mit Zitronenlimo, die sprudelt ja auch. Aber natürlich war Sprudelwasser nichts anderes als „Mineralwasser“, wie ich erschreckt hatte schmecken müssen. In einer eindrucksvollen Fontäne war der erste und einzige Schluck, den ich davon genommen hatte, umgehend auf dem gedeckten Kaffeetisch gelandet. Widerliches Zeug!

Wenig später hatte es so ausgesehen, als wäre der große Moment gekommen, in dem ich vom Saulus zum Paulus wurde. Wir hatten damals in sengender Sommerhitze ein Fußballturnier gespielt. Schweißüberströmt und fast ausgedörrt hatte ich nach einer Flasche Wasser gegriffen und sie hastig ausgetrunken. Das hatte so gutgetan und geschmeckt! Das Etikett hatte verraten: Es war tatsächlich Wasser. Und ich war in der Lage gewesen, es ganz ohne Würgereflex zu trinken. Ich war darüber mehr begeistert gewesen als über unseren zweiten Platz beim Turnier. Zu Hause hatte ich meinen Eltern stolz verkündet: keine Cola, keine Sprite, keine Fanta mehr. Wir trinken von nun an nur noch gesundes Wasser, von dieser einen, allerleckersten Sorte. Denn natürlich hatte ich schon damals gewusst, dass Unmengen Zucker nicht gesund sind. Doch als ich zu Hause den ersten Schluck meiner „Lieblingswassersorte" genommen hatte, war das ungute Bäh-Gefühl zurück. Mir ging ein Licht auf: Es lag daran, dass es nicht brütend heiß war und ich keinen Sport machte. Gebt mir mein Zuckerwasser zurück!

Erst viele Jahre später stieg ich doch noch auf Wasser um, als der Verstand über meine Geschmacksnerven triumphierte und ich merkte, dass ich mich an den neutralen Wassergeschmack gewöhnen musste. Die Umstellung war nicht einfach. Die Süße hatte mich süchtig gemacht. Zum Glück wurde ich dank meines Willens den Würgereflex los, sonst hätte ich später auf der Triathlon-Langdistanz ein ziemliches Problem bekommen, so ganz ohne Wasser.

Dabei hätte es mir schon in meiner Korsettphase ganz gutgetan, zumindest bei der Flüssigkeitsaufnahme ein paar Kalorien einzusparen. Denn immer deutlicher machte sich meine suboptimale Ernährungsphilosophie an Gewicht und Umfang bemerkbar. Den schlanken, drahtigen Jungen, der ich einmal war, gab es nicht mehr. Da ich mir dank des Korsetts aber nicht in meine Speckröllchen kneifen konnte, ließ sich das Mehrgewicht noch eine gute Weile lang verdrängen. Es war eine Nachbarin, die wir im Supermarkt trafen, die schließlich die Wahrheit aussprach. Zu meinen Eltern gewandt sagte sie: „Thorsten hat ganz schön zugelegt." Der Spiegel hatte also nicht gelogen: Ich war dicker geworden. Unter meinem vollen, dichten, braunen Haar lag ein rundes Gesicht mit Pausbacken und dem Ansatz eines Doppelkinns.

So richtig schlimm fand ich es nicht: Das Problem würde sich ohnehin von allein erledigen, wenn ich nach meiner Korsettzeit wieder Gewichte heben und – viel wichtiger – Fußball spielen konnte. Ein Jahr lang etwas mehr von mir selbst herumzuschleppen, sollte doch durchzuhalten sein! Zumal ich, ganz ungeplant, einen Ersatz für mein aktives Gekicke gefunden hatte: beim Kicken zuschauen. Nicht im Fernsehen, sondern im Stadion.

Mein Vater nahm mich im Jahr 1983 eines Nachmittags mit zu einem Spiel des damaligen Drittligisten FC St. Pauli. Es war Liebe auf den ersten Kick. Mit uns im Stadion standen ungefähr 5 000 Menschen, machten einen Höllenlärm, peitschten mit ihren Schlachtrufen die eigene Mannschaft nach vorn und sangen nie etwas Abschätziges über den Gegner. Ein buntes Völkchen aus Freaks mit farbigen Haaren, totalen Normalos und echten Sankt Paulianern, Menschen aus dem Stadtteil. Zum Beispiel St. Pauli-Willi. In Fußballschuhen, Stutzen, kurzer Hose und FC-Trikot hätte er auch ein Auswechselspieler sein können. Wenn da nicht seine Riesenwampe, die Tröte in der Hand und sein fortgeschrittenes Alter gewesen wären. Er stand immer direkt hinter dem Zaun. „Wir werden Herbstmeister“, brüllte er. „Wir gewinnen 3:0.“ Selbst wenn es 1:1 stand.

Am Ende gab es jedes Mal donnernden Applaus für die Männer in Braun-Weiß. Nicht, weil sie schönen Fußball gespielt hatten (das hatten sie nicht). Sondern weil sie sich reingehängt, gekämpft und alles gegeben hatten. Das wurde honoriert – und war genau meins! Drei Jahre zuvor hatte ich auf dem Ascheplatz vor dem Stadion mit Voran Ohe eine 1:12-Klatsche gegen die St.-Pauli-Jugend kassiert. Das gefiel mir gar nicht. Aber von nun an würde ich mich über jeden Sieg von St. Pauli freuen, das stand fest. Ich hatte meinen Verein gefunden. Trotz dritter statt erster Liga. „Irgendwann“, so dachte ich, „werde ich nicht mehr regelmäßig kommen können, weil ich wieder selbst gegen den Ball trete.“ Aber ich wusste jetzt, wo ich bis dahin eine üppige Dosis Fußball bekommen konnte.

Der FC St. Pauli blieb mein Verein. Heute starte ich in seinen Farben bei Marathons, Triathlons und Radrennen. Die Liebe zu ihm ist nie verschwunden.

SCHLEICHEND ZUM TRIATHLON

Nach einem Jahr, ich war mittlerweile 16 Jahre alt, wurde ich endlich aus meinem „Gefängnis“ entlassen. Der Orthopädietechniker setzte den Schraubenzieher an, löste nach und nach die Schrauben des Korsetts und drückte es auseinander. Ich wandt mich heraus, spürte Luft auf meiner Haut statt klebrigem Schweiß und fühlte mich, als hätten sich mit dem Korsettverschluss auch wieder alle Möglichkeiten für mich geöffnet. Ich hatte die Zeit in Plastik überstanden. Ein erhebendes Gefühl.

Natürlich hatte ich mich – Realist, der ich bin – nicht bereits für den gleichen Tag mit meinen Kumpels zum Kicken verabredet. Mir war klar, dass meine Bauch- und Rückenmuskulatur erst wieder aufgebaut werden mussten, bevor ich zurück auf den Rasen konnte. Das Korsett hatte ihnen einen großen Teil ihrer Arbeit abgenommen und sie abschlaffen lassen. Aber ich hatte mir von der Korsettfreiheit doch deutlich mehr erwartet. Meinen persönlichen Gesundheitstest bestand ich jedenfalls nicht: Sich rücklings auf den Teppich legen und ausprobieren, ob es wehtun würde. Kaum berührte mein Oberkörper den Boden, war ein leichter Schmerz da. Genau an der Stelle, die operiert worden war. Und wieso war da wieder ein leichtes Kribbeln in den Beinen?

Anderthalb Monate nachdem ich das Korsett losgeworden war, musste ich zur Nachuntersuchung ins Uniklinikum. Mir war mulmig zumute, ich fühlte mich beklemmt und nervös. Die untapezierten Wände in „Depressiv-Betongrau" strahlten zudem nicht gerade Optimismus aus. Meine Mutter und ich warteten bereits eine Stunde. Jede Menge Zeit, um mir auszumalen, was uns der Professor gleich verkünden würde: „Schauen Sie mal auf die Röntgenbilder, da sieht man sehr deutlich, dass die Operation leider misslungen ist. 'Tschuldigung." Ich stellte mir vor, dass meine Wirbel herumrutschten wie eine Plattenspielernadel mit Schlagseite und ich froh sein konnte, überhaupt noch aufrecht zu stehen. Ameisen? Die würden mein kleinstes Problem sein. Zweieinhalb Stunden Warten. Die wussten hier, wie man Spannung und Dramatik aufbaut.

Drei Stunden. Mein Name ertönte, und ich war überzeugt, dass mein Leben vorbei war.

Bevor ich über die Schwelle ins Besprechungszimmer trat, atmete ich ganz tief durch, mein Herz schmiss den Turbo an und pochte mir im Stakkato bis zum Hals. Neben dem Schreibtisch des Professors hingen an einem Leuchtkasten Abbildungen meiner Wirbelsäule, auf die der Arzt deutete: „Schauen Sie mal auf die Röntgenbilder, da sieht man sehr deutlich ..." Bevor ich ob der Befürchtung, dass meine schlimmsten Fantasien wahr werden könnten, wieder umkippen konnte, wich der Doktor von meinem Super-GAU-Drehbuch ab: „... da sieht man sehr deutlich, dass die Wirbel und das Knochenstück schön miteinander verwachsen sind." Noch bevor das Lämpchen der Freude mein Gesicht komplett erhellen konnte, schränkte er ein: „Trotzdem musst du vorsichtig sein. Abrupte Bewegungen tun dem Rücken und der operierten Stelle nicht gut. Deshalb erst mal auch weder Gewichtheben noch Fußball spielen." Ein halbes Jahr sollte ich mich noch gedulden, dann würden wir „weitersehen". Ich war immerhin teilerleichtert. Die schlimmsten Befürchtungen hatten sich nicht bewahrheitet, die schönsten Hoffnungen aber auch nicht. Ich akzeptierte sein Urteil, wobei mir der Verzicht auf Hanteln deutlich leichter fiel als der auf den Ball.

Dennoch musste ich, der ein Jahr lang zur Untätigkeit verdammt gewesen war, wie ein angebundenes Wildpferd, endlich mal wieder nach Herzenslust herumspringen und mich austoben. Der Arzt hatte auch gleich eine Empfehlung parat, wie ich meinem Rücken Gutes tun und gleichzeitig Sport treiben konnte: „Schwimm doch mal", riet er. Schwimmen? Ich war überhaupt nicht begeistert. Kein Ball weit und breit und immer nur hin und her pflügen? Langweilig! Schwimmen taugte in meinen Augen nur als Beleg, wie unterschiedlich schnell Zeit vergehen kann: Während sich eine Stunde im Wasser quälend lang zog, vergingen 60 Minuten beim Fußball wie im Flug. Das Einzige, was mir im Schwimmbad gefiel, war, die Rutsche runterzurasen und mit einer Arschbombe das Wasser hochspritzen zu lassen. Diese Disziplinen hatte der Orthopäde aber leider nicht gemeint. Dass er auch Radfahren und Laufen – und damit sämtliche Triathlondisziplinen – als Alternativen vorgeschlagen hatte, bekam ich vor lauter Schreck über die verhasste Bewegung im Wasser gar nicht mehr mit. Vermutlich, weil ich Triathlon damals noch nicht kannte.

Meine Abneigung gegenüber dem Wassersport lag gar nicht mal daran, dass ich nicht (gut) schwimmen konnte. Das konnte ich! Mit Stolz trug ich sogar das Fahrtenschwimmer-Abzeichen mit den blauen Wellen auf meiner Badehose, das ich mir mit einer halben Stunde schwimmen und einem Sprung aus drei Metern Höhe verdient hatte. Über Wasser hätte ich mich also problemlos eine längere Zeit lang halten können. Ich hatte nur keine Lust dazu. Selbst als aktiver Triathlet freundete ich mich erst mit dieser Disziplin an, als ich für die Langdistanz trainierte.

Zu meinem Element wurde das Wasser nur, wenn ich mit meinen Eltern und Schwestern die Ferien am Meer verbrachte: an der Ostsee oder der Adria. An der jugoslawischen Küste sprang ich von Felsen ins klare, türkisblaue Wasser und schwamm schnell zurück ans Ufer, nur um wieder hineinzuspringen, diesmal statt mit einer Arschbombe mit einem Kopfsprung.

Meine Schwimmzüge waren damals schon kraulähnlich, den Kopf hielt ich allerdings stets über Wasser. Diese Technik hatte ich mir beim Ballspielen im Meer angeeignet. Um im Kampf um den nicht gefangenen Ball als Sieger hervorzugehen, beschleunigte ich, indem ich intuitiv die Arme rotieren ließ. Zum Schwimmen ganz ohne Ball konnte ich mich aber nicht aufraffen. Deshalb suchte ich nach einer Alternative. Und fand sie gleich hinter dem Haus.

Wir wohnten in Neuschönningstedt keine 150 Meter von den Oher Tannen entfernt, einem schönen, großen Waldstück, in dem ich schon häufig Jogger gesehen hatte. Vielleicht also laufen? Das war sicher nicht so rückenfreundlich wie Schwimmen – ich dachte an die Erschütterungen bei jedem Schritt – aber abrupt waren die Bewegungen nicht. Da mir nichts anderes einfiel, startete ich einen Testlauf und nahm mir vor, gut in mich hineinzuhören und zu stoppen, sollte die Wirbelsäule laut „Aua" schreien. Die ersten Schritte ertrug sie ohne Murren. Ein kleiner Schlenker um den Friedhof am Rande des Waldes und schon war ich am Beginn des langen Hauptwegs mitten durch die dichten Baumreihen. Der Duft von Tannennadeln flutete meine Nase, dazu gesellten sich der Geruch von Erde und Moder. Diesen Pfad war ich bisher nur mit dem Rad gefahren auf dem Weg zum Training. Manchmal hatte ich hier einen Ball kickend unsere Sonntagsspaziergänge absolviert.

Ich blieb zunächst auf den großen Pfaden, denn die kleineren, so fürchtete ich, waren zu uneben und zu gefährlich für mich. Ich wollte nicht wegen einer Wurzel oder eine Kuhle stolpern und meinen Rücken einer ruckartigen Ausgleichsbewegung aussetzen. Ich joggte 20 Minuten lang und war mächtig stolz. So lange ununterbrochen die Beine rotieren zu lassen, fühlte sich für mich nach einer großen Leistung an. Ich kehrte nach Hause zurück und wartete ab, ob sich die Ameisen in den Beinen melden würden. Nichts geschah – und ich war erleichtert. Mit Joggen konnte ich in Bewegung bleiben. Auch, wenn der Unterhaltungsfaktor beim Herumrennen auf irgendwelchen Waldwegen für meinen Geschmack ausbaufähig war. Ich betrachtete Laufen als notwendiges Übel, um den Speckröllchen beizukommen und fit zu sein, wenn ich irgendwann wieder Fußball spielen durfte.

Die Freude am Joggen hielt sich auch deshalb in Grenzen, weil ich überhaupt kein Talent dafür hatte. Schon vor der Korsettphase war ich in der Schule fast immer der langsamste Junge gewesen und den anderen hinterhergelaufen. Die Aschenbahn unter meinen Füßen hatte stets einem Laufband geglichen: Ich hatte mich abgestrampelt wie ein Irrer, war aber nie vorangekommen. Ich war über 50 Meter lahm, ich war über 400 Meter lahm. Und hatte es einfach nur anstrengend gefunden. Eines war klar: Der deutsche Carl Lewis würde ich nicht werden. Nicht einmal der ungedopte Carl Lewis.

Schlimmer als Sprinten war nur Turnen. Das stand in meiner immerwährenden Hitliste der langweiligsten Sportarten gleich hinter Synchronschwimmen (allein schon, weil es Schwimmen beinhaltete) und Dressurreiten. Aber mein sportlicher Ehrgeiz hatte es mir geboten, sowohl bei den Sommer-, als auch bei den Winterbundesjugendspielen zumindest eine Siegerurkunde zu erkämpfen. Also hatte ich an der Teppichstange im Garten den Hüftaufschwung und Handstandabrollen geübt – was ziemlich oft eher ein Handstandrunterknallen war, wenn ich ungebremst auf den Boden rumste. Ich gab diesen Turnübungen eine erhebliche Mitschuld an meinem Rückenproblem. Welcher Wirbel war schon für so etwas gemacht? Der Bundespräsident hatte auch Schuld, denn die Urkunden trugen seine Unterschrift. Er hatte sich dieses Sportfest sicher ausgedacht.

Immerhin hatte ich es meist zur angestrebten Siegerurkunde gebracht, die ich in meinem Kinderzimmer neben all meine Fußballposter an die Wand hängte. Vielleicht ließ sich ja jemand durch das Wort „Sieger“ blenden.

Weder Laufen noch Schwimmen konnten bei mir also auch nur im Ansatz eine Begeisterung entfachen wie der Fußball. Was hatte mir der Doc als dritte Sportart zum Fitwerden empfohlen? Radfahren? Auch das erschien mir höchst überflüssig, solange man nicht von A nach B musste. Aufs Rad gestiegen war ich bislang nur, wenn ich zur Schule fuhr, zu Oma und Opa, zu einem Freund, zum Fußballtraining oder eine Zeitlang auch in die Straße meiner Flamme Iris. Weil ich hoffte, dass sie vielleicht genau dann aus dem Haus kommen würde, wenn ich dort entlangrollte. Zum Glück geschah das nie, denn ich wäre knallrot geworden, hätte kein vernünftiges Wort rausgebracht und höchstwahrscheinlich Reißaus genommen. Nach Iris kam Eva, Radstalking und Flirterfolg blieben unverändert.

Manchmal hatte ich mich auch notgedrungen aufs Rad geschwungen, wenn Vater und Mutter zur „gemütlichen" Familienradtour am Wochenende riefen. Jetzt aber gab ich, gezwungenermaßen, dem Radfahren ohne (Mädchen-)Ziel eine zweite Chance. Zumindest einen gravierenden Vorteil hatte es ja: Ich musste meinen Eltern nicht erklären, wo ich mit dem Rad hinwollte und wo ich gewesen war. „Bewegung ist das A und O" lautete das Totschlagargument.

Tatsächlich setzte ich mich nun öfter auf mein Herrenrad und strampelte los. Acht bis zehn Kilometer ziellos durch die Gegend. Mal nach Ohe, mal nach Glinde, wo als sportliche Herausforderung der „Glinder Berg" zu bezwingen war, der auf einer Länge von etwa 500 Metern um zehn Meter in die Höhe schnellte. Für mich damals eine Bergetappe der höchsten Kategorie. Wenn Edeka Meier in Sichtweite kam, wusste ich, dass die Strapazen bald vorbei waren. Nur noch wenige Meter bis zum „Gipfel", dem „Col de Glinde", wie ich ihn später nannte. Mindestens 35 Meter über Null. Dass dort im Sommer kein Schnee lag, verstehe ich bis heute nicht.

In der Holsteinischen Schweiz ist es übrigens tatsächlich sehr hügelig. Wenn ich einen richtig guten Tag hatte und mich traute, dann ... fuhr ich allerdings nicht dorthin, sondern in die Straße meiner neuesten Flamme Yvonne und hoffte, dass sie vielleicht jetzt gerade ... Sie wissen schon.

Immerhin besaß ich mittlerweile ein Fahrrad, mit dem ich mich sehen lassen konnte. Das war nicht immer so. Als Siebenjähriger hatte ich mir zu Weihnachten ein schönes, neues Fahrrad gewünscht. Eines, wie echte Kerle es fahren, auch wenn sie noch kleine Kerle waren.

Als an Weihnachten die Stunde der Bescherung geschlagen hatte, war mein Herz vor Freude auf und ab gesprungen. Vor dem erleuchteten Tannenbaum war eines der Geschenke mit einem weißen Laken verhüllt, mehr breit als hoch, hatte es mir bis zum Bauchnabel gereicht und genau dort Ausstülpungen aufgewiesen, wo ein Fahrrad seine Lenker und Pedale hat. Das musste das heiß ersehnte Geschenk sein! Meine Klassenkameraden würden staunen und große Augen machen. Die Jungs würden neidisch sein. „Hoffentlich schneit es in den nächsten Stunden nicht", hatte ich gedacht, weil ich am nächsten Morgen gleich losradeln wollte.

Langsam und vorsichtig hatte ich mich dem großen Geschenk genähert und über beide Backen gestrahlt, weil ich meinem Traum ganz nah war. Voller Ehrfurcht hatte ich das Laken mit Zeigefinger und Daumen behutsam zurückgezogen. Ich hatte ein Vorderrad mit glänzender Stahlfelge und nigelnagelneuer Bereifung gesehen; dann einen leicht geschwungenen Lenker mit – oh weh – *roten* Griffen. Nicht schön, aber da konnte ich drüber hinwegsehen. Ich hatte eine runde Klingel entdeckt. Die machte bestimmt ganz schön Alarm, wenn ich die anderen überholen wollte. Ich hatte noch weiter am Laken gezogen, den Rahmen gesehen – und war schockiert: das *ganze* Fahrrad war rot. Wieso um alles in der Welt schenkten mir meine Eltern ein Fahrrad für Mädchen? Ich wollte eines in Blau. Oder grau, schwarz, silbern, von mir aus gelb, zur Not grün, egal, aber doch kein Rot! Hatte ich das denn nicht gesagt? Nein, das hatte ich nicht, stimmt. Aber musste man den Eltern denn alles erklären? Oder gab es den Weihnachtsmann doch? Dessen Lieblingsfarbe schien ja rot zu sein …

Wäre ich drei Jahre jünger gewesen, ich hätte bitterlich geweint, mich aus Verzweiflung auf den Boden geworfen und mit Fäusten und Füßen um mich geschlagen und getreten. Aber ich war schon groß, hatte einmal geschluckt und mich zusammengerissen, um meine entgleisten Gesichtszüge wiederherzustellen. Innerlich war ich tieftraurig, hatte aber die Contenance bewahrt, hatte mir alles genau angeschaut und scheinbar glückselig die rote Enttäuschung getätschelt. Dieses Weihnachten war gegessen, egal, was ich sonst noch geschenkt bekommen würde. Hoffentlich schneite es doch noch. Am besten die ganzen kommenden Tage.

Als ich die Wirbelsäulen-OP und das Korsett überstanden hatte, war das rote Rad natürlich längst Geschichte. Das Herumradeln um des Herumradelns willen mit meinem inzwischen blauen Herrenrad war mir damals aber trotzdem schon bald zu doof. So kam ich auf die Idee, dass ich mir die Radrennfahrer Dietrich Thurau und Bernard Hinault zum Vorbild nehmen könnte, die bei der Tour de France brillierten. Karl-Heinz Rummenigge und Lothar Matthäus konnte ich ja vorerst nicht mehr nacheifern. Die landschaftlichen Voraussetzungen dafür waren gegeben: Hinter unserer Siedlung war es eher ländlich, es gab Radwege zwischen den Feldern und nur ein paar kleine Ortschaften mit ruhigen Straßen Richtung Sachsenwald. Sollte sich herausstellen, dass ich wie gemacht war für eine Karriere als Träger des Bergtrikots, konnte ich am Glinder Berg üben – oder doch noch in die Holsteinische Schweiz fahren. Zuerst einmal musste aber ein Rennrad her. Ich testete zunächst, ob mein Rücken die dynamisch gebeugte Haltung auf einer solchen Tempomaschine mitmachen würde. Ich stellte den Lenker meines Herrenrades so tief wie möglich – mein Rücken murrte nicht. Die nächste Herausforderung: meinen Vater überzeugen. Doch auch der murrte nicht, als ich ihm meinen Wunsch mitteilte. Er fand die Idee mit dem Rennrad sogar gut. Vielleicht, weil er insgeheim fürchtete, dass er, der immer Probleme mit dem Rücken gehabt hatte, mir seine Wirbelprobleme vererbt habe? Jedenfalls schien er sich für mein Wohlergehen besonders verantwortlich zu fühlen.

Das Rennrad zu besteigen, erforderte allerdings einiges an Mut. Zwei Jahre zuvor hatte ich damit schlechte Erfahrungen gemacht, als ich bei meinem Cousin in England dessen Flitzer ausprobieren durfte.

Die Körperhaltung auf dessen Rad war gewöhnungsbedürftig, ich musste mich sehr weit nach vorne und unten beugen, um die Hände an die Griffe zu bekommen. Die Füße kamen in Schlaufen an den Pedalen. Wenn ich absteigen wollte, musste ich unbedingt daran denken, nicht seitlich von den Pedalen zu gleiten, sondern die Füße erst einmal nach hinten zu ziehen. Ich stürzte mich wagemutig in den Linksverkehr auf den Straßen der Kleinstadt Swindon. Der war verwirrender als ich gedacht hatte. Galt hier rechts vor links oder links vor rechts? Ich rollte auf eine Kreuzung zu, und intuitiv kurbelte ich mit den Beinen rückwärts, um anzuhalten und mich in Ruhe zu orientieren, wo ich mich einzuordnen hatte. Doch ich trat ins Leere und geriet in Panik. Was war das denn? Hatte ein Rennrad etwa keinen Rücktritt? Mist, warum sagt mir das keiner? Ich streckte meine Finger aus, um die Handbremsen am Lenker zu ziehen, doch es war zu spät. Ich schlingerte schon über die Straße. Hektisch versuchte ich, vom Rad zu steigen, um einen Sturz zu vermeiden, doch die Schlaufen hielten meine Füße auf den Pedalen. Der Vorderreifen knallte gegen den Bordstein und ich auf den Boden. Das Rad segelte hinterher und auf mich drauf. Zum Glück kamen wir beide mit ein paar Kratzern davon, und mein Cousin gehörte nicht zu der Gattung Rennradbesitzer, die jede Schramme ihres Bikes selbst miterleiden. Er lachte und ließ mich am nächsten Tag wieder in den Sattel seines Renners. Jetzt wusste ich ja, wie es ging. Dachte ich. Leider fand ich mich nach dem diesmal erfolgreichen Abbiegen als Geisterfahrer auf der falschen Fahrspur wieder. Ach ja, Linksverkehr. Also schnell bremsen und raus aus der Gefahrenzone. Bremsen, br... – erneut hatte ich vergeblich mit dem Rücktritt zu stoppen versucht. Erneut fand ich mich auf dem Boden wieder. Wieder war nichts weiter passiert, doch ich beschloss, mich nie wieder auf eine so lebensgefährliche Höllenmaschine zu setzen. Mein Cousin war nach meinem neuen Crash aber sowieso not amused und hätte das mit seinem Gefährt nicht mehr erlaubt. Jetzt reichte es sogar ihm. Das Rennrad und ich – in England war das nicht wirklich der Beginn einer wunderbaren Freundschaft. Jetzt aber, bei der Probefahrt mit dem roten Flitzer, in den der Ladenbesitzer meinen Vater und mich mehr oder weniger reingequatscht hatte (ich wollte eigentlich das blaue Rad im Schaufenster, aber damit hätte er 150 Mark weniger verdient), fühlte es sich kein bisschen komisch an. Hervorragende Gangschaltung, hochwertige Bremsen – die ich diesmal auch auf Anhieb fand – und ein erstaunlich komfortabler Sattel, der Fahrradhändler hatte beim Aufzählen der Vorteile dieses zweirädrigen Ferraris nicht übertrieben. Ich fand das Rad todschick, mit seinem weißen Sattel, der weißen Trinkwasserflasche, den weißen Hüllen über den Bowdenzügen und dem weißen Lenkerband. Außerdem verband ich mittlerweile mit Rot etwas völlig anderes als noch als Kind. War Rot nicht die Farbe der Kraft, der Willensstärke, der Leidenschaft – und des Oher Fußballtrikots? Es könnte was werden mit uns. Wenn nur die Bremsen nicht so grausam gequietscht hätten. Als würde man mit hundert Schraubenziehern an einem Autoblech entlangkratzen. Oder mit 200 Kreidestücken an einer Schultafel. Diese Radaubremse bremste zwar, machte aber auch ohrenbetäubenden Lärm, der durch Mark und Bein ging. Die ungeteilte Aufmerksamkeit meiner Mitmenschen wäre mir jedes Mal sicher. Ein Manko, das sich nicht nennenswert besserte, als der Fahrradhändler zweimal daran herumschraubte. Aber ich war trotzdem schon verliebt – und heißt es nicht ohnehin „wer später bremst, ist länger schnell"? So wurde ich stolzer Besitzer eines Rennrades. Der Beginn einer Freundschaft, die bis heute anhält. Auch wenn inzwischen der Rahmen meines Renners aus Carbon ist statt aus Stahl und die Schlaufen Klickpedalen gewichen sind.

Mit dem roten Flitzer fuhr ich ins grüne Umland. Glinde war passé, trotz der fordernden Bergetappe. Ich fühlte mich zu schnell und zu dynamisch für den Trubel auf den Bürgersteigen des Städtchens. Viel zu gefährlich. Für die Fußgänger. Überhaupt: Radrennfahrer dümpelten nicht auf Bürgersteigen herum, ihnen gehörte die Straße! Also eroberte ich mir die Landstraßen der Gegend, worin ich deutlich erfolgreicher war, als bei der Eroberung meiner „Radfahr-Flammen". Fast 30 Kilometer lang war meine Hausrunde, und ich brauchte dafür keine 75 Minuten. Das waren 24 Kilometer pro Stunde – für mich, der sich joggend ja eher langsam fortbewegte, eine beeindruckende Geschwindigkeit. Und ich erreichte sie aus eigener Kraft!

Auf diese Weise schlich sich in zwei von drei Triathlondisziplinen eine Art Routine ein – ohne dass ich zu diesem Zeitpunkt an Triathlon dachte: Bei gutem Wetter im Frühjahr und Sommer stieg ich auf meinen zweirädrigen Ferrari und, wenn ich etwas Abwechslung brauchte, ging ich auch Laufen. Allerdings nie, wenn es regnete oder kalt war. Der Bewegungsdrang des ehemaligen Zappelphilipps war auf ein Normalmaß geschrumpft. Das Korsett hatte mich heruntergefahren. Ich joggte und radelte, um fit zu bleiben und weil ich gerne draußen war. Die Rückkehr zum aktiven Fußballspielen war nicht mehr die treibende Kraft hinter jedem Laufschritt und jeder Kurbelumdrehung.

Doch genau dieses Comeback erlaubte mir mein Arzt fünf Jahre nach der Operation. Ich war mittlerweile erwachsen geworden und studierte in Hamburg. Bei einer Nachuntersuchung ermunterte er mich: „Versuchen Sie doch mal, wieder Fußball zu spielen." Wahnsinn! Noch Stunden danach schwebte ich einen gefühlten Meter über dem Boden.

Mein Comeback stieg auf einem Bolzplatz in Hamburg-Horn. Um die Ecke wohnte mein bester Freund Stevie. Wir schleppten noch ein paar Freunde ran, sodass wir auf dem kleinen, hoch umzäunten Aschenplatz mit den Stahltoren fünf gegen fünf spielen konnten. Ich hatte trotz der jahrelangen Zwangspause nicht alles verlernt. Natürlich, anfangs war ich noch vorsichtig. Nur nicht zu plötzlich abstoppen, nicht zu heftig drehen. Es dauerte allerdings nur ein paar Minuten, bis ich voll und ganz im Spiel aufging und einzig damit beschäftigt war, wie der Ball nach gekonnten Spielzügen am besten im Tor der Gegner landete. Allerdings war es für mich völlig zweitrangig, ob meine Mannschaft bei diesem Just-for-fun-Kick gewann oder verlor. Ich schüttelte den Kopf, wenn irgendjemand meckerte, weil ein Teamkamerad eine große Chance vergeben hatte, oder schlechte Laune bekam, weil ein Pass fehlschlug. Meine Güte, dachte ich, wir kicken hier zum Spaß. Und den habe ich am ehesten, wenn wir mit Doppel- und Dreifachpässen und Hacke, Spitze, eins, zwei, drei, den Ball laufen lassen. Vielleicht geht er ins Tor. Dann jubeln wir, als wären wir Weltmeister geworden. Und wenn nicht, dann eben nicht.

Nach meinem Premieren-Match horchte ich besorgt in mich hinein: Was machte die Wirbelsäule, die operierte Stelle? Wagen sich die blöden Ameisen aus ihrem Loch? Doch es geschah nichts dergleichen, auch nicht am Abend, und nicht am nächsten Morgen. Der Arzt hatte recht gehabt: Ich konnte wieder Fußball spielen. Ob das mit dem Gewichtheben auch funktioniert hätte, habe ich allerdings nicht ausprobiert.

Doch anders als damals das Kettcar, legte ich das Rennrad nicht still, nur weil ich den Fußball (wieder-)entdeckt hatte. Darauf meine Runden zu drehen, war zur liebgewonnenen Gewohnheit geworden. Es verbesserte meine Kondition, was mir auch auf dem Platz zugutekam. Und das Radfahren bekam bald darauf noch auf andere Weise einen ordentlichen Schub. Stevie suchte Begleitung für einen größeren Fahrradtrip im Sommer.

Er war im Jahr zuvor auf zwei Reifen durch Schottland getourt und hatte an dieser Art des Reisens Gefallen gefunden. Nun schlug er vor, mit der Bahn über Budapest bis in den Südosten Ungarns nach Szeged zu fahren. Dort könnten wir auf unsere Räder steigen, dann zunächst nach Rumänien rollen, weiter nach Bulgarien, nach Jugoslawien, Griechenland, anschließend mit der Fähre in die Türkei und die Reise in Istanbul beenden. Nie wäre ich von allein auf eine solche Reiseroute gekommen. Wir schrieben das Jahr 1990, und gerade erst war der Eiserne Vorhang gefallen. Der sozialistische Osten hatte mich bisher eher auf schaurige Art fasziniert. Eine unheimliche Parallelwelt, die ich nicht recht fassen konnte. Und jetzt sollte ich Urlaub dort machen? Die Strände und Berge mochten schön sein, aber Komfort durfte der Reisende sicher nicht erwarten. Dennoch sagte ich Stevie, dass ich es mir überlegen würde.

Denn es klang für mich auch überaus reizvoll, sich einen Teil der Welt anzuschauen, der 40 Jahre lang abgeschottet war. Zumal mir im Jahr zuvor im Frankreichurlaub mit einem Freund klar geworden war, dass es so gar nicht mein Ding war, nichts anderes zu tun, als nach dem Frühstück ans Meer zu gehen, am Strand in der Sonne zu liegen und Mädchen hinterherzugucken, die ich eh nie ansprechen würde. Nach anderthalb Wochen an der Atlantikküste hatte ich die Nase voll. Geplant waren vier.

Eine Radreise könnte die Lösung meiner Urlaubstristesse sein. Bewegung, frische Luft und jeden Tag etwas Neues erleben. Zweieinhalbtausend Kilometer auf dem Fahrrad in fünf Wochen waren zwar viel, und ich kannte die zwei Freunde von Stevie, die ebenfalls mitradeln wollten, kaum. Aber ich wollte dieses Wagnis versuchen. Ich überwand mich also, das langweilige Bekannte gegen etwas Radabenteuer einzutauschen.

Je genauer wir planten, desto größer wurde meine Vorfreude. Wir würden den lieben langen Tag Rad fahren, abends wild zelten, irgendwo in der Natur unser Lager errichten und uns vor allem von Spaghetti ernähren. Ein Trip, den man nicht im Reisebüro buchen konnte und der etwas ganz Besonderes werden würde. Für ein solches Unternehmen war ich sogar bereit, meine Ersparnisse anzugehen. 1500 Mark blätterte ich hin für ein neues Fahrrad. Mein Rennrad mit seinen schmalen, empfindlichen Reifen passte nicht zu einer solchen Tour und mit meinem sehr normalen und nicht gerade hochwertigen Herrenrad würde ich weder schnell voran noch weit kommen. Vom extrem niedrigen Spaßfaktor auf einem solchen Gefährt einmal abgesehen. So gönnte ich mir ein stabiles, schwarzes Reiserad mit Gepäckträgern, an denen ich sowohl vorn, direkt neben den Reifen, als auch hinten zwei Packtaschen anbringen konnte. Dazu kaufte ich mir eine Isomatte und einen Schlafsack, der sich ganz klein zusammenrollen ließ und auch noch jenseits von plus 20 Grad Außentemperatur warmhielt. Anders als die ollen Dinger im Blumendesign, die wir aus Kindertagen noch zu Hause in der Abseite herumliegen hatten. Ganz wohl war mir zwar nicht, da ich all mein Erspartes aus dem Fenster geschmissen hätte, wenn sich die Reise zur Katastrophe entwickelte. Aber Geld in etwas zu investieren, das ich wirklich wollte, war damals für mich schon selbstverständlich. Und es würde (in etwas anderer Form und Preisklasse) auch beim „Projekt Kona" selbstverständlich sein. Und genau, wie es mir Jahre später surreal erschien, am berühmten Dig Me Beach auf Hawaii zu stehen, erschien mir die Reise durch den Ostblock wie ein Traum. Als wir im ungarischen Szeged am Bahnhof unsere Räder und das Gepäck aus dem Zug hievten, schien sich alles perfekt zu fügen. Es gab eine Leitung mit sprudelndem Wasser, unter der wir uns noch einmal die Haare waschen konnten. Denn wer wusste schon, wann wir die nächste Gelegenheit dazu haben würden. Schließlich waren Hotels tabu, wir zelteten in freier Natur. Als wir frisch gewaschen unsere vollgepackten Räder aus dem Bahnhofsgebäude schoben, blickten wir auf einen eingewachsenen Vorplatz, der von einem Fußweg gequert wurde. Daneben wunderbarer Rasen, ideal zum Campen: unser Platz für die Nacht. Durfte man das? Offiziell wohl kaum. Interessierte das jemanden? Hoffentlich nicht. Es war bald zappenduster, dann würde man uns nicht mehr sehen, und am nächsten Morgen würden wir uns aus dem Staub machen, sobald es hell wurde. Noch vor ein paar Monaten wären wir hier von der Polizei sicher verjagt worden. Nun aber schauten nur ein paar Passanten im Vorübergehen erstaunt, was die Typen da in dem kleinen Park machten. Aber niemand rief nach der Ordnungsmacht.

In den folgenden Tagen eröffnete sich mir eine andere, bis dato unbekannte Welt. Pferdewagen fuhren über die Straßen, und in einer Region voller Rebstöcke sahen wir Menschen, die mit hochgekrempelten Hosen und nackten Füßen in einem riesigen Trog hin und her stapften, um Weintrauben zu zerquetschen. Obwohl sie augenscheinlich selbst nicht viel hatten, waren alle gastfreundlich. Als wir kurz vor der Grenze zu Rumänien nach drei Tagen Radtour durch Ungarn ein Nachtlager brauchten und mit Händen und Füßen im Dorf fragten, ob wir auf einer kleinen Rasenfläche am Ortseingang zelten dürften, bekamen wir nicht nur ein Nicken als Antwort. Am nächsten Morgen – wir waren gerade dabei, unsere Sachen zu packen – öffnete sich das Fenster des angrenzenden, schon leicht verfallenen Hauses, und zwischen vergilbten Gardinen rief uns eine ältere Frau etwas zu. Verstehen konnten wir sie nicht, aber es hörte sich nicht feindselig an, sie wollte uns nicht vertreiben. Im Gegenteil: Per Handzeichen forderte sie uns auf, ans Fenster zu kommen. Sie hatte vier Tassen Kaffee, ein Kännchen mit Milch und eine Schale mit Zucker auf ein Tablett gestellt und reichte es uns. Ein netter Morgengruß. In diesem Moment war ich sicher: Es war genau richtig, diese Tour zu machen. Nur wenige Kilometer weiter gen Osten sollte dieses Gefühl jedoch komplett in sich zusammenbrechen.

An der rumänischen Grenze marschierten Soldaten auf und ab, ihre Maschinengewehre im Anschlag. „Es ist eben eine schwierige Zeit des Umbruchs, da zeigt man Stärke", versuchte ich, das mulmige Gefühl zu vertreiben, das sich in meinem Magen zu ballen begann. Der Zollbeamte im kleinen Grenzhäuschen nahm sich Zeit, um die Formalitäten zu erledigen, und während wir mit unseren Rädern dastanden, warteten und hofften, dass er uns ein Visum in unsere Reisepässe kleben würde, schlenderte ein britischer Lkw-Fahrer mit Dreitagebart auf uns zu. Er hatte seinen Truck in einer langen Reihe anderer geparkt und wartete ebenfalls darauf, über die Grenze zu dürfen.

„Wollt ihr mit dem Rad da rüber?“, fragte er. „Na klar, warum nicht?“, antworteten wir – ein bisschen stolz ob unseres Abenteuergeistes. „Weil es gefährlich ist“, antwortete der Trucker und erklärte uns, dass ein Lkw der Firma, für die er fuhr, überfallen und der Fahrer erstochen worden war. „Wir fahren jetzt immer mit zwei Lastern und vier Mann rüber, zur Sicherheit. Also passt bloß auf, fahrt nicht im Dunkeln und ja kein wildes Campen“, warnte er uns eindringlich. Mir wurde schlecht, vor meinem inneren Auge lief ein lupenreiner Horrorfilm ab. Kein Hitchcock, sondern ein echter Stephen King vom Feinsten! Düstere, verlassene Gegenden, in denen dunkle Gestalten mit riesigen Messern nur darauf warteten, dass wir vorbeiradelten. Ich spürte ein spontanes Verlangen danach, in Frankreich in der Sonne zu brutzeln und mich zu langweilen. Aber Frankreich war weit weg. Und meine eben noch hervorragende Laune ebenfalls. Wie sich die anderen drei fühlten, wusste ich nicht genau. Jedenfalls sagte niemand die erlösenden Worte: „Lasst uns umkehren.“ Und auch der Grenzbeamte tat mir nicht den Gefallen, uns das Visum zu verweigern. Eine gute Reise wünschte er uns. Der hat Humor, dachte ich und fütterte meine neu erworbene Rumänien-Paranoia mit ein paar weiteren Gruselszenarien. Die anderen schienen sich weniger Gedanken zu machen. Mein Vorschlag, Rumänien auszulassen und stattdessen ein bisschen durch die bald ehemalige DDR zu radeln, ist ja schließlich auch Ex-Ostblock, kam jedenfalls nicht sonderlich gut an.

„Warum sollte man uns überfallen? Wir haben doch nichts dabei“, meinte Stevie. „Für ein paar Fahrräder und Klamotten bringt man doch niemanden um.“ Das sah ich zwar ein wenig anders, aber ich war mit meinem Magengrummeln klar in der Minderheit. Die anderen wollten weiterfahren – fanden es aber genauso sinnvoll wie der Trucker, nicht wild, sondern ausschließlich auf offiziellen Zeltplätzen zu campen. „Da kann uns nichts passieren“, meinten sie. „Da findet man unsere Leichen wenigstens schneller“, dachte ich.

Zu allem Übel kam noch ein weiterer erschwerender Faktor dazu: Durch die Wartezeit an der Grenze war der Tag schon vorangeschritten und wir mussten uns ranhalten, um die Stadt Arad, unsere erste sichere Station in Rumänien, im Hellen zu erreichen. Wir schätzten, dass wir die gut 50 Kilometer in zweieinhalb Stunden schaffen könnten, wenn wir uns in der Führungsarbeit abwechselten. So düsten wir, aufgereiht wie Perlen auf einer Kette, die Straße entlang. Immer, wenn der Fahrer vorn nicht mehr konnte, ließ er sich zurückfallen, und der nächste übernahm die Führung. Rund zehn Kilometer pro Stunde schneller waren wir auf diese Weise. Das war anstrengend, aber dennoch hob ich immer wieder neugierig den Blick vom Hinterrad meines Vordermannes, um in die Gegend zu spähen. Was ich sah, faszinierte mich: Die Menschen gingen mit einfachsten Mitteln ihrer harten Arbeit auf den Feldern nach, ernteten das Stroh in reiner Handarbeit, schleuderten es mit Heugabeln hinauf auf den Holzwagen. Es war, als führen wir durch ein Freilichtmuseum. So mussten auch meine Großeltern väterlicherseits gearbeitet haben, die in Ostpreußen in der Landwirtschaft tätig gewesen waren. Bei diesem Anblick vergaß ich, dass ich eigentlich Angst hatte.

Im sanften Abendrot sahen wir, wie sich die Feldarbeiter langsam aufmachten in den Feierabend. Auf einem hölzernen Fuhrwagen, der von zwei braunen Pferden mit schwarzer Mähne gezogen wurde, saßen hinten zwei ältere Bäuerinnen mit Kopftüchern, Kittelschürzen und Gummistiefeln und ließen ihre Beine baumeln. Ihre Köpfe und Oberkörper ruckelten auf dem holprigen Weg hin und her, der sie wohl auf eines der Gehöfte bringen würde, die zwischen den großen Feldern lagen. Und da sie, obwohl sie müde sein mussten, freundlich wirkten, grüßten wir, als wir nahe genug waren: „Buna ziua“, „Guten Tag“. Wir hatten die wichtigsten rumänischen Begriffe vor unserer Reise gelernt, das gebot unserer Meinung nach die Höflichkeit, wenn man als Gast durch ein fremdes Land reiste. Die Frauen grüßten zurück, mit einem breiten Lächeln, und auch die beiden Bauern auf dem Kutschbock drehten sich um und sagten lächelnd etwas, das wir nicht verstanden.

Das eben noch flache Land wurde hügeliger, und wir eroberten in den nächsten Tagen die Karpaten. Die Landschaft reckte sich immer mehr gen Himmel. Wir waren mittendrin in den Bergen, und es ging auf und ab. Vor allem auf. Aus weiten Tälern wurden steile Berge. Vereinzelt standen kleine Häuser in der urwüchsigen Landschaft mit den sattgrünen Feldern und den bewaldeten Hängen. Obst und Gemüse gediehen hier, Kürbisse, Äpfel, Birnen, Tomaten, Melonen, Gurken, auch Mais.

Ein beschaulicher Radltag durch beschauliche Gegend. Wir vier waren uns einig: Hier konnten wir wild campen, Gefahr konnte es hier nicht geben. Höchstens, wenn Dracula vorbeischaute, aber das war wohl eher unwahrscheinlich. Etwas versteckt hinter Birken hämmerten wir unsere Zeltheringe in den Boden, und während meine Fahrradfreunde sich noch einrichteten, brauchte ich nur über die kleine Straße zu gehen und bei der ausgewiesenen Quelle Wasser zu holen. Ausgerüstet mit unseren Fahrradflaschen und einem 5-Liter-Wassersack, ging ich eine Böschung hinab zu der Quelle, die etwas versteckt hinter Gebüsch lag. Ich war nicht allein. Eine Frau von etwa 30 Jahren füllte gerade zwei große Plastikflaschen auf, grüßte mich schüchtern, packte fix ihre Sachen zusammen und verschwand. Ich setzte meine Gefäße ab, kniete mich nieder, formte meine Hände zu einer Schale, nahm ein paar Schlucke, genoss, wie das klare, kalte Wasser meine Kehle hinunterrann und fühlte mich wieder frisch. Ich wusch mir den Schweiß des Tages von Gesicht und Händen, atmete tief durch, und erfüllte dann meine Aufgabe: Wasser abfüllen zum Kochen, Trinken und für unsere Campingdusche, einen Sack mit durchlöchertem Schraubverschluss, den man an einen Baum hängte und sich drunterstellte.

Ich war fast fertig mit meiner Arbeit, da hörte ich es hinter mir rascheln. Die junge Frau kam zurück, diesmal ohne Flaschen.

Stattdessen schleppte sie eine offensichtlich schwere, große Tüte. Sie kam auf mich zu, sagte mit einem verlegenen Lächeln etwas, das ich nicht verstand, und reichte mir die Tüte. Prall gefüllt mit Äpfeln. Vielen Dank, sagte ich und überlegte, was das auf Rumänisch hieß, „Multumesc", schob ich hinterher. Sie schien zu verstehen und lächelte nun gelöster.

Warum ich das erzähle? Weil diese Äpfel meine Versöhnung mit Rumänien waren. Die Frau gab mir durch sie das Gefühl, willkommen zu sein, und mir wurde klar, wie sehr die warnenden Worte des Truckers meinen Blick auf die Tatsachen verstellt hatten. Ich war so beschäftigt damit gewesen, Angst zu haben, dass ich nicht wahrgenommen hatte, wie freundlich die Menschen hier waren. Fast bedauerte ich nun, dass wir eine Abkürzung genommen hatten. Meine Angst war verflogen.

In den folgenden mehr als 20 Jahren, in denen ich auf dem Rad die Welt erkundete, wurde mir diese Zuversicht immer wieder von Menschen, Situationen und Erfahrungen geschenkt.

In Südafrika zum Beispiel düste ein junger Mann mit seinem Motorrad an uns Radlern vorbei und hielt plötzlich an. Er stellte sich als Kobus vor und lud uns aus dem Nichts zu sich und seiner Freundin zum Essen ein. Einfach, um sich nett mit uns zu unterhalten und uns kennenzulernen. Er war auch der erste Langdistanztriathlet, mit dem ich mich unterhielt. Seine Freundin und er wollten in wenigen Monaten einen Ironman bewältigen. Damals wusste ich darüber so gut wie nichts. Er erzählte uns, was das bedeutete: fast 4 Kilometer schwimmen, 180 Kilometer Radfahren und einen kompletten Marathon. Ich war beeindruckt, fragte mich aber auch, warum die beiden das um alles in der Welt auf sich nahmen. Ich war zu diesem Zeitpunkt, im Jahre 2005, zwar auch schon Triathlet, aber nur auf der kurzen Strecke unterwegs. Ein Ironman war für mich damals noch überhaupt kein Thema. Erst Jahre später sollte ich ihn sehr gut verstehen.

Dass ich das Radfahren nicht mehr bleiben lassen konnte, verstand ich aber schon, als wir 1990 nach fünf Wochen Pedalieren in Istanbul ankamen. Von da an machte ich jedes Jahr mindestens eine Radtour. Ich fuhr durch Argentinien, Chile, China, Estland, Frankreich, Italien, Laos, Lettland, Neuseeland, Marokko, Mosambik, Norwegen, Österreich, Pakistan, Polen, Portugal, Schweden, die Schweiz, Slowenien, Spanien, Südafrika, Swasiland, die Tschechoslowakei, die Ukraine, die USA, Vietnam. In manchen Ländern wie Frankreich oder China war ich mehrfach. Ich bewege mich nun einmal sehr gerne, körperlich und geografisch. Meine bislang letzte Radtour unternahm ich im April 2011. Denn ein halbes Jahr später begann ich, mich auf eine besondere sportliche Herausforderung vorzubereiten, die mich immer noch fest im Griff hat. Was der Langdistanztriathlet Kobus wohl dazu gesagt hätte?

VOM RADIO ZUM FERNSEHEN

Als ich 1990 meine erste Radtour unternahm, war ich schon drei Jahre lang Student: Volkswirt wollte ich werden. Denn meine Welt war im Laufe der Jahre größer geworden. Wenn ich den Namen der rumänischen Stadt Temeswar hörte, fragte ich mich nicht mehr, welcher Fußballverein dazugehörte, sondern dachte an die Menschen, die dort die Revolte ausgelöst hatten, die Diktator Ceausescu zu Fall brachte. Ich hatte einen politischen Blick auf das Geschehen um mich herum ausgebildet und wunderte mich, wie man sich nicht für Politik interessieren konnte. Sie bestimmte schließlich, wie und unter welchen Umständen wir lebten.

1982 hatte ich das erste Mal erlebt, wie sich meine Weltsicht änderte. Bundeskanzler Helmut Schmidt musste sich einem Misstrauensvotum stellen, und Deutschland bekam erstmals in der Geschichte auf diesem Weg eine neue Regierung und einen neuen Kanzler: Helmut Kohl. Ich war 14 Jahre alt und klebte zwar bei Weitem nicht so gespannt am Fernseher als stünde Deutschland im WM-Finale vor dem entscheidenden Elfmeter.

Aber ich klebte. Und fieberte mit. Nur im Fachsimpeln um den neuen Kanzler war ich dann nicht gar so kompetent und argumentationsstark wie in Fußballdingen. Dabei hätte ich das gut gebrauchen können, denn mein damals bester Freund hatte einen anderen Kanzlerfavoriten als ich. Deshalb gerieten wir aneinander.

„Ich finde den Kohl doof."

„Neee, der Schmidt ist doof."

„Gar nicht, das war der beste Kanzler, den wir je hatten."

„Stimmt nicht. Kohl ist viel besser."

„Nein, der ist doof."

Wir konnten den anderen mit unseren schlagfertigen Argumenten merkwürdigerweise nicht überzeugen. Ich wurde richtig böse und fand Ralf plötzlich auch ganz schön doof. Aber: Ich spürte, dass es ein ganz neues Thema gab, das mich emotional packte.

Und allmählich änderte sich auch mein Berufswunsch. Auf einmal fand ich es gar nicht mehr so spannend, mich den lieben langen Tag mit Teamtaktiken, Spielerwehwehchen, Transfergerüchten oder verbalen Glanzleistungen wie „Ich habe meinen Gegenspieler nur leicht retuschiert" oder „Ich bin körperlich und physisch topfit" zu beschäftigen.

Fußball machte Spaß und war eine tolle Nebensache. Diesen Platz im Leben wollte ich meinem Hobby liebend gern auch künftig einräumen. Keinen Platz mehr hatte es hingegen in meinem Berufswunsch, ich wollte jetzt nur noch Reporter werden. Kommentieren fand ich immer noch faszinierend: einfach das Mikro in die Hand nehmen und erzählen, was Sache ist. Nicht mehr aus dem Stadion, aber vielleicht von einer Demo für faire Löhne. Vom Deich, der unter dem Druck des Hochwassers zu brechen droht. Von der Pressekonferenz, bei der der neue Kanzler seine Politik erklärt.

Dieses Interesse machte sich auch in meinen letzten beiden Schuljahren bemerkbar: Im Gemeinschaftskundeunterricht mit den politischen Themen sahnte ich Bestnoten ab. Wenn mich etwas wirklich interessiert, kann ich extrem fokussiert sein.

Ich guckte *Tagesschau* und las eifrig den *Spiegel*. Nein, ich sezierte den *Spiegel*, um auch wirklich alles zu verstehen. Das war nicht einfach, manchmal sogar ganz schön anstrengend bei der gestelzten

Schreibe und den wahnsinnig langen Artikeln. Also hörte ich vor allem viel Radio. Sehr viel. Samstags immer noch Bundesliga, ansonsten aber Nachrichten und Reportagen. Ich war Fan des Frühkuriers auf *NDR 2*. Allerdings hatte ich weder Moderatoren-Poster an meiner Wand noch einen Frühkurier-Fanschal – was aber nur daran lag, dass es den im *NDR*-Shop nicht gab. Die Sendung schrillte morgens aus meinem Radiowecker und holte mich aus dem Schlaf. Kaum war ich halbwegs wach, hörte ich, ob sich die Welt noch drehte, und wenn ja, in welchem Zustand sie sich gerade befand. Und bevor ich abends wieder einschlief, lauschte ich der Tageszusammenfassung in den „Berichten von heute": ins Bett gehen, Licht aus, und gut informiert entschlummern – mit dem Gedanken, vielleicht eines Tages auf der anderen Seite zu sein: in einem Studio vorm Mikrofon sitzen und Leute wie mich informieren. Mein politisches Interesse war nicht nur geweckt, es hatte sich so ausgeprägt, dass ich mir überlegte, Politik zu studieren. Leider aber war dieses Fach laut meiner Studienratgeber „zu wenig handfest", um damit einen Job als Reporter und Journalist zu ergattern. Die Redaktionen wollten angeblich keine Laberköpfe, sondern Leute, die Fachwissen mitbrachten – aus Fächern wie Jura, Betriebswirtschaftslehre oder Volkswirtschaftslehre. Leider klang das in meinen Ohren wenig verlockend.

Trotzdem: Mit der gleichen langfristigen, strategischen Planung, mit der ich später das „Projekt Kona" auf den Weg bringen würde, ging ich damals das „Projekt Journalist" an. Der Deal: ungeliebtes Studienfach gegen die Chance auf einen Job bei einem öffentlich-rechtlichen Radiosender. Denn auf keinen Fall wollte ich zu den Privaten. Über die Befindlichkeiten von Adeligen zu berichten und eine Promi-Scheidung zur Meldung des Tages „hochzusterilisieren" (um eine weitere Fußballerperle zu bemühen) war undenkbar für mich. Ich wollte dorthin, wo die Nachrichten einen anderen Stellenwert hatten und seriös daherkamen. Also ging ich meine Optionen durch. Jura? Gibt Anerkennung, gutes Geld, aber

Gesetzestexte und Paragrafen zu pauken, saugte schon als bloßer Gedanke jeden Tropfen Lebensfreude aus mir heraus. Betriebswirtschaftslehre? Zu viele Zahlen und Formeln. Blieb nur: Volkswirtschaftslehre. Die Fächer im Grundstudium klangen zwar auch dort nach Gruselkabinett: Buchhaltung, Bilanzen, Kosten-Leistungs-Rechnung, Statistik. Aber im Hauptstudium warteten immerhin ein paar Themen, die mir nicht sofort die Augenlider zuklappen ließen, Umweltökonomie zum Beispiel.

Das Problem war nur: Ich hatte von Wirtschaft nicht nur keine Ahnung, ich verstand davon nicht einmal etwas, wenn ich es versuchte. Der Wirtschaftsteil der Tageszeitung wäre nicht weniger informativ für mich gewesen, hätte man ihn in Altgriechisch geschrieben.

Mir fehlten offenbar die Wirtschafts-Hirnwindungen. Während ich Informationen aus Texten zu politischen Themen ohne Mühe abspeichern konnte, floss Wirtschaftliches wahlweise zum rechten oder linken Ohr gleich wieder hinaus. Weil Ökonomie aber nun mal ein sehr wichtiger Teil von Politik ist, wollte ich die Zusammenhänge unbedingt kapieren, so schwer es mir auch fallen mochte. Also bewarb ich mich direkt nach dem Abitur um einen Studienplatz in VWL und wurde in Hamburg angenommen.

Um Bundeswehr und Zivildienst kam ich herum, ich wurde ausgemustert. Schuld war natürlich mein Rücken. Tauglichkeitsgrad 5: „Feststellung einer schweren Gesundheitsstörung. Eine Besserung des Gesundheitszustandes ist nicht zu erwarten." Das klang wie scheintot, gar so schlimm fühlte ich mich zum Glück nicht. Und das Urteil nahm ich gerne an.

1987 ging es los. Das Grundstudium war zermürbend: Ich fand die Auseinandersetzung mit dem Konfidenzintervall für den Erwartungswert n oder mit der Cobb-Douglas-Produktionsfunktion nicht sonderlich fesselnd. Im Gegenteil. Schon nach dem ersten Semester reichte es mir, sodass ich die Segel streichen wollte und doch Politik studieren. Kein Redakteursjob konnte so großartig sein, dass es sich lohnte, dafür durch die VWL-Hölle zu gehen. Am Ende des Semesters saß ich also im Büro eines Politikprofessors, um mich bezüglich des Studienwechsels beraten zu lassen.

„Ich will ehrlich mit Ihnen sein", sagte der. „Das Politikstudium ist eine brotlose Kunst. Ich rate Ihnen dringend: Bleiben Sie bei der VWL."

Das ließ mich stutzig werden: Wenn ein Professor schon vor seinem eigenen Fach warnte, vielleicht war dann doch etwas dran an den Ratschlägen meiner Berufseinsteiger-Literatur. Missmutig gab ich der VWL also eine zweite Chance, jedoch nicht, ohne das Grundstudiums-Leid mit ein bisschen Politik im Nebenfach zu lindern. Und genau das sollte mir schließlich einen Fuß in die Tür des *NDR* bringen. Denn im Politikseminar saß neben mir ein Student, der dort gerade einen Job als Bote bekommen hatte. „Die brauchen noch einen", sagte er zu mir und fragte, ob ich Interesse hätte. Ich war sofort hellwach. Ein Job beim *NDR*? Nehme ich!

Diese Chance wollte ich mir nicht entgehen lassen, auch wenn ich ansonsten kein besonders talentierter Studentenjobber war, wovon der Chef einer ehemaligen Glückwunschkartenfabrik in Reinbek ein Lied singen konnte. Einen Sommer lang sollte ich dort auf einer Maschine, die noch aus den Anfangszeiten des Buchdrucks zu stammen schien, bedrucktes Papier auf Kartengröße zuschneiden. Die von mir produzierten Geburtstagskarten mit der Aufschrift „Herzli Glückwuns zum 70. Geburtst" waren nicht gerade Kassenschlager.

Auch die Bäckerei, für die ich Brote und Torten ausfuhr, hat mich wohl als den Typen in Erinnerung, der mit dem Transporter beim Ausparken einmal fast den Carport zum Einsturz gebracht hätte. Dann wäre der Jaguar des Chefs leider Schrott gewesen.

Beim *NDR* habe ich mich zum Glück etwas besser angestellt. Mein Job bestand darin, in den Redaktionen Zettel zu verteilen, auf denen die neuesten Agenturmeldungen standen. Das ist die

Rohmasse, aus der die Journalisten ihre Meldungen und Moderationen formen. Etwa 30 dünne Stapel mit den Nachrichten der wichtigsten Agenturen – *dpa*, *afp*, *ddp* oder *Reuters* – musste ich im Funkhaus an den Mann und an die Frau bringen. Computer gab es damals, Ende der 1980er-Jahre, noch nicht auf den Schreibtischen, aber man hörte schon munkeln, dass bald auf diese modernen Geräte umgestellt werden sollte. Stattdessen ratterten die Meldungen noch aus ungefähr 20 Fernschreibgeräten, die allesamt in einem Raum standen. Auch dort arbeiteten Studenten, die die Papiere abrissen und sie in die Fächer der Redakteure verteilten.

Dann kam ich ins Spiel. Ich holte die Zettel aus ihren Fächern, klemmte einen Teil unter die Arme und nahm einen anderen in die Hände, sodass ich alles tragen und nach und nach, Station für Station, abliefern konnte. Jeder Redakteur bekam andere Agenturmeldungen, je nach Zuständigkeitsbereich. Die erste auf meinem langen Lieferweg war die Hauptnachrichtenredaktion.

Dorthin fand ich noch leicht, aber dann wurde es komplizierter, denn die Gänge und Pfade waren verschlungen und verwirrend. Als Neuling konnte man sich da schon mal verlaufen. Leider war es verboten, Brotkrumen auf den Boden zu streuen. Dafür hätte ich allerdings sowieso keine Hand mehr frei gehabt. Es war ein bisschen aufregend, vor allem, weil zu meinen Zettelkunden auch die Redaktion vom „Frühkurier" gehörte. Ich legte ihre Zettel (die unterm rechten Ellenbogen klemmten) auf den Schreibtisch und lauschte, ob ich eine der Stimmen wiedererkannte, die mich Tag für Tag weckten. Die Gesichter dazu hatte ich mir wirklich vollkommen anders vorgestellt.

Besonders das von Rüdiger Knott. Er war Wort-Chef, wie es so schön hieß, und hatte etwas zu sagen. Ihn grüßte ich immer besonders freundlich, um auf mich aufmerksam zu machen. Er sollte mein Gesicht kennen, wenn ich es eines Tages wagen würde, ihn nach einem Praktikum zu fragen. Das war mein Plan. Ich hoffte auf eine steile Karriere vom Boten zum Redakteur. Aus den dunklen

Kellerverliesen des *NDR*-Fernschreibraums hinauf in die hellen Hallen der Kurier-Journalisten, wo nicht nur Nachrichten verkündet, sondern auch Skandale und Affären aufgedeckt wurden. Wo Politikern in Interviews auf den Zahn gefühlt und sie kritisch hinterfragt wurden.

Als ich ein paar Monate lang selbstständig und ohne unauffindbar verlorenzugehen mit den Agenturzetteln durch die *NDR*-Gänge getigert war, nahm ich all meinen Mut zusammen und sprach meinen Kurier-Gott Knott an. Bei meinen kurzen Begegnungen mit ihm hatte ich den Eindruck, dass er ein sehr netter, zugänglicher Kerl sein musste. Und tatsächlich: Nach unserem Gespräch waren wir per Du, und er sagte, ich solle mich bewerben, und dann schauen wir halt mal.

Das tat ich und hatte Glück: Ich durfte ein paar Tage in der Kurier-Redaktion als Beobachter verbringen. Das hieß: in die Abläufe hineinschnuppern, schauen, was die Redakteure so trieben, wie sie sich in den Konferenzen die Köpfe heiß redeten, und zuhören, wenn sie mir erzählten, wie sie sich auf ihre Moderationen vorbereiteten. Irgendwann, nach ausgiebigem interessierten Gucken und möglichst wenig negativem Auffallen, durfte ich mich selbst einmal an einem Radiobeitrag versuchen. Nicht für eine Kuriersendung, aber immerhin für die Unterhaltungsabteilung. Mein erster Beitrag drehte sich ums Cabrio-Fahren. Ich lernte, ich produzierte und kam bis zum Ende meines Studiums auf zwölf Beiträge. Es ging dabei nicht nur um Feelgood-Themen wie das Cabrio. Ich war auch in Bremen, um über das Drogenmekka „Ostertor" zu berichten, über Delphine als Beifang in der Fischerei und über Männer, die die Verhütung der Frau überlassen – was mir spätestens ab da im Traum nicht mehr eingefallen wäre.

Je näher jedoch das Ende meines Studiums rückte, desto dringlicher wurde die Frage: „Was kommt danach?" Eigentlich war die Antwort klar: Ich wollte weiter Radio machen, so viel stand fest. Deshalb bewarb ich mich auf alles, was mit Radio zu tun hatte.

Meine Liste war lang: öffentlich-rechtliche Anstalten, private Radiostationen, alles, was mir unterkam und entfernt so klang als könnte es etwas mit Journalismus zu tun haben.

Ich war zu allem bereit, ich wäre überall hingezogen. Hauptsache, ich bekam eine vernünftige journalistische Ausbildung. Trotzdem hatte ich *damit* nicht gerechnet: Ich landete in Fürstenfeldbruck, in Bayern. Bei einem der vielen kleinen bayrischen Lokalsender. Der wollte sein Sendegebiet erweitern und suchte einen neuen Mitarbeiter. Ich musste nicht lange nachdenken. Ein Schleswig-Holsteiner in Bayern, das wäre lustig. Als Kind war ich mal mit meinen Eltern auf einem bayrischen Bauernhof im Urlaub, habe die Kühe morgens auf die Weide getrieben und abends wieder zurück in den Stall. Ständig lag ich in frischen Kuhfladen, weil die ziemlich rutschig waren und ich die Augen bei den Kühen hatte anstatt auf dem Boden. Wenn das keine – nennen wir es Feuertaufe – war, die mich zum Wahlbayern qualifizierte, dann weiß ich auch nicht. Ansonsten hatte ich keine große Beziehung zu Bayern. Fußballgucken konnte man dort gut. Beim FC Bayern oder bei den 60ern. Vor allem, wenn der FC St. Pauli ein Auswärtsspiel hatte. Also eher bei den 60ern.

Das Bewerbungsgespräch beim Sender im Sommer 1993 war überraschenderweise ein Heimspiel. Ich fragte mich: Wer bewirbt sich hier eigentlich bei wem? Der Chefredakteur pries in einem langen Monolog seinen Sender und fragte mich schließlich: „Wollen Sie den Job?“. Mein erstes Wort nach langer Zeit, abgesehen von interessierten und zustimmenden „Hmmmm“, war: „Ja“. Offenbar waren meine paar Beiträge beim öffentlich-rechtlichen *NDR* ein wahres Qualitätssiegel, mehr wollte der gute Mann gar nicht von mir wissen. So einfach hatte ich mir das erste Bewerbungsgespräch für den ersten richtigen Arbeitsplatz nicht vorgestellt.

Meine lange Bewerbungsliste wanderte vorerst in die Schublade – bis auf den Zettel mit den Bewerbungsfristen für die Volontariate bei den öffentlich-rechtlichen Rundfunkanstalten. Der Lokalsender in Bayern sollte der Anfang sein, aber keineswegs das Ende. Mit diesem Vorhaben im Hinterkopf ging ich nach Bayern. Oder besser: radelte. Wer wusste schon, wann ich das nächste Mal eine größere Radtour würde unternehmen können. Das Studentenleben war schließlich vorbei, der Sommer auch bald. Die Tour sollte mich in meine neue Heimat führen, um mich dort schon ein wenig umzusehen. Die Fahrt ging quer durch Deutschland. Bei Verwandten in Sachsen, in Zschernitzsch, wollte ich Zwischenstation machen. Ich freute mich schon beim Losradeln auf den unfassbar leckeren Streuselkuchen meiner Großtante.

Der sollte jedoch bald schon in den Hintergrund rücken: Ungefähr 20 Kilometer vorm Ziel schwoll mein linkes Knie an als wäre es ein Luftballon. Ein Eindruck, der sich durch die knallrote Farbe, die es annahm, noch verstärkte. Und es tat weh! Weiterzupedalieren wurde immer schwieriger. Zumal sich das rechte Knie am linken orientierte und kurz danach ebenfalls begann anzuschwellen, zu schmerzen und sich zu verfärben. Mit Mühe und Not erreichte ich Zschernitzsch. Und statt Streuselkuchen gab es Wartezimmer. Wieder einmal. Immerhin war der Raum angenehmer als im Uniklinikum in Hamburg, weil bunter gestaltet. Doch was die Ärztin in Leipzig zu mir sagte, war nicht mehr so angenehm, sondern kam mir irgendwie bekannt vor: „Herr Schröder, das sollten Sie bleiben lassen." Nur, dass sie damit nicht das Fußballspielen, sondern Fahrradtouren mit Gepäck meinte. Ihre Diagnose: abgenutzte Knorpel. Das hieß: maximal kleine, knieschonende Touren und Vorsicht beim Laufen. Ein weiteres Mal mochte mein Körper nicht das, was ich mochte. Angeblich. Denn trotz der Warnungen wagte ich mich schon im folgenden Jahr wieder für eine Tour aufs Rad. Im Jahr danach auch. Und im Jahr danach schon wieder. Und so weiter. Klar, dass ich eine gesunde Skepsis gegenüber ärztlichen Diagnosen entwickelte. Denn das Knie meldete sich nie. Fuhr ich so vorsichtig? Oder war nicht viel dran an der niederschmetternden Diagnose? Endgültig konnte ich das nicht beurteilen. Nur meine damalige Deutschlandtour, die endete trotz Salbe von Frau Doktor nicht in Fürstenfeldbruck, sondern schon in Zschernitzsch, und im Zug zurück nach Hamburg. Natürlich erst, nachdem ich reichlich Streuselkuchen verputzt hatte.

In meine neue bayrische Heimat zog ich schließlich mit dem Auto. In die Holzstraße, bei der ich jedes Mal an den Holzweg denken musste, auf dem ich hoffentlich nicht unterwegs sein würde. Das Studentenleben war endgültig vorbei, nun hieß es ranklotzen: 40 Stunden standen in meinem Vertrag, es wurden natürlich mehr. Das war aber nicht so schlimm, denn ich merkte schnell, dass ich auf einem Abenteuerspielplatz für Radiofreaks gelandet war. Genau das Richtige, um zu lernen, sich auszuprobieren und Erfahrungen zu sammeln. Telefonieren, um Gesprächspartner ausfindig zu machen und Fakten sammeln, dann Rausfahren und O-Töne einholen, um einen Radiobeitrag zusammenzustellen, so, wie ich es beim *NDR* schon ein bisschen gelernt hatte. Ich durfte im Selbstfahrerstudio Musiksendungen moderieren, und natürlich schrieb und verkündete ich die Nachrichten. An das „Grüß Gott", mit dem ich die Hörer begrüßte, und das „Servus" zum Abschied musste ich mich auch nicht lange gewöhnen. Neben diesen Abschieds- und Begrüßungsformeln hielten Leberkässemmeln, Weizenbier, das Kloster Andechs, die Alpensilhouette, Wolpertinger sowie weißblaue Fahnen Einzug in meinen Alltag. Und Frühdienste. Als frischer Ex-Student war ich sehr frühes Aufstehen überhaupt nicht gewohnt. Nun aber musste ich zu nachtschlafender Zeit raus aus den Federn. Etwas, das sich von nun an durch mein berufliches Leben ziehen sollte und was es mir später leichter machte, für die Langdistanz-Wettkämpfe sehr früh aufzustehen – auch wenn ich ein Morgenmuffel blieb.

Meine Frühschichtpremiere kam im November 1993, um halb sechs begann mein Dienst. Vollgepumpt mit Adrenalin schnellte ich problemlos aus dem Bett, zog mich an – inklusive Wintermantel und Schal –, schnappte meine Tasche und wollte mich gerade auf den zehnminütigen Fußweg zum Sender machen, als mein Blick auf die Uhr fiel: 2 Uhr 32? Erst jetzt fiel mir auf, dass mein Wecker gar nicht geklingelt hatte. Ich war von selbst aufgewacht und der festen Überzeugung gewesen, dass gleich Dienstantritt sei. Mangelndes Engagement konnte man mir wirklich nicht vorwerfen.

Auch, wenn dieses Engagement zuweilen ziemlich hart aufrechtzuerhalten war. Denn statt auf direktem Weg von den Presseagenturen (zu teuer, so das Argument), bekamen wir unsere Meldungen meist frühmorgens über den Umweg der Lokalzeitungen. Unsere Nachrichten waren eine Art Presseschau, in der ich berichtete, was ich zuvor aus den örtlichen Printmedien zusammengeklaubt hatte. Das war mühsam, denn in den Landkreisen, für die wir berichteten, war nicht gerade die Hölle los. Wenn sich gar nichts finden ließ, war die letzte Hoffnung ein Anruf bei Feuerwehr und Polizei, die möglicherweise etwas Berichtenswertes für mich hatten: einen größeren Einsatz, ein Feuer, einen Unfall – vielleicht sogar mit Autobahnsperrung. Die drei Minuten Nachrichtenzeit konnten sich durch die dünne Meldungslage fast so in die Länge ziehen wie sie es sonst nur beim Schwimmen taten.

Je zäher die Nachrichtensuche beim Lokalsender wurde, desto schillernder malte ich mir aus, wie göttlich dieser Prozess bei den Öffentlich-Rechtlichen ablaufen musste (ich fantasierte tatsächlich einmal von einer Hand, die ein goldumrahmtes Blatt mit den aktuellen News aus einer Wolke herunterreichte, aber das ist eine andere Geschichte). Bis ich später beim *NDR* eines Besseren belehrt wurde (auch dort waren es nur Menschen, die die Nachrichten machten, wenn auch sehr gut informierte), saß ich frustriert vor meiner Schreibmaschine und hackte Meldungen auf Papier, von denen ich inständig hoffte, dass sie bei den Hörern im Geschrei der Kinder oder Rauschen der Toilettenspülung untergehen würden.

Aber abgesehen davon hatten wir großen Spaß, es wurde viel gelacht. Manchmal sogar in den Nachrichtensendungen, wenn etwa CSU-Politiker Hubert Ficker wieder etwas gesagt hatte, was zur Aufführung kommen sollte. Die Moderatorin prustete jedes Mal los, wenn nur der Name fiel, und steckte mich unweigerlich an. Ein paarmal war ich sogar gezwungen, meine Nachrichten frühzeitig zu beenden. Die letzten zwei oder drei Meldungen fielen dann einfach weg.

Ärger gab es deshalb nie. Im Gegenteil, der Chef stellte mir eines Tages einen jungen Burschen hin und sagte: „Thorsten, das hier ist unser neuer Volontär, kümmere du dich bitte um ihn und zeige ihm, wie es richtig geht."

Eigentlich wollte ich das selbst gern wissen, aber das sagte ich natürlich nicht. Stattdessen ließ ich den coolen Checker heraushängen und verkündete: „Alles klar! Servus. Ich erkläre dir jetzt erst einmal, wie man Nachrichten schreibt, danach lernst du von mir, wie man einen Beitrag aufbaut und textet. Das ist gar nicht so schwierig, aber man muss natürlich ein paar Dinge beherzigen. Los geht's!" Geballtes Expertenwissen, das auf zwölf *NDR*-Beiträgen à zwei Minuten dreißig basierte. Und auf einem Buch übers Nachrichtenschreiben, das als Bettlektüre auf meinem Nachttisch lag, angereichert mit ein bisschen Intuition und Bauchgefühl. Damit konnte ich mich vielleicht durchmogeln, aber das reichte mir nicht. Ich wollte noch so vieles lernen, ich wollte ein richtiges Volontariat absolvieren, ich wollte zu den Öffentlich-Rechtlichen. Noch immer.

Aber das war nicht ohne. Um überhaupt erst ins engere Auswahlverfahren zu kommen, musste ich Arbeitsproben abliefern. Das hieß: Reportagen schreiben, Kommentare, Nachrichten. Ein großer Aufwand, zusätzlich zum Job, der mich forderte. Glücklicherweise half mir meine damalige Freundin (ich hatte während des Studiums tatsächlich doch einmal ein Mädchen angesprochen, ein ganz mühseliges Unterfangen!), alles sauber und fehlerfrei abzutippen und in eine repräsentable Form zu bringen. Ich musste nur noch die Unterlagen in die beiden Umschläge für den *HR* und *WDR* packen (die an den *NDR* hatte ich schon abgeschickt) und in den Briefkasten werfen. Das sollte nicht allzu schwierig sein. Nun hieß es abwarten, ob eine der Anstalten Erbarmen mit mir hatte.

Lange musste ich mich nicht gedulden. Schon nach ein paar Tagen bekam ich Antwort vom *WDR*. Eine Ablehnung – und zwar völlig zu Recht: Den Bewerbungsunterlagen, die mit der Absage zurückgekommen waren, entnahm ich nämlich, dass ich dem *WDR* die Unterlagen für den *HR* geschickt hatte und umgekehrt. „Was bin i denn fir a Elch? A riesn Depp", fluchte ich, ein bisschen erstaunt darüber, dass die bayerische Sprache schon bis in mein Schimpfwortzentrum vorgedrungen war. Der ganze Aufwand umsonst, nur, weil ich nicht aufgepasst hatte. Ich war fertig mit den Nerven. So schnell kann man sich den Traumberuf zerschießen. Zwar blieb noch die kleine Hoffnung auf den *NDR*. Aber warum sollten ausgerechnet die mich nehmen? Ich hatte gehört, dass sich dort ungefähr 600 Leute im Jahr für ein Volontariat bewarben. Unwahrscheinlicher als dort einen Platz zu bekommen schien mir nur, sechs Richtige im Lotto zu tippen.

Um mich von meiner Niederlage abzulenken, verbrachte ich das bisschen Freizeit, das ich hatte, mit Dingen, die entfernt an Sport erinnerten: ein wenig laufen durch die Wälder und an der Amper entlang, natürlich ganz vorsichtig wegen der Knie, und am Wochenende nutzte ich mein Trekkingrad, um selbst bei Kälte und Schnee rauszufahren zum Kloster Andechs, auf ein schönes Weizenbier. Auch das ganz vorsichtig, vor allem bergauf. Als dann der Brief vom *NDR* im Briefkasten lag, beschleunigte mein Herz seinen Rhythmus so, wie es die lockeren Lauf- und Radrunden seit Monaten nicht geschafft hatten. Das war der Moment, in dem sich entscheiden würde, ob ich noch eine Chance auf meinen Traum bekam oder meine berufliche Zukunft neu ordnen musste. „Bitte keine Absage, bitte keine Absage", flüsterte ich mantraartig, als ich das Schreiben aus dem Umschlag fischte und die Zeilen las.

Meine Anspannung wich ganz schnell einer riesigen Erleichterung, denn ich hatte es in die nächste Runde geschafft, ich war tatsächlich unter die letzten – ja, wie viel eigentlich? – vielleicht 40 oder 50 Bewerber gekommen, höchstens 60, nahm ich an. Ein Wahnsinn! Kaum zu glauben! Ich war in der engeren Auswahl und durfte nach Hannover zur nächsten Stufe auf der Auswahlleiter. Dort würde ich mich beim Probearbeiten sowie bei einem Allgemeinwissentest beweisen müssen.

Auch das meisterte ich und qualifizierte mich für das große Endspiel: das Gespräch mit der Volontärskommission in Hamburg. 15 Radio- und Fernsehleute, die mich ins Kreuzverhör nahmen. Davor graute mir. Denn ich mochte es gar nicht, vor so vielen Leuten zu sprechen.

Noch dazu, wenn es sich um die Leute handelte, die darüber entschieden, ob ich Journalist beim *NDR*, Nachrichtensprecher beim Lokalradio oder am Ende Volkswirt in einer Wirtschaftsbehörde werden würde, was ich mir einst als Plan C im Hinterkopf zurechtgelegt hatte.

In Hufeisenformation saßen gestandene Radio- und TV-Leute. Mir kam das Arrangement vor wie ein geöffneter, gefräßiger Schlund, in dessen Mitte ich mich befand. Einige der Damen und Herren hatte ich schon im Fernsehen gesehen. Zum Beispiel den Mann, der kurz darauf das Kreuzverhör eröffnete. Der war doch Korrespondent in den USA, oder? Egal, ich musste jetzt seine Frage beantworten, die erste einer schicksalhaften halben Stunde: „Wie erklären Sie einem Radiohörer, was der Diskontsatz ist?"

Ich war erleichtert, das konnte ich beantworten, glaubte ich: „Das ist unser Leitzins. Die Bundesbank legt ihn fest. An ihm orientieren sich die Banken, wenn sie Kredite vergeben oder für Einlagen Zinsen zahlen. Außerdem können sie sich zu diesem Zinssatz kurzfristig Liquidität bei der Bundesbank besorgen." Hatte ich das jetzt einigermaßen verständlich erklärt? Ich war mir nicht sicher. Aber während mir meine Worte im Kopf noch nachhallten, wurden schon die nächsten Fragen abgeschossen. Auch die waren kein großes Problem, und langsam verflog meine Unsicherheit.

Nach einer souveränen Viertelstunde hatte dann ein mir unbekannter Herr eine Frage: „Welche Kultursendungen beim *NDR* kennen Sie?"

Von einer Sekunde zur anderen waren meine Zuversicht und Souveränität komplett dahin. Ich spürte, wie mir Schweiß auf die Stirn trat. Ich überlegte. Aber statt Namen von Kultursendungen, kreiste nur der Gedanke in meinem Kopf, dass ich nicht zu lange nachdenken durfte. Plötzlich schoss es aus mir heraus:

„Mit Kultur habe ich nichts am Hut."

Eisiges Schweigen in der Journalistenrunde. Entsetzen bei mir. Was hatte ich da gerade gesagt? War ich irre? Eigentlich konnte ich jetzt sofort aufstehen und mich verabschieden. Als Journalist musste man sich für nahezu alles interessieren. Ich hätte mich ohrfeigen können, denn es stimmte nicht einmal, was ich da gesagt hatte. Ich ging regelmäßig ins Theater, manchmal sogar in klassische Konzerte, natürlich ins Kino. Selbstverständlich interessierte ich mich für Kultur, auch wenn ich sicher keine wortgewandte Kritik fürs Feuilleton schreiben könnte. So kurz vor Schluss ein so böses Eigentor. Adieu, du Traum vom Journalistendasein beim *NDR*, es hätte so schön sein können.

„Herr Schröder", hörte ich jemanden sagen, der mich und meine traurigen Gedanken zurückholte in den Raum, in dem ich soeben meine Zukunft verspielt hatte. Es war der Korrespondent, mit dem alles so gut begonnen hatte. „Was sagt Ihnen das Datum 20. Juli?" In meinem Hirn war wieder nichts als Leere.

„Am 20. Juli 1944 war das fehlgeschlagene Attentat von Stauffenberg auf Hitler", erlöste mich der ältere, weißhaarige Herr.

Sie hatten mich wissenstechnisch in die Ecke gedrängt – und weil es keinen anderen Weg gab, als den nach vorn, konterte ich: „Von dem Attentat weiß ich natürlich. Aber ich finde, man muss nicht unbedingt das Datum kennen. Wichtiger ist doch, dass man überhaupt weiß, dass es Menschen gab, die ihr Leben riskiert haben, um Hitler zu beseitigen und Millionen Menschen auf der Welt noch mehr Leid zu ersparen und Deutschland zu befreien."

Der Korrespondent nickte und fand die Antwort offenbar einleuchtend. Meinem Gefühl nach hatte ich wieder etwas Boden gutgemacht. Aber ich hatte wohl trotzdem verloren. Ich konnte nicht fassen, wie es zu diesem Kulturmalheur hatte kommen können. Ich lief danach noch lange ziellos durch die Straßen von Hamburg, ging das fatale Gespräch immer wieder durch und war maßlos enttäuscht. Fünf Tage lang war ich ein einziges Häufchen Elend, dann kam die freudige Botschaft: Ich hatte es trotz des Lapsus gepackt. Der Rest meiner Darbietung war offenbar einigermaßen überzeugend.

Im Sommer 1994 – 50 Jahre nach dem gescheiterten Attentat auf Hitler, das Datum werde ich nicht mehr vergessen – startete mein Volontariat beim *NDR*. Ich kam meinem Traum immer näher und sagte Bayern leise „Servus".

Eineinhalb Jahre lang lernte ich von der Pike auf, wie Journalismus geht. Ich arbeitete in verschiedenen *NDR*-Redaktionen und saß in vielen Seminaren, um auf künftige Aufgaben vorbereitet zu sein. Bei Radiothemen blühte ich auf und war in meinem Element, in TV-Redaktionen machte ich mehr oder weniger Dienst nach Vorschrift. Denn mein Ziel war klar: Ich wollte Radio machen.

Genau das durfte ich, als meine Ausbildung beendet war. Ich war am Ziel und bekam genau das, wovon ich viele Jahre lang geträumt hatte: 1996 wurde ich Nachrichtenredakteur. Zwar nicht bei den Kurieren auf *NDR 2*, aber beim Hamburger *NDR*-Sender *90,3*. Ich war da, wo ich hingewollt hatte und von mir aus hätte es ewig so weitergehen können. Was hätte noch besser werden sollen? Ich hatte Spaß an der Arbeit und tolle Kollegen. Doch nach knapp vier Jahren sollte eine Mitarbeiterin des Senders meiner Karriere noch mal eine ganz neue Richtung geben: Dagmar Berghoff. Sie moderierte eine Sendung bei *NDR 90,3*, war aber vor allem die damalige Chefsprecherin der *Tagesschau* und 1999 auf der Suche nach einem neuen Sprecher. Deshalb lud sie mich zu einem Casting ein. Und obwohl ich eigentlich nicht zum Fernsehen wollte, konnte ich zur berühmten *Tagesschau* natürlich nicht NEIN sagen.

Nun sollte sich auszahlen, dass ich nach dem Volontariat noch regelmäßig zum Sprechtraining gegangen war. Normalerweise ist mit dem Ende des Volontariats Schluss damit, aber meine Trainerin war überzeugt von mir gewesen: „Aus deiner Stimme können wir noch mehr herausholen. Und wenn wir fertig sind, bewirbst du dich bei der *Tagesschau*", hatte sie erklärt. „*Tagesschau* ... neee, is' klar", hatte ich gedacht und mich doch zu Hause an den Schreibtisch gesetzt, einen Spiegel an die Wand gestellt, die Meldungen aus der Tageszeitung vorgelesen und versucht, vor meiner Wettervorhersage freundlich zu lächeln. So ähnlich wie Jan Hofer, Jo Brauner oder Dagmar Berghoff das Abend für Abend auch machten.

Im Dreiwochenabstand fuhr ich die 170 Kilometer von Hamburg nach Hannover, um an meiner Stimme zu arbeiten. Das war anstrengend, wirklich harte Arbeit, aber es brachte eine ganze Menge. Wahnsinn, wie sehr ich die Stimme tieferlegen konnte, wenn ich ganz unten im Bauch-Becken-Raum den Ton griff und das Volumen des Körpers nutzte, indem ich mich öffnete. Ich war von den Fortschritten selbst beeindruckt. Dagmar Berghoff offenbar auch. So sehr, dass sie mich auch bei der *Tagesschau* zu ihrem Kollegen machte.

ERSTE MALE

Ende der 90er-Jahre erfasste ganz Deutschland eine Radsporteuphorie. Dicke, dünne, große, kleine, sportliche und unsportliche Menschen zwängten sich in Telekom-Trikots und legten sich ein Rennrad zu. Schuld daran war Jan Ullrich, der bei der Tour de France 1997 ganz oben auf dem Treppchen stand.

Auch ich hatte seinen Weg dorthin verfolgt. Dank der Nachwehen einer heftigen Zahn-OP hatte ich alle Zeit der Welt, mir die ausgiebigen Übertragungen mit dicken Backen anzugucken. Ich konnte sogar die Schmerzen, die Jan Ullrich auf den harten Bergetappen in den Beinen hatte, ziemlich gut nachempfinden. Nur eben etwas weiter oben. Ich fieberte mit und drückte ihm die Daumen. Dass Doping mit im Spiel sein könnte, hätte ich damals im Traum nicht gedacht.

Ich saß auch deshalb gebannt vorm TV, weil ich selbst gerade zum dritten Mal durch Frankreich geradelt war: 1 200 Kilometer durch die Pyrenäen auf meinem vollgepackten Reiserad, was eigentlich viel anstrengender war als das, was Jan Ullrich mit seinem superleichten Rennrad veranstaltete. Pah! So ein Radrennen müsste ich locker hinbekommen.

Kaum wieder fit, stand ich daher mit Tausenden anderen zum ersten Mal an der Startlinie der Cyclassics, einer Radsportveranstaltung, bei der Hobbyfahrer und Profis die Straßen in und um Hamburg unsicher machen. Premiere war 1996, ein Jahr später war ich auch dabei, eingewickelt in einen hautengen, roten Traum aus Lycra und in viel zu weite schwarze Radlerhosen, die um die Oberschenkel schlackerten. Eine Klassenkameradin hatte mir die vor Jahren über einen Bekannten besorgt. Als ich die Hosengröße angeben sollte, hatte ich leider meinen Oberschenkelumfang maßlos überschätzt. Aber was nicht war, konnte ja noch werden.

Optisch war ich also noch etwas entfernt vom Tour de France-Feeling. Trotzdem kribbelte es in mir, konnte ich doch so ein wenig in den Alltag eines echten Radprofis schnuppern und nachfühlen, wie es ist, im Pulk über 60 Kilometer um die Wette zu fahren.

Ein bisschen fühlte ich mich tatsächlich wie Jan Ullrich: am Hinterrad des Vordermannes kleben, den Windschatten nutzen, sich mit anderen bei der Führung im Feld abwechseln, Löcher zwischen Fahrerfeldern stopfen. Nur schade, dass ich keinen Teamkollegen hatte, der mir Wasserflaschen vorbeibrachte und mich mit Essen versorgte. Jan Ullrich hatte es eindeutig komfortabler erwischt als ich. Und nach der Pinkelpause am Waldrand brachte mich auch niemand in seinem Windschatten zurück an meine Fahrergruppe.

Das Rennen war anstrengend, und das gar nicht mal nur körperlich, sondern auch mental. Wie Stare am Himmel bildeten wir immer neue Formationen, je nachdem woher der Wind wehte und wie hoch das Tempo war. Nur das mit dem Bremsen bekamen wir nicht so gut hin wie die Vögel. Mal gingen alle abrupt in die Eisen, oft aus völlig unerfindlichen Gründen, dann wurde hektisch beschleunigt. Kein Wunder, dass dabei so mancher auf dem Boden landete und buchstäblich unter die Räder kam. Wenn es gut lief, konnte er gleich wieder aufsatteln, wenn es schlecht lief, musste er von Sanitätern erstversorgt werden. Zu jeder Zeit der 60 Kilometer war also volle Konzentration gefragt. Trotzdem – oder gerade deswegen? – machte es mir Spaß. Bei meinen ersten Cyclassics hatte ich mich für die kürzeste der drei angebotenen Distanzen entschieden, um mich heranzutasten. Im folgenden Jahr traute ich mir schon die längste Distanz zu: 160 km. So konnte ich es voll auskosten, dass wir Radler uns auf den sonst dicht befahrenen Straßen austoben durften – nur gefährdet durch unsere eigene Spezies. Einige Jahre später wurden es sogar 170 km – fast Ironman-Länge!

Daran dachte ich damals allerdings noch überhaupt nicht.

Die lange Strecke hatte einen weiteren Vorteil: Ich hatte jede Menge Zeit, meinem neuen Nebenjob als Sportreporter nachzugehen. Damals hatte ich die Idee, mich per Handy von der Strecke zu melden und den Hörern meines zu diesem Zeitpunkt schon Ex-Arbeitgebers *NDR 90,3* live zu berichten, wie es sich anfühlte, sich bei einem Radrennen abzustrampeln. Da die Radsporteuphorie in diesen Jahren ums Millennium noch ungebrochen war, beherrschten die Cyclassics das Radioprogramm des Senders. Mein Vorschlag wurde gerne angenommen und so steckte ich ein Mobiltelefon in meine Trikottasche. Wenn es klingelte – und das tat es ein bis zwei Mal pro Stunde – fuhr ich langsamer, suchte mir einen Platz im Fahrerfeld, an dem ich ruhig dahinrollen konnte, zückte mein Handy und rief gegen den Fahrtwind an, wie viele Kilometer ich noch vor mir hatte, wie heftig meine Oberschenkel brannten, dass manche Zuschauer uns mit einem Frühstücksbier zuprosteten, dass ich mit meinem Isogetränk zurückprostete, dass einige Leute gemeinerweise am Straßenrand grillten, dass Kohlenhydratgels bei Weitem nicht so lecker rochen wie Bratwürste, vom Geschmack ganz zu schweigen, und dass ich bislang mit etwa 38 Kilometern pro Stunde unterwegs war. Nie war der Begriff „rasender Reporter" angebrachter. Ich schilderte auch, dass ich leider schon einige Unfälle und Pannen gesehen hatte und dass der Blick von der Köhlbrandbrücke das Größte war.

Nun war ich doch noch Sportreporter geworden – und ich durfte dieser Beschäftigung jahrelang nachgehen, bis die Sender alles, was mit Radsport zu tun hatte, nur noch mit spitzen Fingern anfassten. Doping setzte vielen Rennradfahrerkarrieren ein jähes Ende – und ebenso meiner als Sportreporter.

Die Rennen fuhr ich aber weiter und holte mir die Fitness dafür vor allem auf meinen sommerlichen Radreisen mit dem Trekkingrad und wenn ich kurz vor den Cyclassics zum Rennradeln in die Pyrenäen fuhr. Daheim hielt sich der Spaß am Rennradtraining nämlich in sehr überschaubaren Grenzen. Seit ich aus Fürstenfeldbruck zurück war, wohnte ich in Hamburg und nicht mehr wie zu Studentenzeiten im Hotel Mama in Neuschönningstedt. Das bedeutete nicht nur, dass ich meine Wäsche selbst waschen und auf mutterngemachte Königsberger Klopse und das beste Hühnerfrikassee der Welt weitgehend verzichten musste. Fast genauso schlimm war, dass ich mich nicht mehr flugs aufs Rad schwingen und eine schnelle Trainingsrunde durchs Grüne drehen konnte. Um auf eine rennradtaugliche Strecke zu gelangen, musste ich erst durchs Graue gurken, nämlich durch die halbe Stadt. Es war mir meist zu mühsam, mich über proppenvolle Straßen zu quälen, alle paar Meter gestoppt von Ampeln und immer die Autoabgase inhalierend. Deshalb versuchte ich es mit Spinning. Mit wenig Erfolg: auf unbequemen Rädern zu Rumtatamusik in stickiger Gym-Luft in die Pedale zu treten und mich anbrüllen zu lassen, dass ich jetzt gefälligst aus dem Sattel zu gehen oder den Widerstand hochzudrehen habe, war nicht mein Ding. Umso mehr genoss ich die Gelegenheiten, mit meinem Kumpel Uli in der Landluft Schleswig-Holsteins zu trainieren.

Uli war es auch, der 1998 die Frage stellte, die unabsehbare Folgen haben sollte: „Thorsten, hast du Lust am Wochenende nach Föhr mitzukommen? Da findet ein Wettkampf statt." Seine Freundin und er hatten gerade ihre Leidenschaft für Triathlon entdeckt, und jetzt nutzten sie jede Gelegenheit, bei solchen Events mitzumachen. Mich juckte das herzlich wenig, ich hatte ja meine Radrennen. Die Aussicht auf einen kleinen Wochenendausflug nach Föhr mit unseren Frauen fand ich jedoch ziemlich reizvoll – und wenn sich das noch mit einem Sportevent verbinden ließe, umso besser. 500 Meter Schwimmen, 20 Kilometer Radfahren und 5 Kilometer

Laufen würden mich schon nicht umbringen. Vielleicht würde es sogar Spaß machen. Das Wetter auf Föhr präsentierte sich wie aus dem Klischeehandbuch für Norddeutschland: bedeckter Himmel und windig. Ich ließ mir den Spaß trotzdem nicht verderben und freute mich auf das Rennen. Ganz entspannt lief ich mit Uli und 49 anderen ins Wasser. Die Nordseewellen waren so hoch, dass ich beim Schwimmen eher Höhenmeter als Strecke zurücklegte. Nur selten hatte ich die Wendeboje vor Augen. Die Sicht darauf wurde versperrt von den wogenden Wassermassen vor mir, die mich wie im Fahrstuhl rauf- und runtertrugen. Vorwärtskommen? Schien unmöglich. Ich aber blieb die Ruhe selbst – was sich in meiner späteren Triathlonlaufbahn dramatisch ändern sollte. Irgendwann erreichte ich wieder festen Boden unter den Füßen, der sich aber gar nicht fest anfühlen wollte. Der Wellengang hatte mich so durcheinandergewirbelt, dass ich Schlagseite bekam und beim Laufen Richtung Fahrrad zweimal in den Sand klatschte. Ich hielt kurz inne, um meinem Gleichgewichtsorgan die Möglichkeit zu geben, sich wieder einzukriegen, orientierte mich und sprang rauf aufs Rennrad. Ab in die zweite Disziplin, und ran an die Verfolgung. Uli war ein sehr viel besserer Schwimmer als ich und lag weit vor mir. Aber nach einigen Kilometern auf dem Rad hatte ich ihn. Neidisch blickte ich beim Überholen auf seinen Triathlonlenker. Uli lag fast auf seinem Rad und wirkte sehr aerodynamisch und irgendwie professionell. Der Lenker machte was her und war bei dem kräftigen Wind, der uns auf der Insel entgegenblies, sicher keine schlechte Idee.

Leider waren wir auf keinem Rundkurs. Sonst hätte ich mich mit baldigem Rückenwind motivieren können. Aber die Organisatoren hatten die Strecke so gelegt, dass wir armen Hobbysportler vor allem gegen den Wind strampeln mussten. Bei meiner Triathlonpremiere hätten sie gerne etwas nachsichtiger sein können. Trotzdem: Beim Radfahren machte mir keiner was vor.

Höchstens Uli. Der hatte sich nämlich berappelt und zog auf den letzten Metern wieder locker an mir vorbei.

Beim Laufen war mir der Wind dann schnuppe, aber an Uli kam ich nicht mehr heran. Mit fast zwei Minuten Vorsprung schaffte er es vor mir ins Ziel. Aber egal! Denn ich war immerhin Neunter geworden! Okay, viele der Starter waren urlaubende Familienväter gewesen, die mit ihrer Anmeldung dem Sandburgenbauen mit den Kindern entkommen wollten und auf Fahrrädern unterwegs waren, von denen sie fünf Minuten vor Startschuss den Kindersitz abmontiert hatten. Aber, hey, Top 10!

Föhr hatte in mir die Lust geweckt auf mehr. Um nach diesem großen Erfolg unser Talent nicht brachliegen zu lassen, forschten Uli und ich umgehend nach, ob wir einen weiteren Triathlon durch unsere Anwesenheit bereichern könnten. Tatsächlich fand kurz nach Föhr einer in Gudow in Mecklenburg-Vorpommern statt. Entspannt fuhren wir mit Ulis Bulli dort hin. Er wollte auf der Olympischen Distanz starten, über 1,5 Kilometer Schwimmen, 40 Kilometer Radfahren und 10 Kilometer Laufen – dieses Tier. Ich blieb beim Volkstriathlon, da ich mich nicht schon beim zweiten Versuch übernehmen wollte. Der See in Gudow schüttelte mich zwar nicht so durch wie die Nordsee, aber ich planschte mehr durchs Wasser, als dass ich schwamm und war beeindruckt davon, wie mancher Triathlet mit scheinbar geruhsamen Zügen schnell und kraftvoll an mir vorbeizog. Uli meinte später, beim Schwimmen hänge viel von der Technik ab, nicht die Kraft sei das Entscheidende. Um auch nur annähernd so gut schwimmen zu können, müsste ich also häufiger ins Wasser und viel trainieren. Und das bedeutete: Schwimmbad. Das aber war mir noch immer ein Graus. Da war ich lieber ein bisschen langsamer.

Die Rad- und Laufstrecken in Gudow machten das Schwimmerlebnis wieder wett: Sie führten durch Wald und kleine Dörfer. Perfekt für mich: körperliche Betätigung in schöner Umgebung. Ich begann, ernsthaft über einen Triathlonlenker nachzudenken. Ich hatte Blut geleckt, mir gefielen diese Triathlonwettkämpfe. Sehr sogar.

Das hieß aber noch lange nicht, dass ich von da an strukturiert trainierte. Weder ging ich regelmäßig ins Schwimmbad noch radelte ich gerne durch das Grau der Stadt, sondern beschränkte mich auf gelegentliche Ausfahrten mit Uli vor den Toren Hamburgs und auf meine längeren Radreisen, bei denen ich oft zahlreiche Höhenmeter zurücklegte. Das half mir auch zweimal in der Woche beim Kicken: Dienstagabend in der Halle, richtig austoben, sprinten, abbremsen, loslaufen, immer unterwegs, keine Pause, halbtot schwitzen. Eineinhalb Stunden Vollgas. Am Sonntagvormittag trafen wir uns im Stadtpark zum Spiel. Wenn die Kumpels keine Zeit hatten oder keine Lust, ging ich trotzdem hin und fand immer bei anderen Truppen Anschluss.

Die meisten bereuten nicht, mich mitmachen zu lassen: Ich hatte meine alten Fähigkeiten hervorgekramt, spielte ein feines Füßchen, und ging auch dann noch steil, wenn andere schon schlappmachten. „Wollen wir nicht noch ein bisschen weiterspielen?", drängelte ich. Meine Mitspieler aber winkten ermattet ab. Der Duracell-Hase war gegen mich eine lahme Ente.

Ein gutes Lauftraining war das Fußballspielen allemal. Mit meinem neuen Fernsehjob Ende 1999 konnte ich das aber nicht mehr ganz durchziehen. Die festen Zeiten fürs Fußballspielen waren für mich kaum noch einzuhalten.

ES GEHT VORAN – BERUFLICH UND SPORTLICH

Kaum zu glauben, dass ich nun zum Kreis der wenigen zählte, die den vielen Zuschauerinnen und Zuschauern der *Tagesschau* erzählen durften, was der Tag an wichtigen Neuigkeiten gebracht hatte. Nachrichtenlesen? Damit war ich vertraut. Bis ich mich als überzeugter Jeans-, T-Shirt und Dreitagebartträger allerdings an die erforderliche gehobene Herrenausstattung gewöhnt hatte, brauchte ich ein paar Jahre. Mit Krawatten fremdele ich sogar bis heute. Ich fühle mich damit eingeschnürt. Deshalb werden sie erst kurz vor der Sendung festgezurrt und müssen sofort runter, sobald die Kameras aus sind.

Ich gehörte nun also – hinter dem Sprechertisch sitzend – zu den „Menschen ohne Unterleib". Ich muss gestehen, auch mir gingen vor meinem Amtsantritt einige der Gerüchte durch den Kopf, die sich um die *Tagesschau*-Sprecher rankten: Nahmen sie während der Nachrichten ein Fußbad (das hätte mir gefallen), trugen die Herren im Sommer Shorts? Gar Sandalen? Stiefel im Winter, falls im Studio nicht ordentlich geheizt wurde?

So oder so – ich brauchte für mein neues Arbeitsleben vor der Kamera einen Anzug. Mein Kleiderschrank gab lediglich ein einzelnes Sakko her. Das hatte ich mir gerade für die Bewerbungsfotos gekauft, weil ich beim besten Willen nicht mehr in meinen Konfirmationsanzug gepasst hatte. Ich war total überrascht: Die *Tagesschau* überließ die Klamottenauswahl fahrlässigerweise voll und ganz den Sprecherinnen und Sprechern. Sie stellte uns damals noch niemanden an die Seite, der uns beriet und modische Fehltritte hätte verhindern können. Schlecht für mich, denn mit Anzügen hatte ich im Gegensatz zu Kultur tatsächlich bis dahin nichts am Hut. Auch Wiebke, die neue Frau an meiner Seite, die ich ganz ohne Fahrrad- oder Autostalking durch klassisches Baggern im Club für mich gewonnen hatte, war wenig firm in dieser Hinsicht.

So standen wir beide recht hilflos im Laden vor den Reihen mit grauen, schwarzen, braunen und anthrazitfarbenen Anzügen. Sollten wir den Verkäufer zurate ziehen? Sollte ich sagen:

„Guten Tag, ich bin der neue *Tagesschau*-Sprecher und brauche einen Anzug, mit dem ich ähnlich gut aussehe wie meine Kollegen Jo Brauner und Jan Hofer. Können Sie mir etwas empfehlen?“ Da ich keinen Rausschmiss wegen Hochstapelei riskieren wollte, verkniff ich mir das und kaufte einen Klassiker, mit dem man nicht viel falsch machen konnte: schwarzer Anzug, weißes Hemd, rote Krawatte. Bäm! Offiziell trug ich die Kombi natürlich nicht notgedrungen, sondern, um dem Motto der *Tagesschau* gerecht zu werden: die Meldung steht im Vordergrund, nicht der Sprecher.

Dem Zuschauerauge kam es also durchaus zugute, dass ich als Neuling in meinen ersten Jahren noch nicht in der Hauptausgabe der *Tagesschau* um 20 Uhr zu sehen war, das kam erst 2007. Aber von Anfang an war ich um 20 Uhr zu hören. Für eine *Tagesschau* wurden nämlich immer zwei Sprecher benötigt: einer geschniegelt und gestriegelt vor der Kamera und ein anderer, nicht notwendigerweise herausgeputzt (also eigentlich der ideale Job für mich!), in einem kleinen, dunklen Kabuff direkt neben dem großen, hellen Studio. Neben den vom sichtbaren Sprecher verkündeten Meldungen und den Filmen der Reporter laufen in fast jeder *Tagesschau* auch 30-Sekunden-Clips. Ein Redakteur schneidet sie aus Filmmaterial aus aller Welt zusammen und schreibt dazu anhand der Agenturmeldungen einen Nachrichtentext, den er dann dem Sprecher – in diesem Fall mir – in die Hand drückt, damit der ihn in seinem Kabuff hockend live verliest.

Häufig war ich genau dann Mr. Unsichtbar, wenn meine Kumpels in der Halle schon längst dem Ball nachjagten. Als ich Anfang des neuen Jahrtausends dann auch noch Mr. Hamburg-Journal wurde, war es ganz vorbei mit dem abendlichen Kicken. Ich freute mich natürlich darüber, diese halbstündige Sendung im *NDR*-Fernsehen moderieren zu dürfen. Andererseits war dort der Schlusspfiff erst um 20 Uhr, während der Anpfiff in der Halle schon um 19 Uhr 30 ertönte. Hektisches Hinfahren sinnlos. Es war einfach zu spät für meinen Lieblingssport. Auch der Stadtpark-Kick am Sonntagmorgen fiel für mich immer häufiger aus, weil ich entweder nach vollbrachter Nachtschicht noch schlief oder für den Frühdienst im Sender saß. So trauerte ich immer häufiger dem entgangenen Fußballspiel mit den Kumpels hinterher und dem dadurch ebenso ausgefallenen Lauftraining. Es half nichts, ich musste Runden um die Alster drehen.

Immerhin hatte ich bald schon die perfekte Joggingrunde vor der Haustür, denn Wiebke und ich zogen 2001 in Alsternähe ins Grindelviertel. Alle paar Tage trabte ich etwa zehn Minuten an die Alster, drehte dann eine Runde von siebeneinhalb Kilometern und lief wieder heim. So gewöhnte ich mich wieder daran, ohne Ball zu laufen, schlicht, um fitter zu werden. Je häufiger ich mich aufraffte, desto weniger Überwindung kostete es mich, weil die Beine immer besser arbeiteten. Und das sollte sich bald darauf auch bei einem Triathlon bezahlt machen, dem ich nur so entgegenfieberte: nach den Cyclassics bekam Hamburg 2002 noch eine

Großveranstaltung, den City Man. Mit 10 000 Teilnehmern sollte der Hamburger Triathlon bald der größte der Welt werden. Wir würden durch die Alster pflügen und mitten in der Stadt, direkt vor dem Rathaus, wieder herauskommen. Toll!

Ich fing klein an, mit dem Volkstriathlon über die Sprintdistanz. Nur nicht übertreiben und testen, was möglich ist, doch schon im folgenden Jahr wagte ich, was mir in Gudow noch unmöglich schien: Ich wechselte auf die Olympische Distanz. 10 Kilometer Laufen zum Schluss, davor 40 Kilometer Radfahren, und zu Beginn 1,5 Kilometer im Wasser. Leider rächte sich nun, dass ich Schwimmbäder nach wie vor mied. Ich kraulte wie wild, sodass ich eigentlich hätte losschießen müssen wie ein Motorboot. Ich glich aber mehr einem Kahn. Und zu allem Überfluss überholte mich sogar ein Brustschwimmer. Mit kräftigen Zügen zog er an mir vorbei. Aus den Augenwinkeln bestätigte sich, was ich befürchtet hatte: Das war Björn, mein Angstgegner im Wasser.

Wir hatten uns über Freunde kennengelernt und standen seit Neuestem zusammen im St. Pauli-Stadion. Er war Mitglied in einem Triathlonverein und nahm das Schwimmtraining wesentlich ernster als ich. Meine Vorbereitung erschöpfte sich nämlich darin, kurz vor einem Wettkampf drei- oder viermal in die Schwimmhalle zu gehen und stupide die Renndistanz durchzuschwimmen. Das machte ich hauptsächlich, um mich zu vergewissern, dass ich nicht absoff.

Ich setzte statt auf das Prinzip „Training" lieber auf das Prinzip „Hoffnung": dass Björn in eine andere Startergruppe gelost wurde und dass eine überraschend auftauchende irrsinnige Strömung in der Alster mich schon nach 30 Minuten an die Treppe am Rathausmarkt spülte.

Jahr um Jahr, an dem Björn und ich beim Hamburger Triathlon in die Alster sprangen, geschah dies leider nicht. Im Gegenteil: Ich und das Wasser standen immer mehr auf Kriegsfuß, denn nicht einmal das Ziel, nicht abzusaufen, kriegte ich immer gestemmt.

In einem Jahr hatte ich kurz vorm Start versucht, den am Körper klebenden Neo zurechtzurücken, als plötzlich quer über dem Bauch ein breiter Riss klaffte. Ich dachte mir nicht viel mehr als: schade eigentlich, und sprang unbedarft ins Wasser. Hätte ich darüber nachgedacht, warum Schiffe keine Öffnungen im Rumpf haben, hätte ich das vermutlich nicht getan. Der Neo lief natürlich voll, und ich hatte das Gefühl, er zöge mich in die Tiefe der Alster. Mein letztes Stündlein schien geschlagen zu haben. Aber ich konnte mich mit großer Mühe zum Kajak eines DLRG-Helfers retten, mir die enge Schwimmkluft vom Leib streifen – was im Wasser eine echte Heldentat war angesichts dessen, wie ich mich in der Wechselzone immer anstellte, um mich aus der Schwimmpelle zu schälen – und schwamm die restliche Strecke nur mit Badehose bekleidet zum Schwimmausstieg. Wiebke staunte nicht schlecht als sie mich aus dem Wasser kommen sah. Schließlich war ich vollkommen anders bekleidet ins Wasser gesprungen als ich herauskam.

Was ich bei all meinen Alstererlebnissen übrigens herausfand: die Wasserqualität ist völlig in Ordnung. Keine Pickel, keine Ekzeme, kein Durchfall – und das, obwohl ich jedes Mal mehrere Zentiliter an Alsterwasser schluckte. Nur zu Forschungszwecken natürlich.

Trotzdem lief ich lieber um sie herum. Drei Jahre nach unserem Umzug waren die Joggingrunden pure Routine geworden, und ich wälzte Gedanken darüber, ob ich ihnen noch einen weiteren Sinn geben sollte. Wie wär's zur Abwechslung mal mit einem Halbmarathon?, fragte ich mich. Die 21 Kilometer könnte ich schaffen, wenn ich noch einen Trainingslauf mehr pro Woche unterbrachte und statt einer Runde auch mal zwei drehte. Schließlich packte ich auch jedes Jahr die 10 Kilometer der olympischen Distanz beim Hamburger Triathlon – und das, nachdem ich schon geschwommen und geradelt war.

Ich beschloss, es zu probieren und schlüpfte mit diesem Ziel vor Augen schon viel motivierter in meine Laufschuhe. Das zahlte sich aus. Bei meinem ersten Halbmarathon im Jahre 2004 kam ich gut und ohne schwerwiegende Probleme ins Ziel: nach etwas weniger als zwei Stunden.

Ich liebte die Vorfreude auf das Event, das Kribbeln vor dem Start, die Aufregung und das dichte Gewusel der vielen anderen Sportler, die ähnlich unsicher waren wie ich, die nervös von einem Bein aufs andere hüpften, die noch schnell aufs Klo rannten, sich die Startnummer anhefteten, beruhigende Worte mit ihren Liebsten wechselten, sich einen aufmunternden Kuss abholten, die konzentriert vor sich hinstarrten, die entweder ängstlich oder wild entschlossen waren – oder irgendetwas dazwischen, so wie ich. Ich liebte den Adrenalinflash beim Startschuss, den Spaß an der Bewegung, den Kampf mit mir selbst, sogar die Schmerzen im Körper, die Anfeuerung der Zuschauer, das Zähnezusammenbeißen für den Erfolg, die Erleichterung im Ziel, und die Glücksgefühle, es gepackt zu haben.

Auf der vollen Marathonstrecke dürfte die Dosis von alldem sogar noch etwas höher sein. Dann gönne ich mir die doch einfach mal, dachte ich, und stürzte mich in die Mission 42 195 Kilometer. Das sollte mein Hamburger-Großevent-Triple komplettieren: Marathon, Hamburger Triathlon, Cyclassics.

Anders als vor den anderen beiden hatte ich vor dem Marathon aber allergrößten Respekt und wollte nichts dem Zufall überlassen. Ein Plan musste her.

Also besorgte ich mir das Buch des Deutschen Meisters und Olympiateilnehmers Herbert Steffny. Der müsste wissen, wie es geht. Großzügig überblätterte ich die Kapitel zu Lauftechnik und Schulung des Laufstils, denn so etwas brauchten doch nur Profis, oder? Stattdessen stürzte ich mich sofort auf die 10-Wochen-Pläne. Innerhalb von 4 Stunden wollte ich im Ziel sein. Das könnte ich hinbekommen, wenn ich richtig gerechnet hatte: für die halbe Marathondistanz war ich 1 Stunde 52 unterwegs. Das mal zwei plus x ergab in etwa vier Stunden.

Steffny wollte, dass ich dafür anfangs drei, später vier Läufe pro Woche machte, und schon sehr frühzeitig einen über 22 Kilometer, später zwei über 30. Das war starker Tobak und bedeutete mindestens drei Stunden laufen am Stück.

Im Trübsinnsmonat Februar unter mehreren Lagen Laufklamotten und bei eisiger Kälte schleppte ich mich also viermal an Schneeresten vorbei um die Alster herum. Runde eins war gut, Runde zwei in Ordnung, Runde drei schwierig, Runde vier eine Qual. Sie verlangte meinem Kämpferherz alles ab. Und zu allem Überfluss kamen die Ameisen in meine Oberschenkel zurück, was mir einen kleinen Schock versetzte und Erinnerungen wachrief an schmerzhafte Zeiten vor der Operation. Angst stieg in mir auf: War doch nicht alles gut verheilt? Dabei hatte ich anfangs noch gehofft, dass ich die Anstrengung überschätze, die mir das Training bereiten könnte. Was mich bei der Stange hielt, war die Aussicht auf herrliche Glückshormone, die Steffny mir in seinem Buch versprochen hatte. Ich stellte mir vor, wie ich vollkommen beseelt und quasi ins Nirwana eingetreten ins Ziel laufen würde. Wenn ich erst einmal einen Marathon erfolgreich beendet hatte, würde ich nicht mehr davon loskommen und dieser vollkommen legalen und wohltuenden Sucht verfallen. Das klang verlockend, also zog ich das Steffny-Programm durch, immer darauf achtend, was das Krabbelgetier in meinen Beinen tat. Zum Glück kam es nicht wieder. Ich lief den Marathon und schaffte es nach vier Stunden und vier Minuten über die dicke rote Linie. Allerdings alles andere als high. Ich war stolz auf meine Leistung, aber überhaupt nicht scharf darauf, sie zu wiederholen.

Wie nach jedem anderen Rennen, folgten die Fragen der Kollegen: „Und, welchen Platz hast du belegt?" Ich schmunzelte. Bei einem Feld von mehreren Tausend Teilnehmern – viele davon (semi-) professionelle oder zumindest deutlich ambitioniertere Sportler als ich – war eine nennenswerte Platzierung kaum zu erreichen. Selbst dann nicht, wenn ich den Job beim *NDR* an den Nagel hängte und nur noch trainierte. Ich wusste meist auch gar nicht genau, wie ich abgeschnitten hatte.

Beim Marathon galt wie bei allen meinen sportlichen Herausforderungen: Viel wichtiger als eine Platzierung war, ob ich mein persönliches Ziel erreicht hatte. Ich schwamm, radelte oder lief gegen mich selbst und keinen Konkurrenten (außer natürlich Brustschwimm-Björn). Über die vielen Jahre als wettkampffreudiger Hobbysportler arbeitete ich mich aber immerhin in der ellenlangen Ergebnisliste vor, vom hinteren Mittelfeld übers mittlere Mittelfeld ins vordere Mittelfeld. Meine Leistungen waren nicht übel, aber auch nicht mehr als durchschnittlich.

Erst 19 Jahre nach meinem neunten Rang auf Föhr kam ich bei einem Triathlon wieder auf einen einstelligen Platz. Und zwar genau in dem Moment, als es wirklich zählte! Aber das war damals noch überhaupt nicht absehbar.

Der Sport war mir wichtig, aber er war wahrlich nicht alles. Das bekam 2008 auch mein Rennrad zu spüren. Jahrelang stand es warm und trocken an der freien Wand in meinem Arbeitszimmer. Doch plötzlich musste der leichte, anthrazitfarbene Carbon-Flitzer den Platz mit einem schweren, schwarzen Klavier teilen. Ich erfüllte mir mit dem Instrument einen Traum, den ich schon als Jugendlicher hatte. Hätten meine Eltern damals ein Piano als Nachfolger für die Farfisa-Heimorgel gekauft, ich hätte weiter in die Tasten gehauen.

Als ich mir das schöne Instrument nun mit 40 Jahren leisten konnte, schlug ich zu. Es sollte sein Dasein aber nicht als bloßer Einrichtungsgegenstand fristen, weshalb ich wöchentlich Unterricht nahm. Diesmal nicht wegen einer Frau, sondern allein wegen des Klanges.

Aber im leicht fortgeschrittenen Alter lernte ich längst nicht mehr so schnell wie damals auf der Heimorgel. Es war wie beim Sport: Die Erfolge kamen schleppend, dafür klappte es besser mit der Ausdauer. Ich beherrschte nur wenige Stücke, konnte die aber stundenlang spielen, ohne müde zu werden.

So abträglich der Schichtdienst bei der *Tagesschau* meiner Fußballleidenschaft war, so viele Vorteile hatte er beim anfänglichen Musizieren, das sicherlich noch für keine Ohren eine Wohltat war. Zu Hause spielte ich tagsüber, wenn die meisten Hausbewohner bei der Arbeit waren. Zusätzlich konnte ich beim *NDR* während meiner Nachtschichten üben. Zwischen den Sendungen hatte ich immer etwas Zeit und hämmerte dann in die Tasten eines Klaviers, das im Abstellraum eines Nebengebäudes stand. Das hörte nachts in der nahezu leer gefegten Anstalt niemand außer mir.

Und noch einen Vorteil hatte der Schichtdienst: Auch in der dunklen Jahreszeit bekam ich etwas Sonne ab. Hatte ich Frühdienst, stand ich um 4 Uhr morgens auf (tue ich immer noch) und las um 5 Uhr 30 einigermaßen taufrisch aussehend (ein großes Dankeschön an die Maske!) die erste der halbstündigen *Tagesschau*-Ausgaben im Morgenmagazin. Feierabend war um 10 Uhr. Wenn ich die Hauptausgabe um 20 Uhr zu lesen hatte, musste ich nicht vor 18 Uhr im Sender sein. Tagsüber hatte ich Zeit, die ich für gelegentliche Läufe bei Licht nutzen konnte.

Nicht ganz so toll war der Schichtdienst dagegen für mein Sozialleben: Abendliche Unternehmungen mit Freunden wurden immer schwieriger. Wenn die anderen ihren Feierabend hatten, sendete ich. Das wirkte sich nicht nur auf die Treffen zum Kicken aus, sondern auch auf jene zum Bierchen trinken. Statt abends meine Freunde zu sehen, hatte ich eine Verabredung mit ungefähr zehn Millionen Menschen, von denen ich die allermeisten nicht kannte. Am Wochenende war das leider nicht anders. Grillen am Nachmittag? Party am Abend? Je nach Schicht kam ich später, ging ich früher, erschien gar nicht und hatte nur im seltenen Glücksfall keinerlei Einschränkung. Kino-, Konzert- und Theaterbesuche wurden seltener. Irgendein Wochenenddienst funkte fast immer dazwischen, wenn Wiebke und ich uns bei schönem Wetter dachten: Jetzt an die Ostsee! Oder Freunde irgendwo in Deutschland besuchen. So etwas musste geplant, freie Tage mussten genommen werden. Meine Familie und meine Freunde mussten sich daran gewöhnen, mich nicht mehr so oft zu sehen. Außer im Fernsehen. Längst hätte Wiebke angesichts ihres zeitweiligen „Phantom-Partners“ verzweifelt die Segel streichen können. Zum Glück tat sie es aber nicht.

ÜBER KURZ ODER LANG VON KURZ ZU LANG

„Weißt du was?“, fragte Wiebke mich eines Morgens am Frühstückstisch. „Mein alter Freund Rolf hat sich für diesen wahnsinnig langen Triathlon angemeldet. Im Juli, irgendwo in Bayern, in Roth, glaube ich.“

„Oha“, sagte ich anerkennend. „Müssen die da nicht am Ende sogar einen Marathon laufen und vorher lange schwimmen und Rad fahren? Ironman heißt das, glaube ich.“

Ich lag nicht ganz richtig, denn schon damals firmierte das Rennen in Roth unter dem Namen „Challenge“. Nicht jede Langdistanz gehört zur Marke „Ironman“. Die Langstrecke in Glücksburg zum Beispiel heißt „Ostseeman“, die in Moritzburg in Sachsen „Schloss-Triathlon“.

Das wusste ich damals nur noch nicht. „Das wäre ja überhaupt nichts für mich“, fügte ich an. „Hat der keine Freunde und sonst keine Hobbys? Wenn er das durchstehen will, muss er doch wie ein Besengter dafür trainieren.“

Und das tat er wohl auch. Auf einer meiner Trainingsrunden um die Alster rannte mir schon bald kein anderer entgegen als Rolf. Gertenschlank, durchtrainiert, mit Schweiß auf der Stirn und einem Lächeln auf den Lippen. Unklar, ob er sich freute, mich zu sehen, oder darüber, eine kurze Laufpause einlegen zu können, denn er wirkte etwas angestrengt.

Er hielt an, um mich zu begrüßen. Es war Ende März und sein Rennen nur noch knapp vier Monate entfernt.

„Und du machst wirklich einen Ironman?“, fragte ich ihn ungläubig.

„Ja, Ausdauergeschichten faszinieren mich nun mal, deshalb will ich es mit dem Ironman versuchen“, erklärte Rolf und erzählte mir auch gleich noch, wie viel er dafür trainierte: „Ich laufe ein paarmal in der Woche, und wenn das Wetter jetzt besser wird, fange ich an mit größeren Radausfahrten, das werden dann bestimmt auch mal 20 Stunden Training pro Woche.“

Dreimal pro Woche gehe er außerdem zum Schwimmen. Und ich dachte: viel zu anstrengend.

„Wie viel musst du denn im Rennen schwimmen und Rad fahren?“, fragte ich ihn. Von dem Marathon bei einem Ironman wusste ich noch, aber der Rest?

„Man schwimmt 3,8 Kilometer und fährt 180 Kilometer auf dem Rad. Ja, das ist schon ganz schön viel.“ Er nickte und ich blies anerkennend die Luft aus.

„Für mich *zu* viel“, sagte ich anerkennend. „Aber Hut ab, dass du so was machst.“ In Einzelteile zerlegt geht es vielleicht noch, dachte ich, aber alles zusammen ...

Ich überlegte mal schnell: Einen einzelnen Marathon würde ich wohl schaffen. Und bei den Cyclassics saß ich auch sehr lang im Sattel und schrubbte dafür jedes Mal ein paar Radkilometer. Aber dreimal pro Woche ins Schwimmbad, um für eine astronomische Strecke von 3,8 Kilometern zu trainieren: Auf gar keinen Fall! Und überhaupt, dieser Aufwand. Wie schaffte Rolf das bloß alles neben seiner Arbeit?

An diesem Tag war ich mit den Gedanken sehr schnell wieder woanders. Ironman? Brauchte kein Mensch.

Ein paar Monate später verfolgte ich dann aber doch die Weltmeisterschaften auf Hawaii im Fernsehen – zuschauen war eben etwas ganz anderes. Der Sieger des Rennens lief in einer Badehose ins Ziel – Faris al Sultan. Der erste Profi-Triathlet, dessen Namen ich mir merkte.

Ich war fasziniert und verwundert zugleich. Ich konnte mir nicht vorstellen, dass all diese Verrückten Spaß daran hatten, einsam über den glühenden Asphalt von Hawaii zu holpern. Nichts, was ich in den wenigen TV-Sequenzen sah, wirkte reizvoll auf mich. Leidende Athleten unter sengender Sonne, kaum Zuschauer am Straßenrand – und dann diese Landschaft! Lavawüste, alles karg, kein Baum, kein Schatten, irrsinnige Hitze. Warum sollte jemand sich so etwas antun wollen? Das sah so gar nicht nach dem aus, was ich zu der Zeit mit Triathlon verband. Ich liebte die Abwechslung: ein bisschen von allem, sodass die Langeweile keine Chance hatte. Aber bei einem Ironman machte man nicht „ein bisschen", sondern „ganz schön viel" von allem. Und die vertrocknete, öde Hawaiistrecke hatte wenig zu tun mit den schönen, blühenden Landschaften, in denen ich mich so gerne bewegte.

Ein paar Jahre später, im Sommer 2010, kam ich beim Hamburger Triathlon mit meinem Nachbarn Fabian ins Gespräch, den ich eigentlich nur vom Sehen kannte. Er war in einem ähnlichen Alter wie ich und, wie sich nun herausstellte, ebenfalls leidenschaftlicher Triathlet.

„Du auch hier?", fragte ich erfreut. „Ja", grinste er. „Die Veranstaltung ist einfach großartig. Ich war seit 2002 immer dabei!"

Wie schön, ein Bruder im Geiste bei uns im Haus, dachte ich und fragte: „Bist du zufrieden mit deinem Rennen?"

„Ja, es lief gut, ich kann beruhigt nach Frankfurt fahren", antwortete er. „Das war heute vor allem Vorbereitung und Form-Check für den Ironman."

Oh, dachte ich, wohl doch eher Halbbrüder im Geiste.

„Ich kenne jemanden, der hat das auch mal gemacht", warf ich ein und dachte an Rolf. „Was der mir erzählt hat, klang verdammt anstrengend."

„Ja, das ist es auch“, pflichtete Fabian bei. „Vor allem wenn es so läuft wie bei meiner ersten Langdistanz vergangenes Jahr in Embrun in Frankreich. In den Alpen hatte es geschneit, und zwar so heftig, dass ich und viele andere aufgeben mussten. Wir waren halb erfroren. Das kann mir im Sommer in Frankfurt wenigstens nicht passieren!“

Ich kam ins Grübeln. Schon Rolf war kein Sportler von einem anderen Stern – und hatte einen Ironman geschafft. Auch Fabian wirkte eigentlich wie ein ganz normaler, sportlicher Mensch. Er war weder so dürr und sehnig, wie ich mir einen Ironman vorstellte, noch schien er verborgene Wunderkräfte zu haben (ich war beim Hamburger Triathlon sogar knapp eine Minute schneller als er gewesen).

Eine Langdistanz schien also kein Hexenwerk zu sein und auch für normal begabte Athleten machbar – wenn man sich richtig reinhängte. Normal begabte Athleten? War das also doch auch etwas für mich?

Der Ironman-Gedanke durfte zwar an meine Tür klopfen, aufmachen wollte ich ihm aber nicht. Ich verwarf den kurz aufblitzenden Gedanken schnell wieder, selbst einmal einen Ironman zu bestreiten.

Ein Jahr später stand ich mit dem leckersten Kuchen der besten Konditorei im Viertel in der Hand vor der Tür, als Fabian mit seinem Triathlonrad unterm Hintern auf mich zusteuerte.

Schwitzend bremste er hinter mir und grinste mich unter seinem Aerohelm an.

„Moin Fabian“, grüßte ich, „kleine Trainingsrunde gedreht?“

„Hallo Thorsten“, antwortete er. „Eher eine große, fünf Stunden war ich am Deich und in den Vierund Marschlanden unterwegs.“ Er wischte sich den Schweiß aus der Stirn. „Ich würde mich ja gerne noch ein wenig mit dir unterhalten, aber ich muss weiter zum Koppeltraining.“

„Willst du noch reiten?“, fragte ich etwas unbedarft.

„Wie?", er sah mich leicht verwirrt an bis er begriff, dass ich von Triathlon-Terminologie keine Ahnung hatte.

„Nein, das hat nichts mit einer Koppel zu tun", erklärte er.

„Man koppelt zwei Trainings. In der Regel Radfahren und Laufen. Damit der Übergang vom Rad zum Lauf nicht so eierig wird. Kennst du das nicht? Du bist bei deinem Triathlon gerade vom Rad gesprungen, willst laufen und merkst, dass sich deine Beine erst an die neue Bewegung gewöhnen müssen?"

So richtig wusste ich nicht, wovon er sprach, aber ich war auch immer schon nach 40 Kilometern vom Rad gestiegen, nicht nach 180. Ich nickte. „In Glücksburg will ich die Langdistanz endlich schaffen", fuhr Fabian fort. „Letztes Jahr in Frankfurt hatte ich wieder Pech. Beim Ostseeman muss es klappen!" Dann eilte er mit seinem vermutlich ganz schön teuren Triathlon-Bike in seine Wohnung und kam ein paar Minuten später in Laufschuhen wieder raus. Da saß ich schon auf dem Balkon, futterte Kuchen und schlürfte Kaffee.

„Ist das nicht Fabian?", fragte Wiebke. „Trainiert der noch für die Langdistanz?" Ich nickte. „Scheint ja ein richtiges Triathlonfieber zu sein." Sie grinste. „Mein alter Freund Jochen ist auch total angefixt. Erinnerst du dich noch an ihn? Der trainiert wie besessen". Noch so ein Verrückter, dachte ich, schaute Fabian die Straße runter hinterher und war froh, dass ich es mir mit Wiebke in der Sonne gemütlich machen konnte. Aber für meinen Nachbarn sollte sich die Plackerei lohnen: Nach 12 Stunden und 26 Minuten erreichte er beim Ostseeman tatsächlich das Ziel.

Ein paar Monate später hatte ich gerade eine kleine Pause zwischen der 20-Uhr-*Tagesschau* und den *Tagesthemen* und schaute, was sich auf meiner Facebook-Seite getan hatte. Neben höchst spannenden Meldungen wie: „Gerade Mittagsschlaf gemacht, bin jetzt voller Energie", entdeckte ich auch ein Foto, das besagter Jochen gepostet hatte. Das Bild zeigte eine glühend rote Sonne, die vor einem palmengesäumten Strand über dem Meer untergeht. Der Himmel leuchtet in hellem Orange. Wie im Paradies. „Gerade die Radstrecke getestet. Schön warm auf Hawaii", schrieb Jochen dazu.

Moment mal, dachte ich, Radstrecke? Machte der etwa beim Ironman auf Hawaii mit? Wo ich einst den Badehosen-Typen gesehen hatte? Hatte er sich etwa qualifiziert? Das wäre Wahnsinn! Ich scrollte weiter. In den Kommentaren wurde Jochen mit Gratulationen, Lob und Anerkennung überschüttet. Er war tatsächlich einer der Superhelden, die die Strecke bewältigt hatten. Auf einer Stufe mit Batman, Spiderman und Big Jim. Dabei war er früher mal auf einer Stufe mit mir, meinte ich mich zu erinnern.

Ich kam ins Grübeln. Je länger ich mir die Hawaiibilder ansah, desto weniger waren sie einfach nur schön. Sie weckten sportliches Fernweh in mir. Um dorthin zu kommen, musste man aber nicht nur das nötige Geld für den Flug zusammenbekommen, sondern auch die nötigen Körner für die Qualifikation. Für beides musste man sicher sehr viel arbeiten. Vielleicht aber lohnte sich das Quälen doch. Jetzt klopfte nach langer Zeit der Ironman-Gedanke doch wieder. Ich öffnete die Tür einen Spalt weit und startete meinen persönlichen Ironman-Leistungscheck:

Wenn ich nicht unterging, könnte ich das Schwimmen theoretisch in rund einer Stunde und 15 Minuten schaffen. Radfahren ohne Windschatten, aber mit Triathlonaufsatz: eventuell um die sechs Stunden. Für den abschließenden Marathon würde ich meine Hamburg-Zielzeit von vier Stunden und vier Minuten zugrunde legen. Also insgesamt elfeinhalb Stunden plus die beiden Wechsel. Das könnte auf eine Zeit von etwa 12 Stunden hinauslaufen. Ich schaute in Jochens Facebook-Eintrag: 10 Stunden und 23 Minuten hatte er auf Hawaii gebraucht. An eine Quali brauchte ich wohl nicht zu denken.

Angefixt war ich trotzdem und googelte erst einmal „Ironman" und „Wettkampf". Die Suchmaschine spuckte verschiedene Rennen aus, aber das in Frankfurt schien das größte zu sein.

2 500 Triathleten nahmen daran teil, las ich. Sicher standen dort viele Zuschauer an der Strecke, die mich mit ihren Anfeuerungsrufen ins Ziel tragen konnten. Ehe ich weitergrübeln konnte, ob das etwas für mich wäre, nahm mir das Schicksal die Entscheidung freundlicherweise ab, denn das Rennen war ausgebucht. Schnell schloss ich den Browser und eilte ins Studio. Das Ironman-Gespenst aber geisterte nach wie vor in meinem Kopf. Wie ein Sprechautomat betete ich die Meldungen herunter, ohne zu registrieren, was ich da überhaupt vorlas. Viel fehlte nicht, und ich hätte versehentlich die Wörter Ironman, Hawaii, Frankfurt, Kohlenhydratgel oder Grundlagenausdauer eingebaut. Auch Jochen, Fabian oder Rolf hätten es so fast in die *Tagesthemen* geschafft.

Am nächsten Tag traf ich einen meiner Kollegen in der Kaffeeküche des Senders, wo ich mir vor der Moderation von *NDR-Aktuell* eine kleine Koffeindosis holen wollte. Um ein bisschen Small Talk zu führen, erzählte ich ihm von meinen kruden Überlegungen, beim Ironman in Frankfurt zu starten.

„Aber das Rennen ist sowieso schon ausverkauft", sagte ich. Mein Kaffeebecher war gefüllt, und ich wollte gerade wieder zurück an die Arbeit, als aus einem nichtigen Small Talk etwas gefährlich Großes zu werden drohte.

„Kein Problem", antwortete mein treusorgender Kollege. „Ich kenne da gewisse Leute. Denen schreibe ich gleich mal eine Mail. Die geben dir bestimmt noch nachträglich einen Startplatz."

Und während ich noch etwas von „Äh, ja. Fragen kannst du ja mal" stammelte, war er schon mit dampfendem Kaffee an seinen Arbeitsplatz verschwunden und ließ mich mit rauchendem Kopf zurück.

Nach der Sendung schaute er bei mir vorbei. Sein Grinsen bedeutete nichts Gutes. „Kannst heute Abend gleich anfangen zu trainieren. Du hast den Startplatz", triumphierte er. Der Satz traf mich mitten ins Sportlerherz. Mein Herz schlug so schnell, wie es das wohl sonst nur im Wettkampf tat. Hektisch öffnete ich mein

E-Mail-Postfach, in dem der Mailverkehr aufploppte, der jeden Zweifel beseitigte. Angestoßen von meinem Kollegen schrieb der Veranstalter des Hamburger Triathlons dem des Frankfurter Ironman: „Thorsten Schröder hat bei uns angefragt, ob wir ihm einen Startplatz beim Ironman Frankfurt besorgen können. Thorsten ist bei unseren Veranstaltungen Dauergast. Er ist wirklich ein echter Ausdauersportler, hat mächtig trainiert und würde sich riesig freuen, wenn er mal in Frankfurt starten könnte. Ist da noch was zu machen?" Da war was zu machen, wie die Mail des Frankfurter Veranstalters bestätigte. Ich las die Zeilen noch mal. „Mächtig trainiert", „riesig freuen". Wie kam er nur darauf? Das hatte ich doch nie gesagt. Dann blieben meine Augen am letzten Satz der Korrespondenz hängen, einer Mail meines Kollegen. Und dieser Satz erklärte, warum er das schelmische Grinsen nicht mehr aus seinem Gesicht bekam. Er schrieb: „Jetzt sitzt Kollege Schröder in der Falle."

VON DER SCHWIERIGKEIT, EIN **IRONMAN** ZU WERDEN

Eine klitzekleine Sache blieb noch: Ich hatte Wiebke bisher nichts von meinen Ironman-Hirngespinsten erzählt.

Als ich sie ins Bild setzte, sagte sie erst mal nicht viel. Dann fragte sie: „Wie lang ist das noch mal?" und als ich es ihr erklärt hatte, antwortete sie: „Quatsch. Niemals! Das will ich sehen, dass du bei Schnee, Regen und Kälte rausgehst und trainierst."

Wie schön, dass meine Freundin so viel Vertrauen in meine Willensstärke hatte. Aber das motivierte mich nur umso mehr.

„Klar, versuche es", sagte sie schließlich und versprach, mir den Rücken freizuhalten, wie ich es getan hatte, als sie neben ihrem Job als Physiotherapeutin Osteopathie studiert hatte. Damals hatte sie an den Wochenenden zu Seminaren gemusst und ihre Nase sogar im Urlaub in die Lehrbücher gesteckt.

Es gab also keine Hindernisse mehr: Ich würde in Frankfurt an den Start gehen können. Wenn ich denn die Vorbereitungszeit überstehen würde.

Da hatte ich mir etwas vorgenommen! Klar war: Ich musste nun strukturierter trainieren als bisher – und mit professioneller Hilfe, vor allem beim Schwimmen. Denn im Wasser war ich nach wie vor alles andere als koordiniert. Noch im vergangenen Jahr hatte ich mir beim Hamburger Triathlon die Fingerknöchel blutig gehauen, weil ich dank beschlagener Brille die Hand nicht vor Augen sah, als ein Brückenpfeiler meinen Weg kreuzte. Ich brauchte jemanden, der solche Missgeschicke künftig verhinderte. An der Schwimmbadkasse fragte ich daher die nette Kassiererin, wen sie mir empfehlen könne. Statt zu antworten rief sie über meine Schulter hinweg: „Steppke, dein Typ wird verlangt!"

Ich drehte mich um und sah einen etwa 40-jährigen Mann, der gerade die Halle verlassen wollte.

„Was gibt's?", fragte er, blieb stehen und stellte seine vollgepackte Sporttasche auf den Boden.

„Der junge Mann will Schwimmunterricht", antwortete die Kassiererin.

Ich dankte ihr und wandte mich Steppke zu, der sich als Stephan Pape vorstellte. Kurz schilderte ich ihm mein Problem, und er drückte mir seine Visitenkarte in die Hand. „Kein Problem. Ich bin selbst schon bei Langdistanzen gestartet und kann dir auch Trainingspläne erstellen. Meld dich bei mir. Dann können wir direkt loslegen."

Kurz darauf besprachen wir bei einem Kaffee unsere Zusammenarbeit. „Eigentlich sollte man nicht gleich auf die Langdistanz umsteigen", sagte Steppke und nahm einen Schluck von seinem Cappuccino. „Das Training für die Langdistanz bedeutet sehr viel mehr Beanspruchung. Man sollte die Knochen, Sehnen und Bänder schrittweise an die große Belastung gewöhnen. Ich würde daher an sich raten, nach der Olympischen sich erst mal eine Mitteldistanz vorzunehmen."

Was sollte das denn sein? Ich hatte offenbar keine Ahnung.

„Das ist auch ein Triathlonformat", erklärte Steppke. „Auch

Halbdistanz oder Ironman 70.3 genannt – so viele Meilen legt man zurück. 1,9 Kilometer Schwimmen, 90 Kilometer Radfahren und ein Halbmarathon – genau die Hälfte einer Langdistanz." Was es nicht alles gab!

„Bei dir sieht die Sache aber ein wenig anders aus", fuhr der Trainer fort. „Dein Vorteil ist, dass du schon eine lange Sportlerkarriere hast und keinen Kaltstart hinlegen musst. Daher würde ich sagen: Versuchen wir's direkt mit der Langdistanz. Fürs Erste würde ich vorschlagen: Montag Ruhetag, unter der Woche kürzere Einheiten, am Wochenende lange Läufe und lange Radausfahrten."

„Moment", unterbrach ich ihn und erzählte vom Schichtdienst. Er runzelte die hohe Stirn. Das verkomplizierte die Sache. Er musste umdenken. Aber auch das würde er hinbekommen, meinte er.

Im November 2011 begann ich mit der Vorbereitung. Mein Einstieg ins Langdistanztraining war der buchstäbliche Sprung ins kalte Wasser: Schwimmen unter den gestrengen Augen Steppkes. Ich hatte ihn für eine Stunde Analyse gebucht. Und das machte er vom Wasser aus. Wie ein neugieriger Delphin umkreiste er mich zwei Bahnen lang über und unter Wasser und schaute sich an, was ich konnte – und vor allem, was nicht. „Du musst an deinem Wassergefühl arbeiten", resümierte er schließlich und erklärte: „Wassergefühl ist die Fähigkeit, das Wasser zu spüren, sodass du dich in Harmonie mit ihm bewegst und dich von ihm mehr oder weniger abstoßen kannst. Es geht darum, eine Sensibilität dafür zu entwickeln, den effektivsten Weg zu finden, unter Wasser vorwärtszukommen." Hätte er mir Quantenphysik erklärt, hätte ich vermutlich mehr verstanden. Schnell schob er hinterher: „Das kann man gut üben: Mach' dich mal ganz lang im Wasser, als würdest du auf dem Bauch liegen, Arme nach vorne, und dann paddelst du nur mit den Händen."

Wie ein Maulwurf kämpfte ich mich also mühsam im Wasser voran, und fragte mich, was das bloß sollte, denn ich wollte ja eigentlich lernen, schneller zu schwimmen.

Nach zwei Bahnen durfte ich endlich wieder zum Kraulen wechseln – und konnte kaum glauben, was ich an den Handinnenflächen spürte: Das Wasser hatte sich in etwas Zähflüssiges verwandelt. Ich schien es fast greifen zu können. Als würde ich mich an einer Mauer hochziehen und abdrücken, um drüberzusteigen.

„Unfassbar", sagte ich euphorisch zu Steppke als ich wieder am Beckenrand angekommen war. Oder eher genau das Gegenteil: Ich verstand plötzlich, was die deutsche Starschwimmerin Britta Steffen meinte als sie einst in einem Interview sagte, sie habe das Wasser nicht zu fassen bekommen.

Der Maulwurf hatte mich angefixt. Guck mal an, was man mit einer Technikübung alles lernen kann, dachte ich und hatte plötzlich Lust, an meinen Baustellen zu arbeiten. Und das waren viele: Ich hing mit dem Hintern zu tief im Wasser und an meinen Armzügen fand Steppke so viel zu verbessern, dass ich ein ganzes Kapitel damit füllen könnte. Mit einem Schlag war mir klar, weshalb ich mit Brustschwimm-Björn nicht mithalten konnte.

Weil ich Steppkes Tipps so hilfreich fand, schnappte ich ihn mir auch gleich für eine Laufstunde. Viel würde er hier nicht auszusetzen haben, da war ich sicher. Schließlich war ich mittlerweile ein alter Laufhase. Ich spekulierte auf ein Schulterklopfen und hilfreiche Tipps, um an Nuancen zu feilen, als ich zum Schaulaufen an der Alster antrat.

Steppke aber präsentierte mir eine Mängelliste, die mit der vom Schwimmen durchaus mithalten konnte: unökonomischer Laufstil, Einknicken in der Hüfte, zu viel Rotation im Oberkörper, zu unruhige Oberarme, und: Aufsetzen mit der Ferse. Dadurch verpuffte die Energie im Boden, weil ich eher auf und ab hüpfte statt Vortrieb zu entwickeln. „Komm' mal mehr über den Vor- und Mittelfuß auf und drücke dich so nach vorne, vergiss die Ferse", schlug er vor.

Ich probierte es aus und erlebte das gleiche Aha-Erlebnis wie beim Maulwurf-Schwimmen.

„Das ist plötzlich viel dynamischer“, rief ich begeistert.

„Aber sei vorsichtig“, versuchte mich Steppke zu warnen. „Immer schön langsam. Deine Beine und vor allem deine Waden werden mit diesem Laufstil ganz anders gefordert. Wenn du zu viel auf einmal willst, könntest du dein System überlasten. Lass das lieber erst einmal sacken und steigere dich langsam. Eine volle Alsterrunde wäre viel zu viel.“

Papperlapapp, dachte ich. Für andere vielleicht, aber ich laufe nicht zum ersten Mal, mein lieber Steppke. Ich schlug seine Mahnung in den Wind und wollte mir denselben im dynamischen Vorfußlauf um die Nase wehen lassen. Ich kam ganze zwei Kilometer weit. Dann wurde der Testlauf zur Qual. Die Waden schmerzten mit jedem Schritt als würde jemand mit dem Messer zustechen. Auch Dehnen und kleine Pausen halfen nichts, ich musste abbrechen und nach Hause gehen. Oder was man gehen nennt. Die Marionetten der Augsburger Puppenkiste bewegten sich höchst geschmeidig im Vergleich zu mir. Meine Beine rächten sich mit dem heftigsten Muskelkater meines Lebens.

Trotzdem war ich Feuer und Flamme, und begann – natürlich behutsam, ich bin ja lernfähig – mit dem weiteren Vorfußtraining, sobald es wieder möglich war. Meine Läufe startete ich von da an so: beide Beine parallel, gerade stehen, leicht nach vorne kippen lassen – und los. Diese vorgebeugte Haltung behielt ich dann auch beim Laufen, um mich eher nach vorne abzudrücken als senkrecht mit der Ferse auf den Boden zu stampfen. Klingt locker flockig, war aber anstrengend. Immerhin schien Petrus ein wahrer Triathlonfan zu sein. Für den Hamburger November völlig untypisch, konnte ich bei sonnigen 15 Grad an meiner Lauftechnik feilen. Genau meine sportlich-meteorologische Schmerzgrenze. Alles darunter sowie Regen erforderte einen Kampf mit dem Schweinehund.

Und weil Laufen und Schwimmen zusammen schon eine Großbaustelle von den Ausmaßen des Berliner Flughafens waren, verzichtete ich beim Radfahren auf Steppkes Expertise. Ich beschloss kurzerhand, dass ich super im Sattel saß und auch sonst ein toller Radfahrer war. Punkt.

Das Training war zunächst gar nicht so schwer zu organisieren. Sieben bis zehn Stunden Sport hatte mir Steppke in seinem ersten Monatsplan auferlegt. Ein Tag in der Woche war frei. Ab dem Frühjahr sollte es mehr werden, aber daran dachte ich noch nicht, sondern freute mich, dass es keinen Stress für mich bedeutete, Zeit abzuknapsen.

Was mich jedoch irritierte, war eine vierte Trainingsspalte neben denen fürs Schwimmen, Radfahren und Laufen. *Stabi* stand da. Das bedeutete Rumpfstabilität, wie Steppke mir erklärte, Kräftigungsübungen, vor allem für Bauch und Rücken. Das war wohl wichtig. „Sonst läufst du wie der Schiefe Turm von Pisa ins Ziel!“, bestätigte auch Wiebkes Freund Jochen, und der musste es als Hawaii-Bezwinger ja wissen. Ich war trotzdem nur mäßig überzeugt und verbuchte die Übungen mehr unter „Kann man machen, muss man aber nicht“. Sie waren gähnend langweilig.

An das Schwimmen konnte ich mich dagegen langsam gewöhnen, was auch daran lag, dass ich keine Kacheln mehr zählte, sondern Häppchen. Steppke hatte mein Training in mehrere Abschnitte unterteilt, zum Beispiel: 200 Meter Einschwimmen, dann verschiedene Technikübungen über 400 Meter, gefolgt von 200 Metern Intervalltraining. Anschließend 500 Meter zügiges und 100 Meter lockeres Kraulen. Dann noch 600 Meter abwechselnd Brust-, Rücken- und Kraulschwimmen. Zum Schluss 200 Meter Ausschwimmen. Fertig war das gut portionierte Training. Es war wie beim Sonntagnachmittagskaffee: Die ganze Torte auf einmal ist schwer verdaulich. Aber in kleinen Stücken konnte ich einiges verputzen, ohne dass mir schlecht wurde. So verflog die Zeit im Becken, kein Vergleich zu früher. 2200 Meter Schwimmen, exakt null Meter Langeweile. Magic! Leider katapultierte mich das bessere Wasserfassen aber auch nach Wochen nicht in vollkommen neue Sphären des Schwimmens. Dieser Sport war komplex und verlangte viel Training an jedem Zentimeter des Bewegungsablaufs. Der Michael Phelps aus Hamburg würde ich sicher nicht mehr werden. Aber vielleicht der Brustschwimm-Björn unter den Kraulschwimmern. Ich fühlte mich immer wohler im Wasser. Schwimmen mauserte sich in meinem persönlichen Ranking vom krassen Außenseiter zum Geheimfavoriten.

Dafür war nun das Radfahren erstaunlich eintönig geworden. Um wetterunabhängig zu sein, hatte ich mir nämlich eine Rolle gekauft, so ein Gestell, in das das Hinterrad des Rennrads eingespannt wird, sodass man kräftig in die Pedale treten kann, ohne sich vom Fleck zu bewegen. Bei jedem Training bildete sich nach kurzer Zeit darunter ein See, der zu 100 Prozent aus Schweiß bestand. Mangels kühlenden Fahrtwindes schwitzte ich mir sämtliches Wasser aus dem Leib. Als Schnell- und Vielschwitzer war die Rolle für mich kein ideales Trainingsgerät. Und als einer, der sich schnell langweilt auch nicht. Als ich bei meiner Rollenpremiere nach einer gefühlten Ewigkeit auf die Uhr schaute, waren gerade mal acht Minuten vergangen. Ich versuchte, mich damit zu motivieren, dass das Rollefahren ein gutes Mentaltraining sei: Wie kommt man mit maximaler Langeweile zurecht? Mein Limit waren zwei Stunden, länger ertrug ich die Rolle nicht. Sie gefiel mir am besten zusammengeklappt im Schrank.

Ich schlug mich trotzdem wacker, fand ich. Meine Bilanz nach den ersten vier Wochen: 16 Kilometer Schwimmen, 170 Kilometer Laufen und 150 Kilometer Radfahren. Das bedeutete hundertprozentige Planerfüllung, und ich ernannte mich selbst zum Helden der Trainingsarbeit. So weit, so gut. Nur: Das sollte ich ja noch steigern. Vor allem nach einem langen und fordernden Tag bei *NDR-Aktuell* fand ich es zugegeben schon schwierig, nicht vorm Fernseher zu versacken oder mit einem guten Buch auf dem Sofa zu landen, sondern zu trainieren. Umso mehr genoss ich Anfang Dezember den ersten Tag nach langer Zeit, an dem ich weder sporteln noch arbeiten musste. Komplett frei! Ich las in aller Ruhe Zeitung, setzte Kaffee auf, las noch ein bisschen, spielte Klavier, hockte mich aufs Sofa und schaltete am Nachmittag *NDR-Aktuell* ein, um zu gucken, ob die Kollegen ihren Job ordentlich machten.

Mein Müßiggang gefiel mir. So sehr, dass ich versucht war, am nächsten Tag nicht wieder ins Hamsterrad des Ironman-Trainings zu klettern. Denn wenn ich etwas nicht mochte, war es, auch noch in meiner Freizeit zu viele Verpflichtungen zu haben. Ich wollte tun und lassen können, was mir Spaß machte, auch mal aus dem Augenblick heraus, spontan sein und flexibel.

Meinen bisher einzigen fixen Termin, den Klavierunterricht, hatte ich nur einmal in der Woche. Zur Not konnte ich den ausfallen lassen. Wenn ich bald 15 bis 20 Stunden in der Woche neben dem Job trainieren musste, hatte ich kaum noch Raum für all das Schöne, was es sonst noch gab: Zeit mit Wiebke, Zeit mit Freunden und der Familie, Zeit für mich. War das nicht eine zu große Last? Wollte ich mich in meiner Freiheit wirklich so sehr einschränken lassen? Andererseits konnte ich immer wunderbar abschalten, wenn ich Sportklamotten anzog und lief oder mit dem Rad fuhr. War nicht auch Sport Zeit für mich und etwas Schönes in meinem Leben? Ich bewegte mich gerne draußen an der Luft und fand es schön, meinen Körper zu spüren, wenn er etwas leistete, gerne auch mit Muskelkater. Außerdem beflügelten mich meine Fortschritte. Es gab bestimmt noch viel Neues am Wegesrand der „Road to Frankfurt“ zu entdecken – und darauf war ich neugierig. Bis zu diesem ersten freien Tag hatte ich den Trainingsplan nicht als lästige Pflicht empfunden, sondern als Wegweiser, wie ich ins Ziel auf dem Frankfurter Römer gelangen konnte.

Nein, ich sollte nicht sofort aufgeben, nur weil einmal leichte Zweifel aufkamen! Ich war mittendrin in einer körperlichen und vielleicht auch mentalen Herausforderung. Ich stellte mir vor, wie ich im Sommer glücklich und zufrieden über die Finishline laufen würde und bekam wieder Lust aufs Training.

Das Fernsehgerät sendete immer noch unbeachtet vor sich hin, als Wiebke von der Arbeit nach Hause kam. Sie ließ die Wohnungstür hinter sich ins Schloss fallen, kam zur Wohnzimmertür, und fragte mich beim Mantelausziehen: „Na, hast du deinen freien Tag genossen?"

„Ja, und wie!", murmelte ich zwischen dicken Kissen hockend vom Sofa aus, „Es ist herrlich, einfach mal nichts tun zu müssen. Ein wunderbar entspannter Tag".

„Dann kannst du ja morgen wieder mit neuer Energie weitermachen", sagte sie.

„Genau das!", antwortete ich aus vollem Herzen.

Auch in den Wochen danach hatte ich manchmal Durchhänger. Aber der Gedanke, in ein paar Monaten einen ganzen Ironman durchzustehen, brachte mich zum Laufen, wenn ich lieber in der warmen Stube geblieben wäre. Es ließ mich auf der Rolle schwitzen, obwohl ich ungern auf der Stelle trat. Und er ließ mich schwimmen, obwohl mir manchmal schon der Weg zur Halle zu mühsam war. Je länger ich im Training war, umso mehr Fortschritte machte ich. Keine riesigen, aber die kleinen reichten mir. Wie schön und motivierend war es, messbar ein bisschen schneller zu schwimmen. Oder schon viel lockerer laufen zu können, einfach weil ich es jetzt öfter und mit einem anderen Stil tat. Ich hatte eines kapiert: Null-Bock-Tage gab es immer wieder. Aber der Stein war ins Rollen gekommen und ließ sich wohl nicht mehr aufhalten.

Neben dem mentalen Durchhänger ereilte mich im Dezember noch einer der ganz anderen Art: Eine Erkältung schien mich ans Ende meiner Ironman-Träume zu bringen. Meine größte Leistung war der Gang vom Sofa zum Wasserkocher in der Küche, um mir eine Tasse Tee zu kochen. Ich ahnte Schlimmes: Alles, was ich mir Tag für Tag mühsam erarbeitet hatte, würde nun zunichte gemacht. Wären sie nicht unter einer dicken, wärmenden Decke verschwunden, ich hätte meinen Oberschenkeln sicher beim Schrumpfen zusehen können. Die Muskelzellen platzten vermutlich wie die Luftblasen im Erkältungsschaumbad. Mit jedem Ausatmen entwich ein Stück der Ausdauer. Alles für die Katz, bildete ich mir ein.

„Überhaupt nicht", meinte Steppke als ich ihn verzweifelt anrief. So ziemlich jeder Triathlet habe um diese Zeit eine Erkältung. „Einfach gut auskurieren und nicht zu früh wieder einsteigen. Alles kein Problem", beruhigte er mich.

Ich versuchte, es zu glauben und mich mithilfe eines Mantras zu beruhigen: „Ich werde umso schneller wieder trainieren können, je mehr ich mich jetzt schone! Ommmmmmm!" Am fünften Tag feierte ich die Auferstehung von den Halbtoten mit einem extragroßen Pfefferminztee.

Nur, um gleich der nächsten Herausforderung gegenüberzustehen: Weihnachten und all den Süßigkeiten. Schließlich wollte ich keinen unnötigen Ballast mit mir herumschleppen. Beim Einkauf im Supermarkt umschiffte ich die entsprechenden Regale, damit ich zu Hause erst gar nicht in Versuchung geraten konnte.

Doch es gab ja noch den Arbeitsplatz als Hort des Lasters. Überall lagen herrenlose Lebkuchen und Spekulatius *(Tagesschau)*, Kekse und Schokoladenweihnachtsmänner *(NDR-Aktuell)* und Christstollen und Käsekuchen *(Hamburg-Journal)* und flehten mich an, sie zu probieren. Nun musste ich stark sein und beweisen, dass ich das Zeug hatte zu einem richtig harten Hund. Tatsächlich schaffte ich es, an den Leckereien einfach vorbeizugehen und nicht zuzugreifen. Ich war ein bisschen stolz auf mich, vor allem aber sehr zufrieden, dass ich standhaft geblieben war. Weihnachten ging ohne Gewichtszunahme an mir vorbei.

WILLKOMMEN IN MEINER NEUEN WELT

Eines Sonntagnachmittags im Februar 2012 befand ich mich im Gefühlschaos. Ich hatte meine St. Pauli-Lebensdauerkarte schweren Herzens an einen Kumpel weitergegeben und strampelte frustriert auf meiner Rolle. Um zu trainieren, musste ich nun Zeit freischaufeln. Weil es aufgefallen wäre, wenn ich nicht bei der *Tagesschau* aufgetaucht wäre, verzichtete ich schweren Herzens auf den Stadionbesuch.

Aufgeben oder schwächeln kamen nicht infrage. Vier Monate Training hatte ich schon hinter mir, fast die Hälfte. Meine Waage bekräftigte mich und zeigte mir, dass ich wohl einiges richtig machte: Drei Kilo hatte ich schon verloren. Dazu ein Fettanteil von 12,7 Prozent. Ich hatte keine Ahnung, mit wie viel Fett am Leib ich gestartet war, aber der Wert kam mir sehr athletisch vor und mein Spiegelbild auch.

Bald dürften die Pfunde noch mehr purzeln: Denn im März sollte es ins Trainingslager nach Fuerteventura gehen. Zehn Tage Vollgas, so hatte ich es mir vorgestellt. Auf der Taxifahrt vom Flughafen zu meinem Triathlon-Camp-Hotel warf ich einen Blick in Steppkes Trainingsplan und traute meinen Augen kaum: Zwei volle Tage ohne Sport! Ich empfand mein Programm als mickrig:

zum Einstieg ein Stündchen auf dem Rad, am zweiten und dritten Tag jeweils drei. Am vierten vier Stunden. Dann schon der erste Ruhetag. Was sollte das? Ich flog doch nicht Tausende Kilometer nach Fuerte, um die Beine hochzulegen. Ruhetage hielt ich für vergeudete Zeit.

„Reize setzen und in der Pause wirken lassen. Superkompensation nennt man das", würgte Steppke meine Protest-SMS sofort ab. Ich hätte daheim kaum Radkilometer gesammelt, deshalb müsse er mich langsam aufbauen.

Schon als das Taxi am Hotel vorfuhr, wusste ich, dass es mir noch aus einem anderen Grund schwerfallen würde, die Beine still zu halten. Es wimmelte nur so von Triathleten, und irgendjemand lief oder radelte immer durch die Gegend. Wer sollte da kein schlechtes Gewissen bekommen, wenn er faul in der Sonne lag? Ich fühlte mich wie ein Schlagerfan, der zum ersten Mal auf ein Heavy-Metal-Konzert ging. Nicht, dass ich Schlager auch nur annähernd mochte, aber ich war plötzlich in einer mir bislang unbekannten Welt. Zwischen all den muskulösen, durchtrainierten Menschen fühlte ich mich fremd.

Am abendlichen Büffet schaute ich mich mit großen Augen um und erkannte, was mir fehlte, um dazuzugehören: sehr vieles. Vor allem hatte ich kein vernünftiges Finisher-Shirt. Eines, das man bei Ironman-Lang- und -Mitteldistanzen als Trophäe und sichtbares Zeichen des eigenen Durchhaltevermögens bekommt. Da konnte ich mit meinem Teilnehmer-T-Shirt einer Olympischen Distanz in der norddeutschen Provinz nicht mithalten. Zumal darauf nur Werbung einer kleinen Autowerkstatt und der örtlichen Sparkasse prangte und nicht die des weltgrößten Reifenherstellers oder eines bekannten Powerriegel-Produzenten. Ich hätte das fehlende T-Shirt höchstens wettmachen können durch ein Tattoo des Ironman-Logos, aber ich hoffte, dass das Oberbekleidungsproblem nach dem Rennen in Frankfurt gelöst sein würde.

Aber nicht nur die Kleidung schüchterte mich ein. Alle sahen superfit aus und schaufelten sich Berge an Nudeln und Fleisch auf den Teller, die ich eher bei Bud Spencer erwartet hätte.

Ich setzte mich an einen der freien Tische und lauschte ungeniert dem Gespräch der drei Triathlon-Cracks am Nebentisch.

„Das Training hier ist echt megaeffektiv, meine Beine sind total frisch", erklärte ein großer Blonder. Wobei sich das letzte Wort eher wie „fripf" anhörte, da er sich noch vor Satzende eine große Gabel von seinem Pasta-Bolognese-Mount-Everest in den Mund geschaufelt hatte. „Ich glaube, ich gehe im Kraichgau auf PB."

„Ganz schön gewagt", gab sein Tischnachbar zu bedenken, dessen T-Shirt das Logo seines Trainingscamps zierte. „Die Strecke ist echt anspruchsvoll. Ein Kumpel aus meinem Verein hat das vor ein paar Jahren total unterschätzt. Hat wie ein Irrer über die Hügel auf der Radstrecke gedrückt, und das Ergebnis war dann DNF – nach 15 Laufkilometern ging nichts mehr."

„DNF is not an option!", polterten die anderen beiden wie aus einem Mund, und ich fragte mich, ob ich irgendeine Reform der deutschen Sprache verpasst hatte. Was zum Teufel waren PB und DNF, und wo liegt der Kraichgau? Ich hatte mir eingebildet, ich sei gut in Geografie. Craiova kannte ich, Kraichgau nicht.

Heute weiß ich, dass PB für „persönliche Bestzeit" steht und DNF für „did not finish", also den vorzeitigen Ausstieg aus einem Rennen. In diesem Moment, im Speisesaal auf Fuerteventura, kam ich mir jedoch vor wie ein Außerirdischer.

Konzentriert starrte ich auf meinen Teller, auf dem inzwischen ein fröhlicher Querschnitt des Nachspeisenbüfetts Platz genommen hatte, und lauschte weiter. Auch, wenn ich kaum etwas verstand, faszinierte mich der „Triathlon-Sprech". So, wie Kinder Slime fasziniert: macht objektiv keinen Sinn, ist aber unterhaltsam.

„Das Büfett hier ist echt Hölle", meinte der Logo-Mann jetzt.

„Ich bin letztes Jahr ein Kilo schwerer nach Hause gekommen. Dieses Jahr habe ich mich vorher beraten lassen von so einem

Ernährungsfuzzi. Dessert ist nicht. Zucker gibt es maximal in Form von Gels", berichtete er.

Mir blieb die Hand, die gerade einen gehäuften Löffel Schokomousse zum Mund hatte führen wollen, auf halbem Weg in der Luft stehen. Konnte man im Trainingscamp nicht essen was und wie viel man wollte? Man machte doch den ganzen Tag Sport. Und irgendwie war das hier doch immer noch Urlaub. Mit ein bisschen schlechtem Gewissen futterte ich meinen Nachtischteller leer – das danach geplante Eis wollte ich mir nun lieber verkneifen – und erfuhr dabei, dass der dritte im Bunde sich gerade ein neues Rad gekauft hatte: „Eine krasse Maschine, komplett Carbon, integrierter Vorbau und volle Shimano-Dura-Ace-Ausstattung!" Seine Frau hatte daraufhin zwar den Hahn für die Sportfinanzierung vorerst zugedreht, aber: „Ich sag nur: Scheibe hinten, Männer, dann geht's ab!"

Verwirrt verzog ich mich auf mein Zimmer. In was für einen Sport hatte ich mich denn da verliebt?

Und so ging es weiter: Viele der Athleten hier zelebrierten den Dreiklang aus Schlafen-Essen-Trainieren. Sie erschienen nach der morgendlichen Schwimmeinheit schon im Raddress (einer sogar mit Radschuhen und Helm) am Frühstücksbüfett, und jeden Abend sammelten sie sich bereits eine Viertelstunde bevor der Speisesaal geöffnet wurde vor der Flügeltür, als würden ihnen die besten Sommerschlussverkauf-Schnäppchen entgehen, wenn sie nur eine Minute zu spät kämen. Gespräche drehten sich um Watt, Gesamtkilometer und Durchschnittsgeschwindigkeiten. Kino, Bücher, Arbeit, Politik – alles Themen, die für die Zeit des Trainingscamps nicht stattzufinden schienen und die anzuschneiden mich endgültig als absolutes Greenhorn enttarnt hätten. Waren die hier alle so?, fragte ich mich. Dann traf ich Tina und Jan, die mit mir zufällig am Frühstückstisch saßen. Ein Pärchen von Anfang 30, das sich hier auf eine Olympische Distanz in Fulda vorbereitete. Keine Exkurse über Watt, Durchschnittstempo, tolle Triathlonräder oder ihre größten Erfolge. Stattdessen redeten sie darüber, dass

„die Raelerts“ vor ein paar Tagen abgereist waren und sie eben gerade gesehen hätten, wie „der Goerke“ mit seiner Trainingsgruppe losgeradelt war. „Ach, die Raelerts, wow“, sagte ich, weil ich mal irgendwo mitbekommen hatte, dass Andreas Raelert auf Hawaii weit vorne gelandet war. Ich zerstörte den Eindruck des Wissenden jedoch gleich wieder: „Aber wieso DIE Raelerts?“, fragte ich. „Gibt es mehrere von der Sorte?“

„Ja, das sind doch Brüder, die Raelert-Brothers. Die sind total bekannt!“ Tina konnte es offensichtlich kaum fassen. „Aha“, murmelte ich leicht verunsichert. „Und wer ist Goerke?“ „Nils Goerke!“, rief nun Jan. „Der ist auch Triathlon-Profi, den kennst du nicht?“ Er runzelte die Stirn.

„Ich glaube, der hört jetzt aber auf oder hat schon aufgehört“, ergänzte Tina. Es klang, als unterhielten sich zwei Teenager über ihre Lieblings-Boyband aus der *Bravo* – und ich merkte, dass die beiden zwar ganz und gar keine typischen Triathleten-Nerds waren, aber dennoch eine ganze Menge mehr über den Sport wussten als ich. Ich hatte noch viel zu lernen – und nicht nur in der Theorie, wie ich bald merken sollte.

Nach dem Frühstück schwang ich mich auf mein mitgeschlepptes Rennrad, und fühlte mich topfit. Auf ebener Strecke schaffte ich zunächst locker 35 Sachen. Dann allerdings kam eine lang gezogene Kurve, und plötzlich standen nur noch 23 km/h auf meinem Fahrradcomputer. Meine „Topform“ von eben hatte ich wohl eher der günstigen Windrichtung zu verdanken.

In der kargen, hellbraunen Landschaft unter strahlend blauem Himmel folgte bald ein erster kleiner Anstieg. Ich liebte es, mich auf einen Berg zu kämpfen, selbst wenn er mit der Schönheit der Pyrenäen nicht mithalten konnte. Aber was war das? Ich musste mich ganz schön abmühen, um Meter um Meter der harmlosen Steigung voranzukommen. Bestimmt fehlte dem hinteren Reifen Luft, er war offenbar ziemlich platt. Ich stieg ab, um nachzupumpen, sah aber, dass der Reifen fest und prall gefüllt war. In dem Moment wurde mir klar: nicht dem Reifen fehlte die nötige Luft, sondern mir. Ich war bei Weitem noch nicht fit genug, um locker hochzukurbeln. Mein Rollentraining hatte lediglich verhindert, dass der Wind auf Fuerteventura mich vom Rad pustete. In meinen Beinen war mehr Quark als Muskulatur. Ich hatte noch viel Arbeit vor mir. Aber nicht heute, denn nach einer Stunde sollte Schluss sein.

Nach 10 Tagen hatte ich 750 Trainingslager-Kilometer auf dem Rad hinter mich gebracht und war der gefühlten „Topform" vom Anfang schon viel nähergekommen. Das Camp hatte sich sogar mit den Ruhetagen gelohnt, auch um beim Laufen und Schwimmen fitter zu werden.

Es war ein Erlebnis der besonderen Art, das mir von Tag zu Tag besser gefallen hatte. Bei meinem zweiten Besuch auf Fuerteventura, ein Jahr später, fühlte es sich schon fast an wie Heimkommen. Heimkommen, in eine etwas schräge, aber sehr liebenswerte Familie.

Meine Rückkehr nach Deutschland war ernüchternd. Ich hatte total verdrängt, wie das Märzwetter in Hamburg ist. Niederschlagsfrei bei 6 Grad Celsius, verkündete der Pilot. Zurück auf die Rolle und zum Laufen wieder die warmen Sachen herausgeholt. Oh no!

Ernüchternd war auch der Schmerz in meiner Achillessehne. Die hatte schon Ende des Jahres erstmals Zeichen gesendet, überfordert zu sein. Ich hatte das nicht weiter ernst genommen und war einfach über das leichte Zwicken hinweggelaufen. Aus dem Zwicken war nach dem Camp ein Schmerz geworden, der hinaufzog in die Wade. Ihn einfach wegzulaufen, funktionierte nicht mehr. Schon morgens beim Aufstehen wurde ich schmerzvoll daran erinnert, dass etwas nicht stimmte. Nun glaubte ich endlich, was Steppke mir anfangs gesagt hatte: Einer Langdistanz sollte man sich behutsam nähern. Der Körper muss sich an die viel höhere Belastung erst gewöhnen und sich anpassen können. Wie gut, dass die Osteopathin nicht weit war: Wiebke konnte sicher helfen. Sie bat mich auf die heimische Behandlungsbank, bearbeitete mein Problem, konnte es aber nicht wegzaubern. Schade, denn mit dem steifen Nacken und dem Ohrensausen neulich hatte sie das doch auch geschafft. Jetzt mahnte sie mich stattdessen zur Geduld, zur Vorsicht, zum Dehnen und zum Kühlen. Immerhin verbot sie mir das Laufen nicht.

Im Verlauf der Wochen wurde die Sehne immer weniger widerspenstig. Dann kam der Glücksmoment. Ich war schon ein paar Kilometer gelaufen als mir auffiel, dass sich die Achillessehne nicht meldete. Kein Schmerz, kein Zwicken. Rein gar nichts. Das hatte gedauert ... endlich ein Problem weniger! Gott sei Dank. Und Wiebke auch!

Die Euphorie hielt nur ein paar Tage, dann tat ein anderes Körperteil weh, ein paar Zentimeter weiter oben. Das Knie schmerzte plötzlich beim Treten in die Pedale. Dass verschiedene Extremitäten sich mal meldeten, um kundzutun, dass es ganz schön anstrengend war, was ich mit ihnen veranstaltete, war nicht ungewöhnlich und dauerte meistens nicht einmal so lange wie die Trainingseinheit. Aber dieses Problem hielt auch nach dem Training an. Immerhin schwoll mein Knie nicht an wie in Zschernitzsch, und ich konnte den Schmerz durch leichtes Eindrehen des Gelenks minimieren. Und siehe da: Dieser Schmerz war zwar gekommen, um ziemlich lange zu bleiben, doch so plötzlich er auftauchte, verzog er sich auch wieder. Ohne Behandlung, einfach so.

Das war wichtig, denn Steppke hatte die Schrauben nach dem Trainingslager angezogen und mein Pensum im Aprilplan gesteigert. Zwölf bis 16 Stunden Training, drei statt zwei Mal Schwimmen, das Radtraining wurde leicht hochgefahren, die Läufe wurden länger und intensiver. Nun musste ich Organisationstalent beweisen. In meinem Leben gab es nun nicht viel mehr als Arbeit und Sport, es wurde eng. Notgedrungen musste ich zu jeder möglichen Zeit trainieren, auch frühmorgens. Das hasste ich.

Mein Motor braucht morgens lange, um in Schwung zu kommen, und erreicht grundsätzlich nie vor 10 Uhr seine Betriebstemperatur. Das hat auch damit zu tun, dass ich mir in all den

Fernsehjahren einen anderen Biorhythmus zugelegt habe als die meisten Menschen. Ich komme nach den Sendungen oft erst spät heim, manchmal weit nach Mitternacht. Dann lasse ich das Programm noch einmal innerlich ablaufen und überlege, was gut und was nicht so gut war – und komme dadurch erst spät zum Schlafen. Klar, dass mein Tag dadurch häufig später beginnt als bei Menschen mit geregelten Arbeitszeiten. Nach Nachtschichten, wenn ich erst um 6 oder 7 Uhr morgens zu Hause bin, gilt die „Spätstarterregel" sowieso. Nach Frühdiensten auch, denn anschließend bin ich meist zu müde, um direkt loszusporteln. Wäre ich nach meinem Studium doch in der Wirtschaftsbehörde gelandet, hätte ich mit morgendlichen Laufrunden sicher weniger Probleme. Wobei – wahrscheinlich hätte mir das Aktenstapeln sowieso jede Energie geraubt.

Obwohl ich also alles andere als begeistert war, schmiss ich mich zum Tagesanbruch in die Sportklamotten und drehte meine Runden um die Alster.

Immerhin wurde ich mit traumhaften Sonnenaufgängen belohnt – und dem schönen Gefühl, noch vor Beginn des Tages einen Haken hinter eine Trainingseinheit setzen zu können.

Danach eine schnelle Dusche, einen noch schnelleren Kaffee, und ab zur dreistündigen Radfahrt am Deich. Dann wieder schnell duschen, einen Proteinshake trinken, und auf dem Weg zur Arbeit beim Thailänder um die Ecke mein Mittagessen abholen.

Die heimische Küche sollte in den letzten Wochen vor dem Ironman eine echte Kälteperiode erleben, denn ich brauchte meine Zeit nun fürs Trainieren statt fürs Kochen. Mit der Essenstüte in der Hand fuhr ich zur Arbeit und schaffte es gerade noch zur Redaktionsbesprechung beim *Hamburg Journal*. Zählten Parkplatzsprints vom Auto an den Konferenztisch eigentlich als Intervalltraining?

Ich lernte, jede freie Lücke zum Trainieren zu nutzen. Einmal wollte ich an einem Sonntag zwischen zwei *Tagesschau*-Ausgaben eine schnelle Runde drehen. Kaum hatte ich um 14 Uhr 05 die

Worte „Wir melden uns wieder mit der *Tagesschau* um 17 Uhr" in die Kamera gesprochen, raste ich raus aus dem Studio in unser Sprecherzimmer, zog Anzug, Krawatte und Hemd aus und die Laufklamotten an – in passabler Wechselzeit.

„Wie siehst du denn aus?", fragte mich eine Kollegin aus der Redaktion mit großen Augen, als ich aus der Tür trat, die Treppe runterflitzte und gerade durch die Drehtür wollte. „Ich will nur kurz nebenan im Wald laufen. Wenn etwas Dringendes ist, erwischt ihr mich auf dem Handy, dann rase ich her, okay?"

„Oh ja", meinte sie und grinste schelmisch. „Hoffentlich passiert irgendetwas Wichtiges, damit du sofort auf Sendung musst und keine Zeit zum Umziehen mehr hast. So will ich dich vor der Kamera sehen!"

„Lieber nicht", erwiderte ich und setzte mich in Bewegung. „Ich würde den Job ganz gerne behalten."

Weiter als bis zu den Pförtnern kam ich ungestört nicht. Der Vorlauteste von ihnen pfiff mir hinterher. „Neues *Tagesschau*-Outfit?", rief er.

„Ja, Krawattenzwang ist aufgehoben, wir wollen jetzt lockerer daherkommen", konterte ich im Vorbeilaufen und verabschiedete mich für eine Stunde und 15 Minuten. Verschwitzt und ohne Notfall kam ich zurück in den Sender, wurde vom Pförtner am Eingang begrüßt („Willkommen zurück, Mr. Wet-T-Shirt"), und duschte mich *Tagesschau*-rein. Ich hatte noch etwas Zeit, um im Sprecherzimmer runterzukommen, mich etwas auszuruhen, und dann rechtzeitig zur Begrüßung „Guten Tag, meine Damen und Herren" – wieder im Studio zu stehen. Zur Enttäuschung meiner Kollegin nicht im durchgeschwitzten Laufshirt, sondern so geschniegelt und gestriegelt als wäre ich nie joggen gewesen. Nach den 17-Uhr-Nachrichten wartete dann noch das Schwimmbad auf mich. Da musste ich mich sputen, denn ich wollte rechtzeitig zum traditionellen Tatort-Gucken zu Hause bei Wiebke sein. Ein Tausend-Teile-Puzzle war ein Kinderspiel gegen dieses Zeit-Tetris.

Schon Anfang Mai fühlte ich mich also manchmal gehetzt, obwohl in den nächsten Wochen noch mehr auf mich zukommen sollte. Ich musste zusehen, dass ich mir ein bisschen Luft verschaffte. Es half alles nichts, ich musste dem Ironman-Gott Opfer bringen und entschied mich für meinen Klavierunterricht. Fingerläufe ersetzen schließlich leider kein Lauftraining.

Schon seit Fuerteventura hatte ich die Stunden meistens ausfallen lassen, weil mir alles zu viel wurde. Jetzt musste ich konsequent sein, wenn meine Tage nicht durchgetaktet sein sollten wie die eines Topmanagers. Ich vertröstete meinen Lehrer auf den Spätsommer, wenn meine kurze Ironman-Karriere beendet sein würde. Jetzt musste ich Prioritäten setzen und alles tun, um fokussiert zu bleiben.

Dem Zeitdruck fiel auch immer öfter das dienstag- oder mittwochabendliche Apfelschorletrinken mit meinem alten Kumpel Stevie zum Opfer. Seit unserer gemeinsamen Radtour durch Ungarn und Rumänien waren wir noch dickere Freunde geworden und wann immer ich an einem der beiden Abende frei hatte, trafen wir uns – eben nicht auf ein, zwei Bier, sondern auf ein, zwei Apfelschorlen, schlicht weil wir keine großen Biertrinker waren.

Schon häufiger hatte der Spätdienst oder die Nachtschicht diese Tradition gestört. Nun kam dazwischen, dass ich an freien Abenden lieber zum Schwimmen ging. Die wortwörtlichen Stoßzeiten am Nachmittag versuchte ich nämlich zu meiden, weil die Alsterschwimmhalle dann offenbar ein Sammelbecken für sämtliche Schwimmer und Triathleten der Stadt war. Es war unmöglich, in Ruhe seine Bahnen zu ziehen oder an seiner Technik zu feilen. Wie ein Fisch, der auf dem Kutter als Fang in eine Plastikbox geworfen wird und nun mit all den anderen Fischen um die Wette zappelt – so fühlte sich für mich mein „Schwimmtraining“ dann an. Abends war es viel ruhiger, und ich konnte mich auf meine Technik konzentrieren anstatt darauf, den Mitschwimmern auszuweichen.

Obwohl das vermutlich ein ganz gutes Training für das Gedränge beim Massenschwimmstart in Frankfurt gewesen wäre.

Mit der Zeit hatte sich Stevie zum Glück mit meinem Ironman-Spleen abgefunden, aber anfangs konnte er manche Auswüchse nicht verstehen: „Warum bist du so streng mit dir?“, hatte er mich gefragt. „Übertreibst du nicht? Du bist doch mit deiner Arbeit schon genug eingespannt. Vor allem wird dann wohl nichts aus unserer Radtour durch Afrika, oder?“

Da hatte er leider recht. Ich wollte in Frankfurt mit dem Rad durch die Gegend düsen und nicht in Sambia, Malawi oder Mosambik. Er fand das sehr schade, beschwerte sich aber nicht. Ein schlechtes Gewissen wollte er mir nicht machen. Das war auch gar nicht nötig, denn das hatte ich sowieso.

Trotz meiner sträflichen Vernachlässigung kamen weder von ihm noch von anderen Freunden Klagen. Zum einen, weil ich durch meine Arbeit abends sowieso selten Zeit hatte. Zum anderen waren die meisten von ihnen Freunde fürs Leben. Daran änderte sich nichts, wenn man sich ein paar Monate kaum sah.

Deutlich öfter sah ich dagegen nun den Fahrradhändler meines Vertrauens. Ständig brauchte ich etwas: einen neuen Schlauch, Flickzeug oder ein kompaktes Multifunktionswerkzeug für das Satteltäschchen. Natürlich wusste er von meinen Ironman-Ambitionen und freute sich jedes Mal über meinen Besuch.

Als ich wieder einmal vorbeikam, grinste er mich an, als hätte er schon auf mich gewartet. Dann machte er mir ein unmoralisches Angebot: „Falls es dich interessiert: Wir kriegen demnächst ein super Triathlonrad rein. In deiner Größe. Guck mal!“

Er zeigte mir ein Foto.

„Kostet eigentlich 3 000 Euro, wird aber gerade bei einem Zeitschriftentest auf Herz und Nieren geprüft und rollt danach für die Hälfte über den Ladentisch. Wie wär's?“, lockte er mich.

„Wow!“ Ich war sofort angetan. Komplett aus Carbon, mega

Preis-Leistungs-Verhältnis, Topausstattung, jubilierte mein Bauch.

1 500 Euro für ein einmaliges, kurzes Wettkampferlebnis? Kommt nicht in die Tüte, mahnte mein Verstand. Also sagte ich: „Wirklich schön, brauche ich aber eigentlich nicht."

Der Verkäufer merkte meine Unsicherheit und dass er mich an der Angel hatte, ich aber noch zappelte.

„Ein echtes Schnäppchen", versuchte er mich noch einmal zu überzeugen. „Na ja, freut sich halt ein anderer", tat er resigniert, nur um dann doch noch weiterzuschwärmen. Er zählte detailliert alle Vorzüge des Carbon-Wunders auf.

Er kochte mich immer weicher. Mit einem echten Triathlonrad an den Start zu gehen, fühlt sich bestimmt gut an, grübelte ich. Vielleicht wäre ich damit auch etwas schneller als mit meinem Rennrad. Und für die kürzeren Triathlons könnte ich es ja auch gebrauchen. Ich hörte auf zu zappeln und ergab mich. Das Rad sollte mein werden, wenn es zurück im Laden war.

Zwei Wochen später saß ich auf meinem Tria-Traum und raste stolz wie Oskar den Elbdeich entlang. Nur mein Knie verdarb mir das vollkommene Glück – es schmerzte mal wieder.

Am Nachmittag, bevor ich zur abendlichen *Tagesschau* aufbrechen musste, legte ich mich deshalb auf Wiebkes Behandlungsbank. Während sie mein Bein bearbeitete, fing ich an, über mein Training zu grübeln. Plötzlich fiel mir etwas auf: Ich war eigentlich noch nie richtig lange gelaufen. Das längste waren zwei Stunden am Stück, vier Mal, jeweils 23 Kilometer. Als ich mich 2005 auf meinen Marathon vorbereitete, lief ich mehrfach drei Stunden lang. Und Marathon war Marathon, oder?

Da ist etwas gehörig schiefgegangen, dachte ich leicht panisch, und mir trat ausnahmsweise mal außerhalb des Trainings der Schweiß auf die Stirn. Steppke musste einen schlimmen Fehler gemacht haben.

Kaum war Wiebke fertig mit mir, rief ich ihn an, um auf den riesigen Irrtum hinzuweisen. Doch er blieb ganz ruhig.

„Keine Sorge, es hat alles seine Richtigkeit“, sagte er. Ich atmete tief durch, brauchte aber eine Erklärung.

„Du trainierst bei jeder Einheit die anderen beiden Sportarten quasi gleich mit. Du erarbeitest dir deine Fitness für den Marathon auch beim Radfahren und Laufen.“

Ich blieb skeptisch, trainierte jedoch genauso weiter.

Dann, an einem wunderschönen Frühlingstag, radelte ich 150 Kilometer bei bestem Wetter. Hätte ich danach meinen Nachbarn Fabian getroffen (wahrscheinlich mit Kuchen in der Hand), hätte ich keine Zeit für ein Schwätzchen gehabt, denn gleich danach waren noch mal 50 Minuten Laufen dran. Das konnte nicht gut gehen. Ich erwartete, auf der Alsterrunde schlapp zu machen. Doch nichts dergleichen geschah. Ich hielt nicht nur durch, ich hielt sogar richtig gut durch, kam freudestrahlend zu Hause an und fiel Wiebke schweißgebadet um den Hals.

„Alles klar mit dir?“, fragte sie irritiert. „Tut mir leid, aber das musste einfach raus, das Training gerade war sensationell. Und das Knie ist auch wieder bereit zu allen Schandtaten.“

Klar, ein Ironman würde mir noch einiges mehr abverlangen, doch jetzt glaubte ich daran, es in Frankfurt zu packen.

Die Veränderungen hatten sich nur langsam eingestellt, deshalb hatte ich sie im Alltag nicht recht wahrgenommen. Doch nach all den Trainingsmonaten waren die Fortschritte nicht mehr zu übersehen: Die Speckrollen waren geschmolzen, die Muskulatur definierter und vor allem meine Ausdauer enorm. Mein Laufstil war viel lockerer geworden und die kilometerlangen Schwimmeinheiten machten immer noch Spaß.

Nun war ich mächtig stolz: Trotz manchmal aufflackernder Zweifel hatte ich mein Pensum durchgezogen, hatte mein Ziel vor Augen gesehen und es gnadenlos verfolgt. Und nun war ich tatsächlich nicht mehr weit davon entfernt, meinen ersten Ironman zu absolvieren.

So kurz vorm Ziel hatte ich große Lust darauf, noch einmal ordentlich Gas zu geben.

Der Mai hatte eine weitere Steigerung mit sich gebracht: 18 bis 20 Stunden trainierte ich nun pro Woche und hatte damit eine Art Halbtagsjob zusätzlich an der Backe. Weitere Läufe bis zu zwei Stunden standen auf dem Plan, die Schwimmdistanzen lagen bei drei bis dreieinhalb Kilometer, und ich musste häufiger Tempo machen.

Deshalb fiel auch der Geburtstag meines Neffen in die Rubrik: „Effektives Nutzen eines begrenzten Zeitbudgets!" Um das Training unterzubringen, radelte ich einfach zum Familienfest. Und weil das nicht genügend Kilometer waren, fuhr ich eine große Schleife durch die Innenstadt, vorbei an der neuen Hafencity, den Elbdeich entlang gen Osten und dann wieder nördlich Richtung Reinbek und Glinde, wo ich mich an den Kaffeetisch setzte zu meinen Eltern, Schwestern, Schwager, Nichte und Neffen.

Eine herzliche Umarmung ersparte ich dem Geburtstagskind und verschwand stattdessen schnell zur Katzenwäsche im Bad, um mir den klebrig-salzigen Schweiß aus dem Gesicht und das klebrig-süße Kohlenhydratgel von den Händen abzuwaschen, die ich mir immer einsaute, wenn ich versuchte, mir den zähflüssigen Energiegeber möglichst vollständig in den Mund zu quetschen.

Meine Schwester Anke reichte mir ein T-Shirt ihres Ehemannes, da oberkörperfrei nicht unbedingt das beste Geburtstagsoutfit war, und sagte: „Schön, dass du noch vorbeigekommen bist." Nun konnte auch ich mich, obenrum zivil, untenrum in Radlerhosen und barfuß, dazugesellen und meine Begrüßungsrunde drehen.

„Dein Geburtstagsgeschenk bekommst du ein anderes Mal, das konnte ich natürlich nicht transportieren", entschuldigte ich mich bei meinem Neffen. Dass ich noch gar nicht dazu gekommen war, eines zu besorgen, verschwieg ich lieber. Das Triathlontraining und die Zeitknappheit, Sie wissen ja …

„Und wenn ich zu sehr müffele, dann sagt es bitte", merkte ich an und schaufelte mir ein erstes Stück Käsekuchen auf den Teller.

„Darauf kannst du Gift nehmen", konterte mein Schwager.

„Aber wir haben ja extra draußen an der frischen Luft gedeckt", scherzte er und alle lachten. Niemand schickte mich unter die Dusche, stattdessen fragte meine Schwester Sabine, ob ich gut vorankäme mit dem Training.

„Ja, es läuft ziemlich gut, ich bin voll im Plan, ich glaube, ich schaffe es in Frankfurt ganz gut ins Ziel", antwortete ich zwischen zwei Käsekuchen-Happen.

„Aber trainier nicht zu viel, ruh dich auch genügend aus, überanstreng dich nicht", redete mir meine besorgte Mutter ins Gewissen, während sie mir einen Kaffee einschenkte. „Nein, keine Sorge, ich pass schon auf. Mir geht's so gut wie nie", beruhigte ich sie.

„Du siehst hammer fit aus", nuschelte mein Neffe anerkennend mit vollem Mund. „Und dein Bike ist ein ziemlich freshes Ding, mega geil!"

„Ja, klasse, oder?", entgegnete ich. „Digger" hätte ich fast noch ergänzt, ließ es aber dann doch lieber. „Mit dem macht es auch viel mehr Spaß als auf der anderen Gurke."

In der kommenden Stunde stellte ich den Familienrekord für die meisten Kuchen- und Tortenstücke innerhalb der kürzesten Zeit auf, dann musste ich schon zurück nach Hause radeln, um anschließend einen Koppellauf zu absolvieren. Ich verzog mich ins Haus, schlüpfte zurück ins Radtrikot und erblickte auf dem Weg nach draußen Würste, Koteletts und Gemüse, die in der Küche bereitlagen fürs Abendessen. Leider ohne mich. Ich trauerte nicht nur dem Grillen hinterher, sondern fühlte mich auch mies wegen meines Kurzauftritts. Von meiner Familie aber kam kein böses Wort, kein Vorwurf. Im Gegenteil.

„Wir wünschen dir weiterhin gutes Trainieren", verabschiedeten sie mich, und ich setzte mich wieder aufs Rad. Während ich heimfuhr, dachte ich: „Klasse, dass sie alle mit meiner zeitraubenden

Leidenschaft so locker umgehen." Für das große Verständnis für meine sportlichen Ambitionen war ich ihnen äußerst dankbar!

Mitte Juni verbrachten Wiebke und ich nach langer Zeit endlich einmal wieder viele Stunden in trauter Zweisamkeit. Es ging auch gar nicht anders, denn wir saßen im Auto und fuhren nach Darmstadt, wo ich bei einem Mitteldistanz-Wettkampf die Probe aufs Exempel machen wollte.

Zur Feier des Tages lud ich sie zum Essen ein: Wir aßen Currywurst mit „Pommes Schranke" auf der Autobahnraststätte. Das war weder die beste Ernährung kurz vor einem Rennen, noch die Art von Romantik, mit der man eine Frau für sich gewinnt. Das war aber nicht so wichtig, denn es war viel zu schön, mit Wiebke die Plastikgabel zu schwingen.

Weniger schön sollte sich meine Generalprobe in Darmstadt gestalten. Kaum im Wasser des Sees, erlitt ich eine Panikattacke. Seit der unschönen Erfahrung mit dem volllaufenden Neo machte mir das bei jedem Wettkampf Probleme. Seit diesem Tag verfolgte mich beim Triathlonschwimmen das schlimme Gefühl, gleich zu ertrinken. Auch bei meiner Generalprobe musste ich zum Brustschwimmen wechseln, mich beruhigen und nach quälend langen Minuten kraulend weitermachen. Vollkommen fertig stieg ich schließlich aus dem Darmstädter See.

Auf dem Rad wurde es nicht besser. Auch hier machte mir das Wasser zu schaffen, aber das von oben. Es regnete ununterbrochen bei für den Juni viel zu kalten 13 Grad. Mit meinem knappen Tri-Top war ich dafür viel zu freizügig angezogen. Ich quälte mich mit klappernden Zähnen und Dauergänsehaut über die Radstrecke. Endlich erreichte ich die zweite Wechselzone, um den Helm abzunehmen und in die Laufschuhe zu schlüpfen. Doch das ging nicht. Meine Finger waren tiefgefroren, sodass ich weder den Klickverschluss meiner Kopfbedeckung öffnen noch die Schnürsenkel meiner Laufschuhe zu einem Knoten binden konnte. Wiebke, die am

Absperrgitter stand, musste helfen. Aber kaum hatte sie mir den Helm geöffnet, ertönte auch schon ein schriller Pfiff. Ein Kampfrichter hatte alles beobachtet und mich kurzerhand disqualifiziert.

„Was soll ich denn machen? Soll ich mit Helm und offenen Schuhen loslaufen?", protestierte ich.

„Sie dürfen jedenfalls keine Hilfe von außen annehmen", antwortete er. Leider hatte er recht, das ist verboten. Das Rennen war für mich gelaufen.

Je misslungener die Generalprobe, desto besser die Aufführung, dachte ich mit einer großen Portion Galgenhumor. Wenn das stimmte, müsste ich es nach diesem schlimmen Tag sogar nach Hawaii schaffen. Eines machte mir aber tatsächlich Mut: Weder Knie noch Achillessehne noch irgendetwas anderes schmerzten.

Kaum wieder zu Hause und bei der Arbeit, fragte mich die Maskenbildnerin besorgt: „Bist du krank? Du bist so dürr geworden?" Natürlich war ich gerade so fit und gesund wie nie – man sah es nur nicht. Beim Triathlon bekommt man leider nicht die Figur eines Terminators, sondern die von Mr. Bean.

Mittlerweile lag mein Körperfettanteil bei 9 Prozent, und ich wog nur noch 73 Kilo. Viel zu wenig, um meine Anzüge auszufüllen, die ich mit etwa 10 Kilo mehr auf den Rippen gekauft hatte. Glücklicherweise blieben mir noch vier Outfits, die einigermaßen saßen und mit denen ich die Zeit überbrücken konnte, bis ich wieder gut im Futter stand.

Außerdem war jetzt ein Ende der Verdünnisierung abzusehen, denn eineinhalb Wochen vor dem Wettkampf schraubte Steppke mein Training herunter, um meinen Körper nur noch leicht zu beanspruchen, damit er wach und frisch blieb, aber trotzdem ausruhen und Kraft tanken konnte für den großen Tag. Die Taktik dafür sah wie folgt aus: Leichtverdauliches zum Frühstück essen, mit den Wegen in den Wechselzonen vertraut machen, vorher die nötigen Handgriffe überlegen. Aber vor allem: locker bleiben, das Tempo nicht überziehen und sich regelmäßig mit Gel, Wasser und Isogetränken versorgen. Ich sollte mir vorstellen, es sei nur ein besonders langer, ruhiger Trainingstag. Und wenn es mir schlecht ging, den Zieleinlauf am Römer visualisieren, das motiviert!

Mir wurde nun plötzlich bewusst, dass ich tatsächlich in ein paar Tagen bei einem Ironman an den Start gehen würde. Meine Nervosität wurde minütlich größer.

„Du hast sehr gut trainiert und wirst es ganz sicher gut schaffen!", sagte Steppke. In den vergangenen acht Monaten war ich 220 Kilometer geschwommen, 4 500 Kilometer geradelt und 1400 Kilometer gerannt. Mehr als 6 000 Kilometer insgesamt. Jetzt sollten noch 226 Kilometer dazukommen. Ich war bereit.

FEUERPROBE FRANKFURT

Dann war es so weit: Am Freitag, zwei Tage vor dem Start, saß ich nachmittags todmüde im Zug nach Frankfurt. Wiebke musste noch arbeiten und wollte später mit dem Auto und meinem Tria-Bike nachkommen. Ich fühlte mich wie durch die Mangel gedreht. Nicht vor Aufregung, sondern weil gerade die schlimmsten *Tagesschau*-Dienste aller Zeiten hinter mir lagen. Ausgerechnet in den Tagen vor meinem großen Wettkampf waren die meisten Kollegen verhindert. Wir Sprecher sind freie Mitarbeiter und können uns theoretisch jederzeit von der *Tagesschau* abmelden. Ich hatte das erst für Freitagnachmittag und die folgenden Tage getan, und als ich den Dienstplan bekam, musste ich schlucken: Ich hatte den Nachtdienst auf Donnerstag erwischt. Beginn um Mitternacht, letzte Sendung um fünf Uhr früh. Das allein wäre völlig in Ordnung gewesen. Aber am Donnerstag selbst musste ich noch ein weiteres Mal ran: Um 18 Uhr machte ich mich schon wieder auf den Weg zur Arbeit für die 20 Uhr-*Tagesschau* und für die *Tagesthemen*. Dienstschluss kurz nach 23 Uhr. Auch das war noch nicht alles. Am Freitag hatte ich Frühdienst: erste Sendung um 5 Uhr 30. Das hieß: nur vier Stunden Schlaf. Halleluja! Eine solche Dienstkombi des Schreckens hatte ich noch nie, und ausgerechnet jetzt trat der Fall ein. Zu anderen Zeiten hätte ich gedacht: Augen zu und durch, danach kannst du dich ausruhen. Doch jetzt standen zwölf

Stunden Sport auf dem Plan. Hoffentlich reichten zwei Tage, um mich wieder renntauglich herzustellen. Ich hatte so meine Bedenken.

Die Vorbereitungen am Samstag in Frankfurt zogen sich länger hin als ich dachte. Nachdem ich die Startunterlagen abgeholt hatte, bedeckte ich den arg begrenzten Fußboden im Hotelzimmer mit meinen Rennutensilien und sortierte sie hochkonzentriert. Die Radsachen steckte ich in den Beutel für Wechselzone eins, die Laufsachen in den für Wechselzone zwei. Dann packte ich beide Beutel wieder aus und kontrollierte, ob wirklich alles korrekt verstaut war. Es sollen schon Radschuhe im Laufbeutel gelandet sein, also Obacht! Auf keinen Fall wollte ich daran scheitern, Utensilien im falschen Beutel zu haben. Nachdem ich sicher war, dass ich alles ordentlich eingepackt hatte, fuhr ich mit dem Rad zur zweiten Wechselzone, um den Laufbeutel abzugeben. Die Stadt wimmelte nur so von Triathleten. Sie hockten in Sportklamotten in den Cafés und Restaurants, machten Trainingsfahrten auf ihren Hightechrädern und spazierten mit ihren Ironman-Rucksäcken durch die Straßen. Ich beäugte sie prüfend. Waren sie fitter als ich? Hatten sie bessere Räder? Und wieso trugen einige Kompressionsstrümpfe? Machte sie das schneller? Hatte ich einen Trend verpasst? Dabei sollte mein Rennen gar kein Kampf gegen andere werden, zumal Brustschwimm-Björn nicht antrat. Ich wollte lediglich mir selbst zeigen, dass ich zu dieser für mich immer noch unvorstellbaren Ausdauerleistung in der Lage war und in passabler Zeit ins Ziel laufen konnte.

Nachdem der erste Beutel verstaut war, ging es weiter zum Langener Waldsee, wo das Schwimmen stattfinden sollte. Dort musste ich einchecken, das Bike an seinen Platz stellen und den zweiten Wechselbeutel mit den Radsachen aufhängen.

Erst um kurz nach acht Uhr am Abend war alles erledigt, und ich konnte zum letzten Tagesordnungspunkt übergehen: Spaghetti mampfen. Eigentlich hatte ich viel früher essen wollen und Sorge, dass ich nun nicht würde schlafen können, wo der Wecker doch schon um 3 Uhr 45 klingeln sollte.

Missmutig saß ich neben Wiebke im Restaurant und wartete ungeduldig auf mein Essen. Immer, wenn der Kellner mit beladenen Tellern aus der Küche kam, keimte in mir die Hoffnung auf, es könnte meiner dabei sein. Jedes Mal wurde sie jäh enttäuscht. Dabei waren das alles Leute, die ihr Essen nicht so dringend brauchten wie ich, fand ich.

„Tut mir echt leid, Wiebke, aber ich glaube, ich bin nervös", entschuldigte ich mich bei meiner Freundin für diesen unentspannten Abend.

„Wirklich? Warum denn nur?", grinste sie mich an.

„Das Essen kommt sicher gleich, und dann bekommst du noch genug Schlaf", versuchte sie Ruhe auszustrahlen, damit auch ich gelassener werden würde. Sosehr sie sich bemühte, es klappte nicht.

„Ich finde es übrigens toll, dass wir tatsächlich in Frankfurt sind", wechselte sie das Thema. „Ich hatte dir wirklich nicht zugetraut, dass du deine Vorbereitung so konsequent durchziehst. Finde ich klasse!"

In jeder anderen Situation wäre ich auf ihr Kompliment eingegangen, aber dafür hatte ich jetzt keinen Kopf, denn Küche und Kellner ließen sich viel zu viel Zeit, mir meinen ganz simplen Spaghetti-und-Tomatensoße-Wunsch zu erfüllen. Wiebke setzte zu einer lockeren Unterhaltung über Hawaii-Jochen an, den sie morgen während des Rennens treffen würde. Er startete nicht selbst, sondern wollte als Helfer im Einsatz sein. Aber auch das interessierte mich nicht, ich war unwirsch, kurz angebunden und für ein nettes Gespräch nicht zu haben. Lieber guckte ich grimmig drein und spielte nervös mit dem Bierdeckel, auf dem eigentlich meine Apfelsaftschorle hätte stehen sollen. Ständig schaute ich auf die Uhr, und es wurde nur unwesentlich besser, als die heiß ersehnten Nudeln endlich ankamen. Ich schlang sie griesgrämig hinunter und spülte mit der ebenfalls endlich gelieferten Apfelschorle nach, während Wiebke ihr Essen genießen wollte, aber nicht konnte, weil der Typ ihr gegenüber viel zu viel Unruhe ausstrahlte. Mein – sagen wir: etwas unglücklicher – Vorschlag zur Zeitoptimierung, der mir in den Sinn kam, gleich nachdem ich meinen Teller staubsaugerartig geleert hatte, machte es nicht besser. „Ich ruf' schon mal den Kellner für die Rechnung", verkündete ich, obwohl Wiebke noch ein Stück Lachs und jede Menge Gemüse vor sich hatte. Ich strapazierte ihre Leidensfähigkeit enorm und machte sie kirre, das sah ich ihr an. Aber Wiebke wäre nicht Wiebke, wenn sie die Situation und mich gleich mit nicht unter Kontrolle behalten hätte. „Geh doch schon ins Hotel, ich esse hier noch in Ruhe auf, bezahle und komme gleich nach, okay?", schlug sie vor und tat dabei alles, um gefasst zu wirken. Deeskalation statt Explosion. Ich war wohl ein einziges Nervenbündel.

Diese Anspannung musste ich dringend in den Griff bekommen. Schon unter normalen Umständen fiel mir das zeitige Einschlafen schwer. Wenn ich Frühdienst bei der *Tagesschau* hatte, wälzte ich mich eine gefühlte Ewigkeit hin und her. Ich war leider keiner, der die Augen schloss und sofort wegschlummerte und beneidete diejenigen, die das konnten.

Gegen 22 Uhr hatten wir es schließlich ins Bett geschafft. Während Wiebke schon nach kurzer Zeit entspannt entschlummerte, lag ich da und hörte, wie sich mein voller Magen mit den Spaghetti beschäftigte. Krampfhaft versuchte ich, nicht auf die roten Zahlen des Digitalweckers zu schauen, die mir verraten würden, wie lange ich schon nicht schlafen konnte. Vor dem Fenster schipperten Partyschiffe mit dröhnendem Bassgewummer und grölenden Menschen an Bord über den Main. Hätte man so etwas nicht für diese Nacht verbieten können? Schließlich mussten sehr viele Menschen morgen ganz früh aufstehen und hart arbeiten. Ein bisschen Mitdenken war doch wohl nicht zu viel verlangt.

Das war der letzte Gedanke, an den ich mich erinnerte. Dann riss mich der Wecker aus dem Schlaf. Ich konnte es kaum glauben:

Ich war weder mitten in der Nacht schweißgebadet aufgeschreckt noch hatte ich tatsächlich ewig wachgelegen, sondern bestimmt mindestens vier oder fünf Stunden geschlafen. Wie hatte ich das bloß hinbekommen? Vielleicht hatten die erschöpfenden *Tagesschau*-Dienste doch ihr Gutes?

Ich quälte mich aus dem Bett und zog mich an für einen kurzen, 15-minütigen Aufwachlauf, um meinen Organismus in Schwung zu bringen. Wiebke hingegen öffnete nur kurz die Augen und drehte sich gleich noch einmal um.

Es war ein höchst seltsames Gefühl, um diese Uhrzeit durch die Straßen Frankfurts zu joggen. Bis auf etwa 2 500 Sportler, die jetzt alle ihren längsten Tag des Jahres begannen, schlief die Stadt noch. Nur eine Hochzeitsgesellschaft, an deren Lokalität ich vorbeilief, ließ es noch krachen. Ein harter Kern tanzte und feierte wie wild. Auch ich würde es gleich krachen lassen, und das würde mindestens genauso gut werden wie deren Party, dachte ich.

Zurück im Hotelzimmer hatte Wiebke schon den kleinen, runden Frühstückstisch gedeckt. Nicht ganz so schön und einladend wie zu Hause, aber funktionell: Teller, Tasse, Messer, Löffel. Dazu zwei Gläser Marmelade, Honig und eine Brötchentüte. Ich war etwas neidisch, als sie sich wieder ins warme Bett verkroch, aber ich hatte mir für heute nun einmal etwas vorgenommen. Also schaufelte ich Leichtverdauliches in mich hinein: sieben Brötchen mit Honig oder Marmelade, dann war ich satt. Dazu etwas Isogetränk und einen Kaffee. Das lief mechanisch ab, denn mit meinen Gedanken war ich schon beim Rennen: Hatte ich wirklich an alles gedacht oder etwas Wichtiges übersehen? Ich war nun wieder angespannt und ging die vielen Kleinigkeiten noch einmal durch, an die ich denken musste. Ich kam zu dem Schluss, alles gut vorbereitet zu haben. Es konnte losgehen.

Kurz darauf stand ich mit den anderen Sportlern am Ufer des Langener Waldsees und wartete auf den Startschuss. Ich hatte mir noch einen Kuss von Wiebke abgeholt, die im Ziel auf mich warten würde und mir vorher auch an der Strecke zujubeln wollte. Ich ließ meinen Blick über die Bojen schweifen und versuchte mir den Weg einzuprägen, den ich schwimmen musste. Dann stellte ich mich ganz nach hinten. Sollten die anderen doch vorpreschen und sich balgen. Ich wollte mit dem Chaos im gerammelt vollen See möglichst wenig zu tun haben, auch wenn ein Stimmchen in meinem Kopf wisperte: „Warum so zurückhaltend? Du hast doch gut trainiert, geh doch weiter vor." Bis zum Start war es noch eine Minute.

„Nein, ich bleibe schön hinten, nur nichts riskieren", sagte ich mir. „Sei vorsichtig!"

Eine halbe Minute.

Plötzlich drangen meine eigenen Warnungen nicht mehr zu mir durch, das Adrenalin hatte mich fest im Griff und trieb mich voran. Wie ferngesteuert zwängte ich mich durch die dichten Reihen schwarzer Neopren-Uniformen immer weiter nach vorne und war plötzlich mittendrin im großen Pulk.

Dann fiel der Startschuss.

Alle rannten los, hinein ins Wasser, unter uns brodelte es wie im Schleudergang einer Waschmaschine, Arme fuchtelten und schubsten, Beine traten und strampelten, jeder wollte sich Platz verschaffen. Meine komplette Rennstrategie schien dahin. Langsam losschwimmen? Ich kraulte was das Zeug hielt und brauchte ein Weilchen, bis ich wieder klar denken konnte: Bleib ruhig. Und bloß keine Panikattacke riskieren, Strecken, Gleiten und kontrollierte Armzüge. Ich schwamm freiwillig Umwege, um den Tritten und Schlägen auszuweichen. Dann hatte ich mich wieder im Griff und konnte durchatmen. Nach einer Stunde und 8 Minuten stieg ich zufrieden aus dem Wasser. So durfte es weitergehen.

Ich eilte zur ersten Wechselzone. Mittlerweile hatte es leicht zu nieseln begonnen. Da meine Wetter-App mir am Abend zuvor versprochen hatte, dass das Wetter bis auf vereinzelte Schauer zur Mittagszeit gut werden würde, ließ ich meine Regenjacke am Rad liegen. Unnötiger Ballast, dachte ich.

Es war das letzte Mal, dass ich einer Wetter-App glaubte. Sie lag mit ihrer Vorhersage weiter entfernt von der Wirklichkeit als ich von einer Hawaii-Qualifikation. Aus dem Niesel wurde Dauerregen. Bald schon war ich komplett durchnässt, und es wurde unangenehm kalt. Kein Fitzelchen blauer Himmel zeigte sich in der dicken, dunklen Wolkendecke über Hessen. Nicht die leiseste Hoffnung auf Besserung. Darmstadt wiederholte sich. Nur, dass ich hier keine 40, sondern 180 Kilometer überstehen musste.

Unmöglich, es so lange auszuhalten. Ich fror wie ich noch nie gefroren hatte, und es wurde von Kilometer zu Kilometer unerträglicher. Wie hatte ich nur meine Jacke in der Wechselzone lassen können? Ich ärgerte mich maßlos und überlegte, wie ich an eine wärmende Bekleidungsschicht kommen könnte. Helfen lassen durfte man sich nicht, das wusste ich jetzt.

Also heckte ich Plan A aus: Ich musste Wiebke unter den Zuschauern ausfindig machen und ihr zu verstehen geben, dass sie ihre Jacke „aus Versehen" in einem der Dixi-Klos liegenlassen sollte, sodass ich sie mir dann schnappen könnte. Aber ich hatte keine Ahnung, wo Wiebke stand.

Plan B sah so aus: in einer der Kneipen oder Bäckereien an der Strecke einen heißen Tee zu trinken, um sich aufzuwärmen. Aber war das überhaupt erlaubt?

Mir blieb nur Plan C. In regelmäßigen Abständen fuhr ich an den Straßenrand, stoppte, und hüpfte auf der Stelle, während die anderen an mir vorbeizogen. Wieder einige Kilometer fahren, dann wieder Hampelmänner. Einige meiner Mitstreiter hielten mich sicher für komplett durchgedreht. Aber all das war besser als tiefgekühlt vom Rad zu kippen. Ich wollte nicht aufgeben, dafür hatte ich zu viel investiert. Deshalb biss ich weiter die Zähne zusammen, die eigentlich vor Kälte klapperten.

Es lohnte sich: Nach gut 80 Kilometern hörte der Regen auf, und ich entdeckte eine kleine Lücke in der Wolkendecke, die mir große Hoffnung machte. Der kleine blaue Fleck wurde immer größer, breitete sich aus wie verschüttete Tinte. Dann traf mich der erste Sonnenstrahl, und mit einem Schlag waren meine Lebensgeister geweckt: „Sonneeeeee“, rief ich, was die umstehenden Zuschauer vermutlich massiv an meinem Geisteszustand zweifeln ließ. Mit einem Lächeln der Erleichterung stoppte ich am Streckenrand, schloss die Augen, drehte mein Gesicht zur Sonne und genoss die wärmenden Strahlen, während die Tria-Bikes an mir vorbeizischten. Die tickende Wettkampfuhr? Meine Platzierung? Völlig egal. Ich wollte heute durchkommen, und nun sah es dafür wieder viel besser aus. Nach ein paar Minuten rollte ich mit einem Tank voll Sonnenenergie weiter. Die erste von zwei Radrunden hatte ich geschafft – eine fast 90 Kilometer lange Zitterpartie. Jetzt konnte mir doch eigentlich nichts mehr passieren.

Nach etwas über sechs Stunden nahm mir einer der Helfer das Rad ab, und ich schnappte mir meinen Wechselbeutel. Zufrieden stellte ich fest, dass meine Laufschuhe da waren, wo sie hingehörten, und ich nicht in Radschuhen oder barfuß über die Marathonstrecke stolpern musste. Zwei von drei Sportarten waren erledigt, jetzt nur noch der Marathon. Schon nach den ersten Laufmetern war aber klar, dass der es in sich haben würde.

Die 180 Kilometer Radfahren hatten meine Beine gehörig durcheinandergebracht. Ich lief wie auf Eiern. Meine Beinmuskeln hatten noch nicht kapiert, dass es vorbei war mit dem Treten. Ich rief mir einen Tipp von Hawaii-Jochen ins Gedächtnis:

„Selbst, wenn dich Einbeinige und Übergewichtige überholen, kümmere dich nicht darum, sondern finde deinen Rhythmus.“ Nach vielleicht einem Kilometer hatten sich meine Beine an ihre neue Aufgabe gewöhnt. Nun ging es mir richtig gut, und ich machte Sightseeing. Vier Runden mussten wir um den Main laufen, immer am Fluss entlang, vorbei an Rasenflächen, auf denen gepicknickt wurde, und an Bäumen, über Brücken, die berühmte Skyline im Blick, an einer großen Masse von Zuschauern vorbei, die uns anfeuerte. So dürfte ich die nächsten hoffentlich höchstens vier Stunden gut aushalten.

Mit der Zeit wurde es immer voller auf der Strecke, denn immer mehr Athleten hatten das Radeln hinter sich. Neidisch schaute ich auf diejenigen, die schon ein oder gar zwei bunte Bänder am Handgelenk trugen, die man für jede gelaufene Runde bekam. Als ein netter Helfer mir nach 10 Kilometern mein erstes überstreifte, durchströmte mich neue Energie. Ein Viertel war gepackt. Nur noch drei!

Ich machte weiter wie beim Radfahren: Keine Verpflegungsstation wurde ausgelassen, ich trank regelmäßig und damit zu viel. Mehr als ein Mal musste ich an den Dixi-Klos einen Stopp einlegen. Mancher meiner Kabinennachbarn machte unschöne Geräusche: erst ein Gewürge, dann die Vollendung des Vorgangs. Ich hatte ja schon gehört, dass viele Mägen rebellieren, wenn sie den ganzen Tag Kohlenhydratgels verarbeiten müssen. Nun hörte ich es wieder. Zum Glück störte sich mein Magen nicht an der heutigen Tagesverpflegung. Und auch die Achillessehne hatte keinerlei spürbaren Einwände gegen das, was ich hier mit ihr veranstaltete. Es lief!

Ich war eine einzige, permanent arbeitende Messstation. Andauernd horchte ich in mich hinein: Was machen die Oberschenkel? Arbeiten zuverlässig unter Volllast! Wie geht's dem Knie? Das meldet ein leichtes Zwicken. Weiteres Vorgehen? Im Blick behalten! Wie ist der Stand des Energiedepots? Nähert sich dem roten Bereich. Weiteres Vorgehen: An der nächsten Station Kohlenhydrate zuführen! Alarm, Alarm, der Zuckerhaushalt sinkt dramatisch, schnell ein Stück Kuchen futtern! Der Wasser- und Elektrolytstand sinkt, bitte nachfüllen! Die Schweißmenge steigt deutlich. Salztablette einwerfen! Die Blase ist voll, bitte leeren ... halt, nein, bitte erst, wenn wirklich randvoll! Melde Sichtkontakt mit gemütlichem Café direkt am Main. Liegestuhl davor? Positiv. Weiteres Vorgehen: Nichts da, weiterlaufen! Gesamtzustand weiterhin gut, Tempo kann beibehalten werden.

Wenn man so will, ist Langdistanztriathlon nichts anderes als 226 Kilometer Krisenmanagement. Denn irgendwas ist immer.

Bei Kilometer 30 wurden mir die immer noch guten Daten aus meiner Messstation langsam unheimlich. Irgendwann musste doch der Mann mit dem Hammer um die Ecke kommen und mein Körper mir signalisieren: Ich kann nicht mehr und will nicht mehr, ich streike! Bei vielen anderen war genau das schon passiert: Sie hatten aus ihrem Marathon einen Sonntagsspaziergang gemacht. Die einen im Stechschritt, die anderen gemächlicher. Wandertag rund um den Main.

Das wollte ich vermeiden. Aber ab Kilometer 35 musste auch ich mich nach meinen Dixi-Klo-Pausen ziemlich aufraffen, um wieder ins Laufen zu kommen. Wenn man erst einmal steht, ist es nicht einfach, wieder in Schwung zu kommen. Aber ich schaffte es, auch weil ich nun vollends auf Süßes umgestiegen war: Cola statt Wasser und Kuchen statt Gels. Fünf Kilometer vor dem Ziel schließlich litt ich, schnaufte schwer bei jedem Schritt und stöhnte auf. Ich versuchte daran zu denken, in ein paar Minuten ein Ironman zu sein.

Kilometer 40, das letzte Armband. Nun war das Ziel zum Greifen nah. Ich hätte mich gerne gefreut, aber die Schmerzen waren inzwischen so groß, dass jeder Schritt zur Qual wurde. Dennoch: Diese Probleme hätten auch viel früher auftauchen können. Steppke hatte es geschafft: Er hatte mich mit dem richtigen Training sicher ins Ziel gebracht. Das wusste ich endgültig, als ich nur noch die 184 Meter über den roten Teppich ins Ziel auf dem Römer zurücklegen musste. Ein wohliges Kribbeln stieg in mir auf und durchströmte den ganzen Körper. Große Gefühle spülten die Schmerzen hinweg. Nach 11 Stunden, 21 Minuten und 26 Sekunden hatte ich es geschafft! Ich hatte keine Panikattacke im Wasser bekommen und war inmitten der vielen Schwimmer cool geblieben. Ich hatte die eisige Kälte auf dem Rad überstanden und einen souveränen Marathon hingelegt. Ich war ein Ironman!

ICH BIN ANGEFIXT

Einmal und nie wieder? Nicht nach diesem Rennen. So konnte ich meine „Karriere" nicht ausklingen lassen. Ja, ich hatte eine grandiose Erfahrung gemacht, in all den Monaten viel über mich erfahren und ein Happy End erlebt. Das hätte ich so stehen lassen können, aber mein sportlicher Ehrgeiz wollte es dabei nicht belassen – und auch Hawaii spukte noch in einer ganz kleinen Ecke meines Hirns herum.

Die Radetappe hatte ich schließlich unter vollkommen irregulären Bedingungen hinter mich gebracht. Was hätte für eine Zeit herauskommen können, wäre ich wärmer angezogen gewesen?

Außerdem hatte ich nach dem Rennen keinerlei Muskelkater. Keine Ahnung, wie das möglich war. Die Beine und der restliche Körper waren zwar müde und erschöpft, aber ich konnte problemlos ein Bein vor das andere setzen und Treppen steigen. Ich hatte offenbar nicht alles aus mir herausgeholt. Es gab noch Luft nach oben.

Ich änderte mein Ziel kurzerhand von „einmal einen Ironman schaffen" in „einmal einen Ironman *unter normalen Bedingungen* schaffen".

Und wenn ich es mir recht überlegte: egal ob „normale Bedingungen" oder nicht: Eine Langdistanz machte irrsinnig Spaß, sie war etwas sehr Besonderes. Monatelang arbeitete man auf einen einzigen Tag hin, der dann ein Feuerwerk der Gefühle war. Ich hatte mich selbst gespürt, wie ich mich noch nie gespürt hatte. Jede Faser meines Körpers, jeder Muskel musste arbeiten. Aufregung, Anspannung, Leiden, Trübsinn, Erleichterung, Freude, Kampfeslust, Enttäuschung, Begeisterung, Erschöpfung – eine einzige intensive Berg-und-Tal-Fahrt. Auch mein Kopf lief auf Hochtouren. Für ihn war der Ironman mindestens genau so anstrengend wie für den Rest des Körpers. Beide zusammen hatten mir eine Zielzeit von 11 Stunden 21 ermöglicht.

Hätte man mir das vor dem Rennen gesagt, wäre ich sehr zufrieden gewesen. Nach dem Rennen sah es anders aus: „Nur" 11 Stunden 21. Die Sache war sehr schnell klar für mich: Ich wollte einen weiteren Versuch starten, bei dem es nicht nur ums Durchkommen gehen sollte, sondern um eine bessere Zeit. Ich wollte es unter elf Stunden schaffen. Also fragte ich Wiebke ganz vorsichtig: „Wäre es vielleicht in Ordnung, wenn ich es noch einmal tun würde?"

Sie war einverstanden. Wieder wollte sie mich voll und ganz unterstützten, zumal ihr die Trips nach Darmstadt und Frankfurt viel Spaß gemacht hatten. Außerdem meldete ich mich bei meinem Klavierlehrer, um mein musikalisches Comeback auf den Herbst 2013 zu verschieben.

Die Arbeit und die Zeit, die ich in den Ironman gesteckt hatte, kamen mir auch danach noch zugute. Zwei Wochen nach Frankfurt stand ich wie üblich beim Hamburger Triathlon am Start und kam erstmals unter einer Gesamtzeit von 2 Stunden 30 an – fast zehn Minuten schneller als im Jahr zuvor. Das Schönste aber war, dass ich die 30-Minuten-Marke beim Schwimmen locker unterbieten konnte. Brustschwimm-Björn, mein Schreckgespenst, bereitete mir nun keine Kopfschmerzen mehr.

Bei den Cyclassics rollte ich über die knapp 160 Kilometer erstmals unter vier Stunden ein, ich fuhr im Schnitt fast 40 km/h. Damit hatte ich aber immer noch nicht genug davon, meine neue Topform auszukosten. Ende September sackte ich in Berlin bei meinem zweiten reinen Marathon mit knapp 3 Stunden 29 eine neue Bestzeit ein. Danach ging ich in die wohlverdiente Pause. Die nutzte ich, um meinen Bestand an passenden Anzügen aufzustocken. Die in Übergröße sortierte ich aus. Ich würde wohl noch einige Zeit länger schlank bleiben, denn im November stieg ich wieder ins Ironman-Training ein. Auf zur zweiten Runde!

Die sah mehr oder weniger so aus wie die erste: wieder hatte ich mich für Frankfurt angemeldet, weil ich dort die Strecke und Bedingungen kannte und mich voll auf das Rennen selbst konzentrieren konnte. Wieder schrieb Steppke die Pläne, dieses Mal leicht erhöht in Intensität und Umfang, und wieder hielt ich mich streng an seine Vorgaben. Es konnte eigentlich nichts schiefgehen, ich sah mich schon triumphierend ins Ziel laufen. Von einem Triumph konnte letztlich allerdings ganz und gar keine Rede sein. Und das lag nicht nur daran, dass ich fast vier Minuten später als im Jahr zuvor aus dem Wasser des Langener Waldsees stieg. Erst danach begann ein kleines Drama. Ich lief zur Wechselzone und wollte nach meinem Beutel greifen, doch er hing nicht dort, wo er hängen sollte. Während sich um mich herum die nassen Sportler ihre Sachen schnappten und an mir vorbeirannten, um sich fürs Radfahren umzuziehen, stand ich zunächst mit lauter Fragezeichen im Gesicht wie angewurzelt vor dem leeren Haken. Dann begann ich, hektisch zu suchen und bat schließlich einen Helfer, mitzumachen. Gemeinsam wuselten wir zwischen den vielen weiß-blauen Plastikbeuteln hin und her. Wo war bloß der mit der schwarzen 59 drauf, meiner Startnummer? Erst nach quälend langen Minuten entdeckte ich ihn in einer völlig fremden Zahlenumgebung. Wie kam er dorthin? War ich selbst schuld? Hatte jemand ihn umgehängt? Ein Rätsel, das ich ganz schnell vergessen musste, obwohl ich jetzt am liebsten den nächsten Kampfrichter gebeten hätte, das Rennen von vorne starten zu lassen. Diesmal sollte doch alles klappen!

Da ich mit meinem Einspruch aber keine Aussicht auf Erfolg

gehabt hätte, sputete ich mich, um endlich in meine wiedergefundenen Radschuhe zu schlüpfen, Helm und Brille aufzusetzen, mir mein Tria-Bike zu schnappen und weiterzumachen. Immerhin hatte ich diesmal eine Jacke eingesteckt, obwohl es bei dem schönen Wetter schwierig sein dürfte, zu frieren. Die verlorene Zeit einzuholen, würde so oder so schwer werden.

Beim Marathon schwante mir, dass ich einen Zahn zulegen musste, um mein Ziel von unter 11 Stunden zu erreichen. Tapfer verließ ich meine Wohlfühlzone, um keuchend, stöhnend und schnaufend Gas zu geben, getragen von dem Gedanken, mich auf den letzten Metern von den Menschen auf den beidseitig aufgebauten Tribünen feiern zu lassen, und meinen geschundenen Körper dann endlich ins Massagezelt zu bringen.

Aus dem letzten Loch pfeifend erreichte ich den roten Teppich, der zum Ziel führte. Es hat sich gelohnt, dachte ich, als ich auf meine Uhr blickte: 10 Stunden 56. Ich war überglücklich. Auf den letzten Metern vorm Ziel warf ich einen Blick auf die Zahlen unterm Zielbogen. Das konnte nicht sein! Da stand eindeutig eine 11. Entsetzt und ungläubig starrte ich auf die Ziffern. Wie war das möglich? Ich konnte mir diese „falsche" Zahl nicht erklären. So weit heruntergezogene Mundwinkel hatte sicher noch kein Ironman auf seinem Zielfoto. Mir fehlten gut fünf Minuten auf der Uhr und ich hatte meine Zielzeit um gut eineinhalb Minuten verpasst. Ich musste mich irgendwie bei meiner Sportuhr verdrückt haben. Die ganze Triathlon-Welt hatte sich gegen mich verschworen, so viel stand fest. Ich trainierte doch nicht neun Monate, um wegen eines falsch hängenden Beutels mein Ziel zu verfehlen.

Sie ahnen es: So durfte meine Karriere als Ironman nicht zu Ende gehen. Neues Jahr, neues Glück. Also fragte ich Wiebke, ob ein weiteres Langdistanz-Jahr in Ordnung wäre. War es, wieder ganz ohne Überredungskünste. Außerdem meldete ich mich bei meinem Klavierlehrer, um mein musikalisches Comeback auf den Herbst 2014 zu verschieben.

Es war fast wie das jährlich grüßende Murmeltier, nur versuchte ich es diesmal mit einem anderen Trainer. Nils Goerke würde von nun an meine Trainingspläne schreiben. Der Triathlet, der meine Mitstreiter Tina und Jan im Camp auf Fuerteventura in solche Begeisterungsstürme versetzt hatte. Wir hatten uns über unseren gemeinsamen Radhändler kennengelernt und aus irgendeinem Grund hatte er Potenzial in mir entdeckt: „Da sind noch viel bessere Zeiten drin, vor allem beim Marathon. Mit deiner Körperstatur bist du prädestiniert fürs Langstreckenlaufen, du bist recht feingliedrig, und deine Muskeln sind sehr schlank." Ich? Prädestiniert? Bislang fühlte sich mein Laufen eher nach harter Arbeit an. Aber immerhin machte es mir nun viel mehr Spaß als zu Schulzeiten. Neue Impulse durch einen neuen Trainer waren sicher nicht schlecht, und es kam mir gelegen, dass Nils ambitioniert zu sein schien. Vielleicht könnte er mich nach Hawaii bringen? Wenn er mich beim Marathon schneller machte, dann vielleicht auch auf dem Rad und im Wasser.

Wir trafen uns im Herbst 2013, um die kommenden Monate durchzusprechen. Nils wollte meinen Motor groß machen, so nannte er es. Ich sollte erst auf kürzeren Strecken schneller werden, und diese neue Kraft dann auf längere übertragen.

Ich war gespannt, was für eine Zielzeit drin sein könnte. Für die Hawaii-Quali müsste ich wohl etwa 9 Stunden 50 schaffen. Mehr als eine Stunde schneller – das war ein allzu tollkühner Gedanke. Kein Katzensprung, eher ein Quantensprung. So dachte auch Nils, der jeden Gedanken an Hawaii für verfrüht hielt. Ich hätte noch zu wenig Ironman-Trainingsjahre, meinte er. Aber vielleicht konnte ich ihn ja überraschen. Träumen wird man ja wohl noch dürfen.

Allerdings machte das „echte Leben" diese Überraschung immer unwahrscheinlicher. Wiebke und ich entschieden uns im Februar, umzuziehen. Weg aus dem Univiertel, weiter raus an den Stadtrand nach Fuhlsbüttel. Kein Unterfangen, das man nebenbei erledigt, mit all dem dazugehörigen Orga-Kram. Ich fuhr das Training herunter, aber auch der verbleibende Rest nervte mich. Ich fühlte mich überfordert und gestresst. Der Spaß blieb mehr und mehr auf der Strecke, weil mir Arbeit, Umzug und Sport zu viel wurden. Ich war mitten im Training für meine Langdistanz Nummer drei, als mir schon fünf Monate vor dem Rennen in Frankfurt klar wurde: Dieses Rennen würde das vorerst letzte sein. In der folgenden Saison würde ich die Beine hochlegen. Ich hatte genug Stress, auch ohne Langdistanz. Bis dahin versuchte ich aber, mein Pensum zu schaffen – allerdings unter stetigem Murren und Meckern. Zumal ich von unserem neuen, schönen Garten in Fuhlsbüttel rein gar nichts hatte. Statt auf grünem Rasen unter Apfelbäumen zu sitzen und einen Kaffee zu trinken, musste ich trainieren. Als ich merkte, wie gut dieses Training anschlug, wurde der Frust wenigstens etwas kleiner.

Als der Umzug erledigt war und nur noch ein paar wenige Lampen angebracht und zwei, drei Kartons ausgepackt werden mussten, flog ich erleichtert zu einem Mitteldistanzwettkampf nach Mallorca. Nach 4 Stunden und 57 Minuten lief ich ins Ziel. Das war gut genug, um mit dem Rechnen anzufangen: Die Langdistanz war die doppelte Strecke, also musste ich die Zeit mit zwei multiplizieren. Nur nicht die Wechselzeiten. Auch auf der Langdistanz gibt es natürlich insgesamt nur zwei Übergänge von einer Sportart zur anderen. Außerdem hatte ich auf Mallorca in den Bergen radeln müssen, da waren die Bedingungen in Frankfurt viel einfacher. Also wieder ein bisschen was abziehen. Ich kam zu dem Ergebnis, dass 9 Stunden 45 in Frankfurt durchaus drin waren. Logisch, oder? Eine Zeit, mit der sich schon so mancher für Hawaii qualifiziert hatte. Ich wurde euphorisch, ballte die Becker-Faust, schrie „Yes!“ und wollte schon Chefsprecher Jan Hofer anrufen, um mir im Oktober drei Wochen Urlaub für Hawaii zu nehmen.

Das tat ich zum Glück nicht. Denn natürlich war das Ganze eine Milchmädchenrechnung. Sollte ich in Frankfurt ein Lauftempo wie auf Malle anschlagen, würde ich garantiert weit vorm Ziel zusammenklappen. Das galt genauso für mein Radtempo. Hawaii blieb wohl nicht nur geografisch in weiter Ferne. Noch. Dabei hätte ich es mir auch ganz einfach machen können, mit meinem Hawaii-Traum. Einer der Ironman-Verantwortlichen hatte mir in einer Mail angeboten, mit einer Wildcard in Hawaii an den Start zu gehen, quasi als Promi-Bonus. Es war ihm nicht verborgen geblieben, dass ein Fernsehgesicht an Ironman-Rennen teilnahm. Ich freute mich, lehnte aber selbstverständlich dankend ab. Für mich war klar: Entweder fliege ich nach Hawaii, weil ich mich sportlich qualifiziert habe, oder gar nicht.

Bevor ich mich im Juli 2014 zum dritten Mal auf den Weg nach Frankfurt machte, hatte ich einen bösen Traum: Ich stieg beim Ironman direkt nach dem Schwimmen in meine Laufschuhe und rannte los. Erst nach einer geschlagenen Viertelstunde merkte ich, dass irgendetwas nicht stimmte. Verdammt, ich hatte das Radfahren vergessen. Das war richtig dumm gelaufen.

Als Hobby-Freud analysierte ich messerscharf, dass ich mich nach den Fauxpas in den ersten beiden Rennen sorgte, dass mein Rennplan wieder nicht aufging. Sollte dieser Traum schreckliche Realität werden, würde ich sofort mit dem Triathlon aufhören und wieder mit Big Jim spielen, schwor ich mir. Trotzdem reiste ich mit einer gewissen Zuversicht, dass es kein „traumhaftes" Rennen werden würde, nach Frankfurt. Ich fühlte mich gut vorbereitet.

Und es schien zunächst auch gut zu laufen: In der Nacht vor dem Rennen schlief ich schon gegen 21 Uhr problemlos ein. Nur leider wachte ich gut eine Stunde später hellwach wieder auf. Im Dunkel des Zimmers sah ich die roten Ziffern der Digitaluhr, die so gar nicht anzeigten, was ich erwartet hatte. Statt 3 Uhr 45 stand dort 22 Uhr 10. Kurz überlegte ich, was ich tun könnte. Wenn ich jetzt aufstehen und an den Waldsee fahren würde, müsste ich wenigstens nicht mit all den anderen nervösen Blasen in der langen Schlange vor dem Dixi-Klo warten und stünde entspannt am Schwimmstart.

Wieder einschlafen schien mir aber doch die bessere Lösung. Nur klappte das ganz und gar nicht. Ich wälzte mich eine gefühlte Ewigkeit hin und her, dann wagte ich einen erneuten Blick auf den Wecker. 23:15. Ich verdrehte die Augen und schloss sie gleich wieder. Noch waren die roten Ziffern im grünen Bereich, noch hätte ich relativ satte viereinhalb Stunden Schlaf vor mir. Damit gilt man bei einer Langdistanz als hemmungsloser Langschläfer.

00:18. Ich versuchte es mit Schäfchen zählen, das klappte immer.

01:02. Nicht immer. Eine vierstellige Zahl an Schafen war bereits über den Zaun auf der sattgrünen Weide gesprungen, aber ich wurde nicht müde, sondern nervös. Neben mir atmete Wiebke ganz ruhig und regelmäßig vor sich hin und träumte sicher auch noch etwas Schönes. Die Welt konnte so ungerecht sein.

02:24. Wenn ich nachher nicht völlig fertig sein wollte, musste ich jetzt endlich einschlafen. Ich versuchte es mit Gedanken an schneeweiße Wolken, die gemächlich am blauen Himmel vor sich hin schwebten.

03:13. Ich lag immer noch wach in meinem Bett. Was für eine grauenvolle Nacht. Es heißt zwar unter Triathleten, die Nacht unmittelbar vor dem Rennen sei piepegal, entscheidend sei die vorletzte Nacht. Ich konnte mir aber nicht vorstellen, dass das auch galt, wenn man tatsächlich nur eine Stunde geschlafen hatte so wie ich. Super!

03:45. Der Wecker brauchte nicht zu klingeln, ich war immer noch wach. Licht an, aufstehen. Wiebke nahm selbst im Halbschlaf wahr, dass mit mir gerade schlecht Kirschen essen war und Frühstück auch. Sie tat das einzig Richtige: Sie suchte das Weite.

„Wir sehen uns beim Start!", sagte sie, drückte mir einen Kuss auf die Wange und ließ mich allein mit meiner schlechten Laune. Sie kannte mich lange genug, um zu wissen: In einer solchen Stimmung lässt man den Kerl besser in Ruhe vor sich hin schmollen und fluchen. Ich warf ihr noch hinterher, dass ich noch gar nicht wisse, ob ich überhaupt starte, aber auch das wusste sie einzuschätzen und sagte: „Das werde ich dann ja sehen. Bis später."

Mit einem Gesicht wie tausend Tage Regenwetter mit Hagelschauern und Orkanböen frühstückte ich meine üblichen sieben Brötchen mit Marmelade, packte meine Sachen und bestieg den Bus, der uns Athleten zum Schwimmstart an den Langener Waldsee brachte. Zum Stehen war ich zu müde, deshalb kauerte ich mich halb liegend, halb sitzend auf den Boden zwischen kräftige Triathletenbeine und stellte mir die Gretchenfrage: Starten, ja oder nein? Eigentlich wollte ich jetzt nur das eine: schlafen. Das würde nun ganz sicher auch ohne Schäfchen oder Wolken funktionieren. Als wären die 226 Kilometer nicht schon an sich schwierig, nach dieser Nacht erschienen sie mir fast unmöglich.

Am Waldsee angekommen war ich richtig geladen, bereitete mich aber dennoch auf das Rennen vor: Reifen aufpumpen, Trinkwasserflaschen anbringen, Neo anziehen, aufs Klo gehen. Nun war ich schon so weit gekommen, jetzt konnte ich es auch versuchen. Dann musste ich mir hinterher wenigstens keine Vorwürfe machen. Vielleicht konnte ich nach dem Radfahren am sonnigen Mainufer ein Mittagsschläfchen machen. Eine gute Zeit würde ich eh nicht erreichen.

Doch ich hatte meine Rechnung ohne das Adrenalin gemacht. Dieses dubiose und unberechenbare Hormon sorgte dafür, dass ich plötzlich putzmunter inmitten all der anderen in den Langener Waldsee rannte, in derselben Verfassung wieder herauskam und mich voller Elan auf mein Rad schwang. Meine Schwimmzeit lag wie bei meiner Premiere zwei Jahre zuvor bei 1:08. Da gab es nichts zu meckern.

Weil ich mich völlig überraschend gut fühlte, begann ich, ganz groß zu denken: an Hawaii. Wenn ich jetzt eine halbe Stunde auf dem Rad gutmachte und dann ebenso viel beim Marathon, wäre ich in der Nähe bisheriger Quali-Zeiten.

Auf den ersten Radkilometern fühlte ich mich, als könnte ich Bäume ausreißen. Ständig blickte ich auf meinen Fahrradcomputer und rechnete meine mögliche Radzeit hoch. Doch nach spätestens 60 Kilometern konnte ich den Kopfrechner ausschalten. Wie immer ich auch kalkulierte, ich war zu langsam, um an die benötigte Zeit von etwa fünf Stunden auf dem Rad heranzukommen. Am Ende wurden es 5:24. Das konnte ich mit meiner Laufperformance unmöglich einholen, und war sie auch noch so gut. Zumal die Temperaturen mittlerweile mörderisch waren. Um ein bisschen abzukühlen, schüttete ich mir bei jeder Gelegenheit kaltes Wasser über meinen ultrahocherhitzten Kopf.

Ich konzentrierte mich auf das realistische Ziel, nach ungefähr 10 Stunden 30 einzulaufen. Einzu*laufen* – nicht einzu*gehen*! Und tatsächlich schaffte ich das: Nach 10 Stunden, 27 Minuten und 46 Sekunden blieben die mir mittlerweile wohlbekannten roten Digitalziffern unterm Zielbogen am Römer neben meinem Namen stehen. Platz 89 in meiner Altersklasse. Knapp vorbei an Hawaii war etwas anderes. Trotzdem: Damit hatte ich nach dieser Nacht des Schreckens nicht gerechnet. Der menschliche Körper ist ein Phänomen!

Und obwohl wieder etwas schiefgegangen war, blieb ich diesmal dabei: Ich verabschiedete mich – vorerst? – von der Langdistanz. Trainieren wollte ich in der nächsten Saison aber weiterhin: für Mitteldistanzen und natürlich mein kürzeres Hamburger Traditionsrennen – alles in einem kleineren Rahmen, damit der große Spaß zurückkommen konnte. Denn etwas spukte mir im Kopf herum: Vielleicht würde ich, wenn ich wieder etwas Luft geholt hatte, stärker denn je auf die Langstrecke zurückkehren – mit besseren Chancen auf Hawaii. Kaum war ich wieder in Hamburg, betrug meine Trainingsplanerfüllung aber noch genau nullkommanull Prozent. Nils hatte mir zwar kurze, lockere Läufe und Schwimmbadbesuche auferlegt, um nicht einzurosten. Ich jedoch mutierte in kürzester Zeit vom Ironman zum Couchpotato.

Mein Feuer war komplett erloschen. Geschlagene zwei Monate waren mir Sport und Training vollkommen egal, und ich futterte mir ratzfatz vier Kilogramm an. Erst im November setzte ich der vermehrten Kalorienaufnahme wieder eine vermehrte Kalorienverbrennung entgegen, begann mit dem Training – und war sofort wieder angefixt. Auch wenn sie für meinen Körper nicht so gut war: Meine ausgiebige Pause zur Off-Season hatte weder den Spaß, noch den Erfolg meines Trainings geschmälert – die Form war noch da. Zum Ende der Saison 2014/2015 startete ich bei den Mitteldistanzen auf Mallorca und auf Rügen und kam mit soliden Zeiten ins Ziel. Eine erfolgreiche Saison war abgeschlossen, ohne Stress, dafür wieder mit viel Freude. Ich war zurück in der Spur! Und erlaubte mir von nun an jedes Jahr, nach den letzten großen Rennen im Sommer die Füße hochzulegen.

DER PLAN

Im Herbst 2015 hatte ich genug von der Langdistanzpause. Ich traf mich mit Nils auf einen Kaffee zur Lagebesprechung: Rückblick und Ausblick. Mit einem gespannten Kribbeln ging ich ins Café, denn nachdem ich zwei weitere Trainingsjahre hinter mich gebracht hatte, hielt Nils ein neues Ziel für realistisch: Hawaii!

Jetzt wollten wir es ernsthaft angehen. Bisher hatten meine Ironman-Zeiten mit einer Hawaii-Quali zwar eher so viel zu tun, wie mein FC St. Pauli mit der Fußball-Champions-League, aber daran konnte ich ja arbeiten.

Mir blieben zwei Möglichkeiten: Ich könnte versuchen, 17 Jahre lang meine Form zu halten und im Jahr 2032 in der Altersklasse ab 65 zu starten. Dort hätte ich mit meinen 10:28 bestimmt sehr gute Chancen auf das WM-Ticket. Und vielleicht hätte es auch mein Leib- und Magenverein bis dahin in die Champions-League geschafft. Aber Geduld war noch nie meine Stärke, jedenfalls nicht, wenn es um mich selbst ging.

Deshalb sollte es Plan A werden: Ich wollte ranklotzen. Und zwar richtig. 2017, in zwei Jahren, wollte ich mich für die Champions-League der Triathleten qualifizieren – und St. Pauli würde ich gleich mitnehmen in die Königsklasse. Denn dass ich als Mitglied der Triathlonabteilung des Clubs im Vereinseinteiler starten würde, war Ehrensache.

Nils war als Amateur und als Profi schon mehrfach beim Hawaii-Rennen dabei gewesen und wusste vielleicht, wie auch ich dorthin kommen könnte.

Er nahm einen Schluck von seinem Kaffee und analysierte die Lage. „Im vorigen Jahr gingen die letzten Hawaii-Tickets in deiner Altersklasse an Zeiten um die 10 Stunden", sagte er. Anders als bei der Leichtathletik gibt es beim Triathlon keine festgelegte Zeit, mit der man sich für die WM auf Hawaii qualifiziert. Auch wie viele Quali-Plätze vergeben werden, ist nicht festgeschrieben, sondern hängt von der Zahl der Teilnehmer in der jeweiligen Altersklasse ab und von dem Anteil, den diese Gruppe im Gesamtfeld ausmacht. Je mehr Athleten sich darin tummeln – Eingeweihte sprechen übrigens kurz und knackig von der „AK" –, desto mehr Hawaii-Plätze werden an sie vergeben. Doch sogar am Renntag kann sich die Zahl der Slots, wie die Quali-Plätze genannt werden, noch ändern. Je nachdem, ob alle angemeldeten Athleten auch an den Start gegangen sind. Wäre Ironman ein Kumpel von mir, ich wäre an ihm verzweifelt, denn er hätte immer nur gesagt: „Mal sehen, vielleicht."

„Bisher wurden in Frankfurt in deiner AK um die acht Slots vergeben", fuhr Nils fort. „Wenn das so bleibt, müsstest du also mindestens Achter werden, um einen Platz abzubekommen. Oder darauf hoffen, dass qualifizierte Teilnehmer auf Hawaii verzichten." Er grinste. „Das gibt es wirklich!", ergänzte er, als er meinen ungläubigen Gesichtsausdruck sah.

Ich überlegte kurz. „Mit 9:55 müsste ich es schaffen können, oder?"

Er nickte. „Das ist realistisch. Gut eine halbe Stunde schneller als 2014." Das war tough: Auch wenn das nach wenig klang, wenn man etwa an Bahnverspätungen dachte – auf der Langdistanz waren das Welten. Ich würde einen ganz schönen Leistungssprung machen müssen.

„Das kannst du schaffen", sprach Nils mir Mut zu.

„Wenn mich beim entscheidenden Rennen nicht das Wetter überrascht, die Wechselbeutel richtig hängen, ich keine Panikattacke im Wasser bekomme, ich keine Ernährungsfehler mache, ich das Training weitgehend verletzungs- und krankheitsfrei überstehe und im Rennen die perfekten 226 Kilometer hinlege", witzelte ich. „Ganz schön viele ‚Wenns'!"

Ein Ass hatte ich aber im Ärmel: meinen 50. Geburtstag. Eigentlich hätte ich wie schon beim 30. oder 40. rumgejammert, was für ein alter Knacker ich nun sei, quasi scheintot. Dank des Triathlons aber konnte ich es kaum erwarten, endlich alt genug zu werden, um in eine neue Altersklasse zu rutschen. Zwar wäre das Quali-Rennen im Juli 2017 ein halbes Jahr vor meinem runden Geburtstag, für die Einteilung in die Altersklassen zählte aber allein das Geburtsjahr. Ich würde also mit meinen 49,5 Jahren als das Küken in der AK 50–54 starten.

Das war ein Vorteil, würde aber allein sicher nicht reichen. Da ich gegen den Trend mit höherem Alter schneller werden wollte, musste ich beim Training reinhauen. Aber ich malte mir gute Chancen aus. Je oller, je doller, dachte ich und verspürte Vorfreude auf die große Aufgabe.

Auch Nils Augen glänzten. „Die Atmosphäre in Hawaii ist der Wahnsinn: Geballte Energie!", schwärmte er. „Schon in den Tagen vor dem Start. Die besten Triathleten der Welt absolvieren ihre letzten Trainingseinheiten. Der Zusammenhalt ist einmalig. Man hilft sich gegenseitig, gibt Tipps, tauscht Quali-Geschichten aus und fiebert gemeinsam dem großen Tag entgegen." Ich wünschte mir, ihm bald erzählen zu können, was *ich* dort erlebt hatte.

Hawaii ist ein Mythos. Der Ironman wurde dort 1978 nach einer Debatte unter Athleten geboren, die sich nicht einig waren, welche Sportler die fittesten seien: Schwimmer, Radfahrer oder Läufer. Die Premiere hatte 15 Teilnehmer. Ziemlich schnell wurde aus dem Häufchen Verrückter ein Haufen Verrückter, für die es nichts Erstrebenswerteres zu geben schien, als sich in brütender Hitze durch die Lavawüste zu quälen – gegen Wind, der sich anfühlt als käme er aus einem Haarfön, und auf Asphalt, der so heiß ist, dass es schon eine Überraschung ist, wenn am Ende der Radstrecke die Reifen noch ihre runde Form haben. Das Besondere an der Ironman-Weltmeisterschaft war bisher, dass sie nicht rotierte wie beispielsweise im

Fußball. Sie fand immer auf Hawaii statt. Zahlreiche Geschichten ranken sich um dieses Rennen, Legenden wurden begründet und Dramen durchlitten. Und nicht zuletzt: Es sind Weltmeisterschaften. Hier treffen sich die Besten der jeweiligen Altersklasse. Allein einen der Startplätze zu bekommen, ist eine Auszeichnung.

Auch das machte Hawaii für mich attraktiv: Ich würde wieder einem ambitionierten sportlichen Traum nachjagen dürfen, nachdem ich den vom Fußballprofi vor gut 30 Jahren hatte aufgeben müssen. Es gab allerdings einen großen Unterschied: Beim Fußball hatte ich ein gewisses Talent, bei meiner neuen Lieblingssportart leider nicht, sie machte mir einfach nur Spaß. Aber wer kein Talent hat, der muss halt umso mehr trainieren. Dazu war ich nun bereit, oder besser: wild entschlossen. Denn dies war die Chance, im Rahmen meiner Möglichkeiten bei den Großen mitzuspielen und mich ein bisschen wie ein Leistungssportler zu fühlen. Und das an einem durchaus attraktiven Ort. Nach einem anstrengenden WM-Rennen die Seele und die Beine baumeln zu lassen, ging nirgends besser als an den Traumstränden der Insel. Dann würde sogar ich es genießen können, einfach mal nur im Sand zu liegen und nichts zu tun.

Nils holte mich zurück in die Realität. „Du musst aber dringend schneller laufen können", sagte er. „Daran drehen wir im ersten der beiden Jahre. 3:30 müsstest du in Frankfurt beim Ironman schaffen. Beim einfachen Marathon solltest du deshalb näher an die drei Stunden herankommen. Du müsstest dich also im Vergleich zu deinem Berliner Marathon um 15 bis 20 Minuten verbessern. Jetzt im ersten Jahr also volle Konzentration aufs Laufen, keine Langdistanz, du machst nur kurze Triathlons". Er schaute auf seine Notizen. „Im zweiten Jahr drehen wir an den übrigen Stellschrauben, vor allem am Radfahren. Fünf Stunden sind hier das Ziel", fuhr er fort und ergänzte beschwichtigend: „Aber eins nach dem anderen! Legen wir erst mal los und gucken, wie sich die Sache entwickelt und was wir aus dir herausholen können."

„Okay", antwortete ich, „starten wir das Projekt Kona."

ES GEHT **LOS**

In Nils neuen Plänen kamen Schwimmen und Radfahren zwar noch vor, aber mehr als Randsportarten. Sehr viel häufiger als bisher sollte ich meine Laufschuhe anziehen. Ich musste mich ranhalten, denn schon im April wollte ich beim Hamburg-Marathon versuchen, so nah wie möglich an die 3 Stunden heranzukommen. Es sollte der große Test werden, wie gut das spezielle Lauftraining anschlug.

Bis dahin hatte ich nur noch gut viereinhalb Monate Zeit. Im Dezember lief ich bis zu viermal die Woche. Ich musste schneller werden. Nils hatte zu diesem Zweck Intervallläufe in meinen Trainingsplan integriert. Und die brachten mich manches Mal an den Rand meiner Möglichkeiten. Neue Reize eben. In einen lockeren 70-minütigen Lauf sollte ich beispielsweise 14 Intervalle à 40 Sekunden einbauen, während derer ich mit einer Geschwindigkeit von 3 Minuten 40 pro Kilometer lief, was etwa 16 km/h entspricht. Das bedeutete für mich immer noch Sprinttempo und war einfach zu viel verlangt. Nur zwei Mal schaffte ich die Vorgabe, dann war der Turbo hinüber. Da musste ich nun durch, das Training wurde immer intensiver.

Weder an Weihnachten noch an meinem 48. Geburtstag machte ich eine Pause, sondern lief meine Runden an der Alster. Geburtstagskuchen und Weihnachtsschmaus hatte ich mir redlich verdient. Erst Silvester hatte ich einen Ruhetag, und an Neujahr schlief ich sogar bis zum Mittag. Allerdings nicht, weil ich hemmungslos gefeiert, sondern weil ich den Jahreswechsel mit einer Nachtschicht im Sender verbracht hatte. Ich fragte mich zwar, wer außer Pförtnern und Krankenschwestern in der Neujahrsnacht Nachrichten guckte und dazu noch nüchtern war, aber unter Trainingsaspekten war der Dienst gar nicht so verkehrt.

In der zweiten Januarwoche knackte ich dann meinen persönlichen Trainingsrekord: 80 Kilometer war ich in sieben Tagen gelaufen, dazu kamen noch Schwimmen und Radfahren.

Im Februar hob Nils mein Training auf eine neue Stufe und schrieb mir erstmals 2 Stunden 15 Minuten in Laufschuhen in den Plan. Als Salz in der Suppe streute er Phasen mit höherem Tempo hinein: für eine halbe Stunde sollte ich eine Pace von 4 Minuten 30 pro Kilometer durchhalten. Das war die Geschwindigkeit, die ich auch beim Marathon laufen sollte, um auf eine Zielzeit von 3 Stunden 10 zu kommen. Klang super und klappte auch. Allerdings konnte ich mir beim besten Willen nicht vorstellen, dass ich schon bald gut 42 Kilometer lang in einem solchen Affenzahn über Hamburgs Straßen flitzen sollte.

Auch mein Training fand momentan noch auf der Straße statt. Seit unserem Umzug nach Fuhlsbüttel kreiselte ich nicht mehr Runde um Runde um die Außenalster, sondern konnte weiter nördlich im Alstertal laufen. Das hieß eigentlich: immer am Flüsschen entlang, durch schöne Landschaft, über Sandwege, gesäumt von Bäumen, oder vorbei an Wiesen. Nur: Bei Schnee war es auf den unebenen und manchmal hügeligen Wegen rutschig, und ich musste aufpassen, wohin ich meine Füße setzte. Es wäre bitter gewesen, wenn mich ein gebrochenes Bein oder ein angeknackster Arm in meinem Drang gestoppt hätten. Deshalb war das Gebiet für mich jetzt im Winter noch tabu, und ich wich aus auf den Fußweg an der Straße. Das war nicht schön, aber sicherer. Das Ziel vor Augen konnte ich es ertragen, dass Autos an mir vorbeirauschten statt Flusswasser.

Im März entkam ich dem Schmuddelwetter ohnehin. Wieder einmal stieg ich in den Flieger, um ins Trainingscamp nach Fuerteventura zu düsen. Die Vorbereitung auf eine Langdistanz –

oder besser gesagt: diesmal die Vorvorbereitung – brachte mich nun schon zum vierten Mal an denselben Ort. Trainieren statt experimentieren war die Devise.

Der Urlaub war ein voller Erfolg: Mütze, Handschuhe, lange Laufhose und zwiebelschalige Oberkörperbekleidung gegen kurze Hose und T-Shirt eintauschen zu können, wirkte extrem motivierend. Ich lief und lief und lief und lief wie früher mal die VW-Käfer. Beinahe schienen meine Beine ganz von alleine zu rotieren. Dazwischen eingestreut lagen ein paar Schwimm- und Radeinheiten – fertig waren erfolgreiche, voranbringende zehn Tage auf Fuerte.

Derart betankt mit Erfolgserlebnissen und Sonnenschein erschienen mir die Läufe, die ich wieder wärmer eingepackt zu Hause absolvieren musste, gar nicht mehr so schlimm. 900 Kilometer hatte ich mir seit November schon erlaufen. So viel wie noch nie. Aber würde das für meine ambitionierte Zielzeit beim Marathon reichen?

Der Tag der großen Zwischenprüfung kam Mitte April. Mit mir am Start: mein Hase. Nein, nicht Wiebke, sondern mein Sportlerfreund Markus, der von Haus aus schneller laufen konnte als ich. Er war mit seiner Frau Andrea extra aus Koblenz angereist. Das Triathleten-Ehepaar hatte ich bei einem der Trainingscamps auf Fuerte kennengelernt, und sie waren zu Freunden geworden. Markus sollte mich beim Marathon nun mitziehen. Wenn ich jemanden vor mir hatte, der etwas schneller lief, versuchte ich dranzubleiben und eine Schippe draufzulegen, so der Plan.

Eine Schippe, von deren Größe Nils und ich etwas andere Vorstellungen hatten. Mein Coach hatte für diesen Tag 3:09:59 in den Plan geschrieben. Dahinter ein Smiley. Der sollte keine Ironie andeuten, sondern eher, wie ich strahlen würde, wenn ich die Zeit schaffte. Ich selbst traute mir nicht ganz so viel zu und rechnete mit 3:15 bis 3:20. Vielleicht, um mir etwas Druck zu nehmen, vielleicht, weil ich Realist bin. Vielleicht war es auch eine Mischung aus beidem.

Der Marathon-Morgen präsentierte sich mit bestem Laufwetter: Es war kühl, aber sonnig. Auf die Bedingungen konnte ich es also nicht schieben, wenn ich jetzt nicht all das auf die Straße brachte, was ich mir antrainiert hatte. Doch ebenso perfekt wie das Wetter war meine Zusammenarbeit mit Markus. Fast so präzise wie ein Uhrwerk lief ich mein Tempo, konstante 4 Minuten 35 pro Kilometer, immer hinter meinem Hasen her. Erst ab Kilometer 37, rund sieben nach dem Punkt, an dem bei vielen Marathonis der Mann mit dem Hammer lauert, fing ich an zu leiden. Mein Körper und meine Beine sagten mir: Es reicht! Mein Kopf und Markus waren anderer Meinung. Es war ja auch gar nicht mehr weit im Vergleich zu dem, was ich schon geschafft hatte. Also biss ich die Zähne zusammen und kämpfte auf den längsten fünf Kilometern meines bisherigen Läuferlebens tapfer mit den Schmerzen, um das Tempo zu halten und Markus an den Fersen zu bleiben.

Ich stöhnte laut und vernehmlich bei jedem Schritt wie ein Tennisspieler auf dem Court, und frage mich bis heute, wie Markus dieses „Konzert" hinter sich so stoisch ertragen konnte. Er erledigte seinen Job, und ich auch. Belohnt wurde ich mit einem Ergebnis von 3 Stunden, 13 Minuten und 39 Sekunden. Ich hatte den Kilometerschnitt von 4:35 exakt eingehalten und war dadurch eine Viertelstunde schneller als 2012 in Berlin. Super! Das war zwar nur Platz 186 in meiner Altersklasse, aber das war egal. Ich hatte mir offenbar eine Laufgrundlage erarbeitet, mit der ich beim Langdistanz-Marathon wirklich auf 3:30 bis 3:35 kommen könnte. Sollte das gelingen und ich auch bei den vorangehenden Disziplinen keinen großen Mist bauen, würde es in Frankfurt sicher für mehr reichen als für die Top 200.

Wie viel Mist ich mir wo erlauben konnte und wie ich was ausgleichen müsste, errechnete ich gern und oft mit meiner neuen Lieblings-App. Darin konnte man eintragen, wie schnell man bei den einzelnen Disziplinen vermutlich unterwegs sein würde, und die

App spuckte die Gesamtzeit aus. Nach dem Hamburg-Marathon sah meine sehr theoretische Ironman-Rechnung so aus: Schwimmen 1:10, Wechseln acht Minuten, Radeln 5:10, Wechseln zwei Minuten, Marathon 3:35. Machte zusammen: 10 Stunden 05.

Damit hatten es Sportler aus meiner künftigen Altersklasse schon nach Hawaii geschafft. Vielleicht würde meine Schwimmzeit ja sogar besser als 1:10. Sagen wir 1:05. Das wären dann glatte 10 Stunden. Beim Radfahren war wohl nicht mehr drin, da sollte ich realistisch bleiben. Einen 36er-Schnitt auf 180 Kilometern zu fahren war utopisch, deshalb rechnete ich erst gar nicht mit den glatten fünf Stunden. Trotzdem schien der große Traum möglich. Sollte es wirklich klappen? Das wäre schier unfassbar.

Auch Nils war mit meinem Marathon zufrieden, obwohl ich seine Vorgabe verfehlt hatte. Er meinte, dass noch ein Tick mehr möglich gewesen wäre. Das mochte sein. Vielleicht hatte ich trotz Schmerzgestöhnes wieder nicht das Allerletzte aus mir herausgeholt. Es war ein altes Problem von mir: Aus Angst, im Wettkampf frühzeitig meine Reserven zu verbrauchen und im schlimmsten Fall aufgeben zu müssen, ging ich nie komplett an die Grenze. Sich so zu quälen, dass man sich (bestenfalls erst nach dem Rennen) übergeben musste und mit dem letzten Tröpfchen Sprit im Tank ins Ziel taumelte, um dort zu kollabieren, war etwas, von dem ich zwar gehört hatte, nie jedoch auch nur in die Nähe gekommen war. Wollte ich das überhaupt? Klares Nein! Ich entschied, alles dafür zu tun, dass ich mein Ziel erreichte, ohne mein Innerstes nach außen zu stülpen. Und damit meinte ich nicht den Freudenjubel.

Für den Rest der Saison verschob Nils den Fokus vom Laufen nun wieder zum allgemeinen Triathlontraining. Trotzdem wurde es die Zeit der neuen Laufrekorde. Im fortgeschrittenen Sportleralter von 48 Jahren war ich so schnell wie nie zuvor, auch beim Halbmarathon, den ich Ende Juni in Hamburg lief. Den ganzen Wettkampf hindurch rannte ich dem Mann mit dem großen gelben, hoch in die Luft ragenden Luftballon hinterher, auf dem eine schwarze 1:30 prangte. Wer mit diesem offiziellen Tempoläufer mithielt, schaffte die Strecke in der Zeit, die auf dem Ballon stand. Bis zwei Kilometer vor dem Ziel klappte das bestens. Kurz vor dem Ziel schrumpfte der Ballon, der mir gerade noch wasserballgroß vor den Augen herumgetanzt war, auf Stecknadelkopfgröße zusammen. Aber nicht, weil ihm die Luft ausgegangen war. Nein, mir ging die Luft aus. Ich konnte nicht mehr mithalten, und der Ballon verschwand in der Ferne. Ich schien kurzzeitig an den Asphalt getackert zu sein.

Zum Glück fand ich doch noch ein bisschen Kraft in den Beinen, die ich für einen Schlusssprint herausquetschen konnte. Ich kämpfte mich über die letzten 2000 Meter und brachte die Uhr rechtzeitig zum Stehen: 1:29:09. Nils' Wunsch war mir Befehl, der gelautet hatte: Sub 1:30. Erledigt! Neuer Rekord für mich, so konnte es weitergehen!

Drei Wochen später, beim Hamburger Triathlon über die olympische Distanz, flitzte ich über die 10 Kilometer so nah wie noch nie an die 40-Minuten-Marke heran: 41 Minuten und 15 Sekunden. Laufen lief bei mir! Das Fundament war gelegt und schien solide zu sein. Jetzt war es Zeit, darauf aufzubauen. Alles schien möglich. Das letzte Trainingsjahr vor dem großen Rennen konnte beginnen.

ALLES AUF HAWAII

Atemlos rief Nils bei mir an und japste ins Telefon: „Hast du die Zeiten gesehen?“ Am Tag zuvor hatte der Ironman in Frankfurt stattgefunden, bei dem ich in diesem Jahr natürlich nicht angetreten war, um meine Kräfte für das Quali-Rennen 2017 zu schonen. „Totaler Wahnsinn!“

Ich klickte mich sofort auf die Ergebniswebseite der Veranstaltung. Was ich sah, versetzte mir einen Schlag in die Magengrube. Die Quali-Zeiten waren sehr viel schneller als sonst. Die Konkurrenz schien raketenmäßig unterwegs gewesen zu sein. In meiner künftigen Altersklasse ging der letzte Slot an unfassbare 9:49. Was war da los? Hatte im Waldsee eine günstige Strömung geherrscht und auf der Radstrecke permanenter Rückenwind? War die Laufstrecke am Main plötzlich leicht abschüssig? Trotz Rundkurses? Diese Zeiten waren jenseits dessen, was ich mir zutraute. Da freute ich mich auf meine Alte-Leute-AK, und dann legten die Ü50-Sportler plötzlich Zeiten hin wie junge Götter. Wie konnten sie mir das antun? Damit hätten sie wirklich noch zwei Jahre warten können.

Nils hatte Mühe, mich aufzurichten, tat aber sein Bestes: „Im nächsten Jahr können die Zeiten schon wieder vollkommen anders sein“, relativierte er die Ergebnisliste des Grauens. „Vielleicht waren die Bedingungen diesmal besonders gut, vielleicht haben sich zufällig besonders viele Schnelle für das Rennen in Frankfurt entschieden", spekulierte er.

Nette Worte, aber ich sah meine Felle davonschwimmen und – was viel schlimmer war – auch meine Konkurrenten. Ich fragte mich ernsthaft, ob ich die ganze Sache besser abblasen sollte. In Frankfurt starteten die absoluten Hochkaräter: der Kienle, der Frodeno, die Besten der Besten. Schließlich war das Rennen die Europameisterschaft im Langdistanztriathlon. Klar, mit ihnen musste ich mich nicht messen, aber vielleicht lockten große Namen besonders viele besonders starke Jedermänner an, auch, weil dort so viele Startplätze für Hawaii vergeben wurden wie sonst nirgends.

Doch wenn Aufgeben schon im Wettkampf keine Option war, dann erst recht nicht vor dem Startschuss. Da waren Nils und ich uns einig. Wir überlegten, ob meine Chancen in einer anderen Stadt besser wären.

Vieles aber sprach für Frankfurt. Ich kannte mich dort nach drei Langdistanzen sehr gut aus, mir gefiel die Strecke, und, ach ja, ich hatte mich schon angemeldet. Man muss bei einem Ironman schnell sein, das gilt sogar für die Registrierung, denn Frankfurt ist immer ruckzuck ausverkauft. Natürlich war ich nicht verpflichtet, zu starten, aber dann wäre die hohe Teilnahmegebühr futsch gewesen, die locker reichte, um mich für die nächsten zehn Jahre mit Kohlenhydratgels zu versorgen.

„Was ist mit einem Back-up?", fragte Nils.

Darüber hatte ich auch schon nachgedacht, zumal gemunkelt wurde, dass 2017 auch in Hamburg erstmals eine Langdistanz ausgerichtet werden sollte. Endlich ein Ironman in meiner Stadt! Ohnehin undenkbar, dass die Premiere ohne mich stattfand. Und sie sollte im August sein, also nach Frankfurt. So könnte Hamburg für mich eine schöne Ehrenrunde sein, ein kleiner Test meiner Form nach Frankfurt und vor Hawaii. Oder aber das wichtigste Rennen meines bisherigen Sportlerlebens: Sollte ich die Qualifikation in Frankfurt verpassen, hätte ich dort die Gelegenheit, doch noch das Ticket zu lösen.

Nils hatte Einwände: „Was, wenn sich in Hamburg ganz viele Cracks melden, gerade weil es eine neue Strecke ist?"

Meine Heimatstadt hatte sich unter Triathleten einen erstklassigen Ruf erarbeitet. Der Hamburger Triathlon war schließlich der größte Triathlon der Welt, mit sensationeller Stimmung.

„Jeder Langdistanzler will doch hier an den Start gehen und sich am besten auch noch qualifizieren", meinte Nils.

„Dann wäre es vielleicht besser, die letzte Hoffnung auf ein anderes Rennen zu setzen?", überlegte ich. „Eines, von dem gesagt wird, da seien die Chancen besser. Fällt dir was ein?", fragte ich. Eine solche Ausweichmethode hatte sich für mich schon einmal bewährt. Ich war als Schüler von Schleswig-Holstein nach Hamburg gewechselt, um einen besseren Abi-Schnitt zu schaffen. Was dort geklappt hatte, würde sicher auch bei der Quali aufgehen – und schon spielten wir Ironman-Bingo.

„Kalmar in Schweden und Kopenhagen in Dänemark sind meist etwas langsamer", meinte Nils. „Aber vielleicht melden sich dort jetzt all diejenigen an, die so wie du von den Frankfurter Zeiten erschrocken sind."

„Dann wären die Starterfelder in Frankfurt und Hamburg wiederum nicht so stark", spann ich den Gedanken weiter.

„Wenn aber die anderen ebenso denken wie ich, und denken, dass andere ebenso denken wie sie, dann würden sich doch wieder die meisten in Hamburg anmelden. Zumal es dort mehr Startplätze gibt als in Kalmar oder in Kopenhagen."

Mir rauchte der Kopf. Zumindest eins wurde klar: Es war alles unklar. Wir konnten spekulieren, wie wir wollten, eine seriöse Vorhersage war nicht möglich. Also tat ich das Einzige, was mir jetzt sinnvoll erschien.

„Das bringt alles nichts", erklärte ich entschlossen. „Ich mache es so, wie es mir am besten gefällt. Unabhängig von anderen. Und das ist nun einmal Frankfurt, und zusätzlich Hamburg." Ich mochte die Vorstellung, die letzte Nacht vor dem großen Rennen in

Hamburg im eigenen Bett zu verbringen, dort ins Wasser zu gehen, wo ich schon so oft hineingesprungen war, mein Rad in die Wechselzone zu schieben, wo es schon bei zahlreichen Hamburger Triathlons gestanden hatte und dann die Alster entlangzulaufen, wie ich es häufig im Rennen und noch häufiger im Training gemacht hatte.

„Gebongt, so machen wir es!“ Nils war einverstanden.

Ein paar Wochen später folgte die offizielle Bestätigung: Fünf Wochen nach Frankfurt sollte das große Rennen in meiner Wahlheimat stattfinden. Das müsste reichen, um sich zu erholen und wieder fit zu werden – für eine Ehrenrunde, vielleicht aber auch für einen zweiten Quali-Versuch. Das Wo war also geklärt, blieb nur noch das Wie. Das alles entscheidende Trainingsjahr lag vor uns und brauchte einen Plan.

Ende September 2016 trafen Nils und ich uns daher zu unserer jährlichen Lagebesprechung im Café. Pflichtbewusst bestellte ich einen Salat und trank dazu Wasser. Das machte man doch so als Hawaii-Anwärter, richtig?

Nils musterte mich von oben bis unten. „Du musst zunehmen“, sagte er und nahm einen Schluck von seinem Latte Macchiato. „Am besten drei bis vier Kilo.“ Verdutzt schaute ich ihn an.

„Du brauchst eine gewisse Substanz vor den langen Monaten des intensiven Trainings“, erklärte er. „Also halte dich nicht zurück.“

Das war mal eine Aufgabe, die ich gerne erfüllte. Verwundert war ich trotzdem: Schließlich lagen gerade zwei Wochen trainingsfreie Zeit hinter mir, in denen ich hemmungslos geschlemmt hatte. Gleich am ersten Tag der Off-Season waren Chips und Schokolade aus dem Supermarktregal in meinen Einkaufswagen gewandert, von dort ohne große Umwege in meinen Magen und direkt ins Gesicht. Ich war mir sicher: Es war runder geworden, das Kinn war im Begriff, sich zu verdoppeln, und unterm Pullover wölbte sich die Plauze.

So schlimm war es natürlich nicht, aber zwei Kilo hatte ich in der Zeit bestimmt draufgepackt. In Nils' Augen anscheinend nicht genug.

Den Cesars Salad mit den Hähnchenstreifen hätte ich mir sparen und stattdessen Schnitzel mit Pommes rot-weiß ordern können. Wenn die Vorbereitung auf Hawaii so aussah, würde es ein großer Genuss werden! Aber die Phase der gewollten Gewichtszunahme war natürlich zeitlich sehr begrenzt. Auf drei Wochen, um genau zu sein.

Der viel härtere Teil erstreckte sich über neun Monate: der Trainingscountdown für Hawaii.

„Was ändert sich für mich jetzt eigentlich?", fragte ich meinen Coach.

„Einiges", erwiderte dieser, „du musst jetzt mehr ans Limit gehen, sowohl bei den Umfängen als auch bei den Intensitäten. Es wird sehr häufig zwei Einheiten am Tag geben, vormittags und nachmittags." Ich schluckte.

„Es wird bestimmt manchmal hart werden, aber nur so hast du eine Chance auf Hawaii", redete er mir ins Gewissen. „Es wäre außerdem gut, wenn du neben deiner Arbeit drei Trainingslager organisieren könntest. Gleich im Januar, dann im März, und im Juni als Feinschliff."

Blitzschnell schaltete ich meinen Kopfrechner ein. Das bedeutete genau sechs Wochen Urlaub im kommenden Jahr: drei für die Trainingslager, plus drei Wochen Hawaii. Ich Optimist.

Nach der Gewichtszunahme in der Off-Season war außerdem Askese angesagt. Verzicht auf alles, was auf dem Weg nach Hawaii hinderlich wäre. Chips, Schokolade.

Und natürlich Alkohol. In der Fachliteratur hatte ich gelesen, dass leider schon geringe Mengen die Regeneration signifikant erschweren. Außerdem hemme er die Fettverbrennung. In anderen Triathlonjahren hätte ich mit den Schultern gezuckt und ein Fläschchen entkorkt. Doch jetzt wirkte diese Information auf mich wie das Schild „Vorsicht Hochspannung" an Oberleitungen. Nur zwei Mal wollte ich mir kalkulierte „Ausrutscher" erlauben: Für Weihnachten erteilte ich mir eine All-you-can-drink-Sondergenehmigung, damit ich den Wein, den ich traditionell für das üppige Festessen in großer Familienrunde aussuchte, auch selbst kosten konnte.

Die zweite Alkoholerlaubnis gab es zum Kölner Karneval. Ja, ich bin Schleswig-Holsteiner und damit so norddeutsch, wie es norddeutscher kaum geht. Aber irgendwie musste kölsches Blut in meine Adern geraten sein, auch wenn ich in meiner Ahnengalerie keinerlei Verbindung in den rheinischen Raum entdecken konnte. Ich liebe den Kölner Karneval. Und selbst wenn ich wollte: Als Jeck lässt es sich nur schwer vermeiden, ein paar Gläser Kölsch zu trinken.

Bevor es mit dem Verzicht losging, ließ ich es Mitte Oktober zum Abschluss der Off-Season, noch einmal krachen. Das Rotwein-Schädelbrummen am Tag danach war so groß, dass ich spontan nach dem Aufwachen entschied, die Abstinenz auf den Rest meines Lebens auszudehnen. Schon am Abend allerdings nahm ich diesen Beschluss wieder zurück. Zum Fisch hätte ich nämlich gerne ein Glas Weißwein geschlürft, aber daran hinderte mich der bevorstehende Nachtdienst. Ein lallender *Tagesschau*-Sprecher kommt nur so mittelseriös rüber. Da verstehen weder die Zuschauer noch der Sender Spaß. Meinen Job wollte ich aber unbedingt behalten, da meine Chancen, als Triathlet von Siegprämien zu leben, extrem schlecht standen. Zudem würde ich Finanzmittel brauchen auf dem Weg nach Hawaii. Ich war bereit zu investieren, nicht nur meine Zeit, Kraft und Energie, sondern auch ein bisschen Geld. Neues Material sollte mir Auftrieb geben. In der ersten Disziplin gleich im doppelten Sinne: Der Nachfolger des Riss-Neos, der mich damals fast in der Alster versenkt hätte, tat zwar noch seine Dienste, aber der Fortschritt der Schwimmhäute war nicht aufzuhalten. Neuere Exemplare boten angeblich viel mehr Beweglichkeit, vor allem an den Armen, und was viel wichtiger war: Das moderne Material gab einem tatsächlich noch mehr Auftrieb, man lag viel horizontaler im Wasser. So einen musste ich natürlich haben, das würde bestimmt ein bis zwei Minuten bringen.

Beim Abstreifen des Neos nach dem Schwimmen würde mir das allerdings leider nicht helfen. Es kostete mich immer wichtige

Sekunden, bis ich mich komplett herausgepellt hatte. Dabei sah es in den YouTube-Videos so einfach aus: runterziehen bis an die Knöchel, dann je ein Bein ruckartig hochschnellen lassen wie beim Traubenstapfen im Bottich. Wieso klappte das bei mir nie? Ich konnte mit den Beinen stampfen wie ein störrisches Kind, der Neo klammerte sich wie festgeklebt an meine Knöchel. Nicht einmal mit Babyöl oder Vaseline, meinen großen Hoffnungsträgern, flutschte es. Ich musste mich hinsetzen und mir mühsam die Neobeine über die Füße zerren. Die erste Wechselzeit war deshalb immer eine mittlere Katastrophe. Definitiv eine Stellschraube, die ich für Kona drehen wollte, wenn auch eine kleine. Sehr viel größer war die Schraube beim Radfahren. Nach dem Motto „Carbon und Kondition" wollte ich mich nicht allein auf meine körperliche Leistungsfähigkeit auf dem Bike verlassen. Ich wollte mich auch „materiell" zu mehr PS und Tempo tunen. Das hieß: Ich brauchte ein neues Rad aus leichter Kohlefaser und mit besserer Aerodynamik. Zwar mochte ich mein „Schnäppchenrad" von damals noch, aber man tritt ja auch nicht mit einem Lkw bei der Formel 1 an. Es musste ein echter Bolide her, der gar nicht anders konnte als schnell fahren. Mit freundlicher Unterstützung durch besseres Material würden hoffentlich auch die vielen langen Trainingsausfahrten, die auf mich zukamen, mehr Spaß machen.

Aber nicht nur ein neues Rad stand auf meiner Einkaufsliste, sondern auch ein Zeitfahrhelm. Ich hatte mich schließlich doch dazu durchgerungen, mit einem solchen Raser-Ei auf dem Kopf herumzufahren. Bisher wäre ich mir komisch vorgekommen mit einem Helm, der vermittelte, dass es auf jede Sekunde ankam. Aber jetzt wollte ich genau das: so viel Zeit wie möglich rausholen. Dabei sollte mir nun auch so ein Aerodeckel helfen – notfalls könnte ich mit dessen komischem Schweif meine Gegner einfach vom Rad fegen, indem ich den Kopf drehte, wenn sie vorbeifuhren.

EINE SACHE DES KOPFES

Das schnellste Rad, der beste Neo und der aerodynamischste Helm bringen nichts, wenn der Athlet mental die Grätsche macht. Und auf 226 Kilometern gibt es jede Menge Gelegenheiten dazu. Man wandert durch eine Hügellandschaft aus Optimismus und Verzweiflung und landet, je nachdem, welches von beidem die Oberhand gewinnt, im Ziel oder am Straßenrand: DNF – did not finish. Bei einer Belastung von der Länge eines Ironman-Rennens wird jeder Körper irgendwann müde. Dann ist es der Kopf, der das Steuer übernimmt – und im Gegensatz zu früher wollte ich jetzt sichergehen, dass er dafür auch einen Führerschein hatte.

Ich brauchte etwas oder jemanden, der mir dabei half, ruhig zu bleiben, wenn mir der Druck zu groß wurde, mich zu motivieren, wenn ich mich eigentlich nicht mehr anstrengen mochte und besonnen zu bleiben, wenn etwas schiefging. Arbeiteten nicht viele Sportler mit Psychologen, die sie mental fit machten? Vielleicht konnte mir ein Profi auch helfen, mich im Wettkampf endlich so zu verausgaben, dass ich im Ziel mit Fug und Recht behaupten konnte, dass keine Millisekunde schneller drin gewesen wäre.

Zum Gesamtkunstwerk Langdistanz gehört auch gute Kopfarbeit, das war mir mittlerweile klar. Zum Start meines Langdistanztrainings fünf Jahre zuvor hatte ich das noch völlig anders gesehen. Als ich mich damals im November 2011 für meine erste Langdistanz entschieden hatte, kaufte ich mir ein Buch, das mich über meine neue, sportliche Herausforderung aufklären sollte. Schließlich hatte ich herzlich wenig Ahnung von dem, was auf mich zukam. Ich hörte zum ersten Mal etwas von unterschiedlichen Trainingsphasen, einer Renneinteilung und davon, dass man vor dem Hauptrennen auch einen Vorbereitungswettkampf machen sollte. Nur ein Kapitel überblätterte ich sofort, es hieß „Mentales Training." (Schön, dass Sie, liebe Leserin, lieber Leser, das Kopfthema offenbar interessanter finden als ich damals und immer noch da sind.) „Mental" – das war in meiner damaligen Wahrnehmung nur etwas für Experten, für Freaks oder Profis, die sich für Hawaii qualifizieren oder Weltmeister werden wollten oder sonstige hochtrabende Pläne verfolgten. Mich betraf das nicht, ich wollte ja nur heil ins Ziel. Das würde ich schaffen, indem ich Schwimmen, Radfahren und Laufen trainierte, wozu dann noch den Kopf? Der ist beim Ironman zum Helmtragen da und dafür, sich zu überlegen, wie man der Familie schlüssig und überzeugend erklärt, warum man nach Feierabend lieber läuft, statt gemeinsam zu Abend zu essen.

Ich konnte mir unter mentalem Training rein gar nichts vorstellen und interessierte mich auch nicht dafür. Tja, hätte ich mal meinen Kopf eingeschaltet!

Ich habe die Bedeutung der Psyche damals komplett unterschätzt. Obwohl ich hätte wissen müssen, dass sich mein größtes Triathlonproblem allein im Kopf abspielte. Es könnte meine Hawaii-Ambitionen massiv gefährden: eine Panikattacke im Wasser. Im schlimmsten Fall führte die dazu, dass der Wettkampf für mich statt nach 226 Kilometern schon nach ungefähr 226 Metern vorbei war. Und selbst wenn ich es schaffte, das Niederkämpfen der Panik kostete mich immer wichtige Sekunden.

Dabei gab es nüchtern betrachtet überhaupt keinen Grund dafür.

Ich war topfit und würde ganz sicher nicht ertrinken. Ich bekam nur aus Angst vor einer Panikattacke eine Panikattacke. Das ging so: Sobald ich losgekrault war, dachte ich daran, dass jetzt eigentlich meine Panikattacke kommen müsste. Ich verkrampfte mich und entfachte sie damit erst. Sie kündigte sich durch Wirbel oder Wellen in meinem Körper an, die den Kopf erreichten, sich dort zu einem Tornado ausweiteten und aufs Atemzentrum drückten. Ich atmete hektisch, bekam nur schwer Luft und musste zum Brustschwimmen übergehen, damit der Kopf über Wasser bleiben und ich mich beruhigen konnte. Da die Panik hausgemacht war, versuchte ich, den Teufelskreis zu verhindern, indem ich an etwas Schönes dachte: wie ich den Col du Tourmalet auf meinem bepackten Fahrrad nach hartem Kampf erklomm und von den Touristen, die mit ihren Autos hochgefahren waren, applaudierend empfangen wurde. Wie ich in einem Steinhaus im Westen Chinas mit einigen Uiguren Yakmilch trank. Wie ich Wiebke einst beim wilden Tanzen kennengelernt hatte.

Doch wie bei einem kaputten Fernsehgerät, das zwischen zwei Programmen hin- und herspringt, sah ich nicht nur den Tourmalet, die Uiguren und Wiebke vor meinem geistigen Auge, sondern auch bedrohliches Wasser und einen Schwimmer, der nach Luft japst wie ein Fisch an Land. Bei meinen bisherigen Ironman-Rennen hatte ich es zum Glück immer geschafft, auf das richtige Programm zu schalten und im entscheidenden Moment auch dort zu bleiben.

Vielleicht hätte ich dieses Problem nicht, wenn ich das Kapitel „Mentales Training“ damals nicht mit Missachtung gestraft, sondern von vornherein am Kopfkino gearbeitet hätte. Ich konnte es nicht mehr nachlesen, da ich das Buch längst entsorgt hatte, und fragte mich, welche mentalen Strategien es noch gab, die mich zu einem Langdistanzler machten, der nicht wegen seiner Psyche an der großen Hawaii-Aufgabe scheiterte. Aber warum fragte ich *mich*? Fragte ich doch lieber jemanden, der sich damit auskannte.

Ein Bekannter hatte mir von einem Sportpsychologen namens Heiko Ziemainz erzählt. Der könne helfen und wertvolle Tipps liefern. Ziemainz war selbst Triathlet, aber vor allem machte er Triathleten kopftechnisch fit. Wenn ich für mein Training unterhalb des Halses Nils Goerke hatte, warum dann nicht für alles oberhalb davon jenen Heiko Ziemainz? Also setzte ich mich an den Computer und schrieb ihm eine Mail, in der ich ihm von meinem Hawaii-Plan berichtete und davon, dass ich panikattackengeplagter Triathlet sei. Vielleicht könne er helfen? Mich würde interessieren, woran ich noch arbeiten konnte. Er antwortete umgehend, und wir verabredeten uns zu einem Telefonat. Bei dem Gespräch wurde mir klar: Das wird nichts mit dem Mentaltraining. Aus Zeitgründen. Denn natürlich gehe ich nicht einmal schnell zum Sportpsychologen, lasse mir „Mentale Stärke" spritzen, für mich mit besonders hoher Dosis „Anti-Panik-Attacken-Extrakt", und schon kann mich nichts mehr umhauen. „Ich kann Ihnen gerne versuchen zu helfen", erklärte er mir am Telefon, „aber wir müssten uns während Ihrer Vorbereitungszeit trainingsbegleitend öfter sehen, um die richtigen Strategien zu finden. Die müssten Sie trainieren und bis zum Tag des wichtigen Rennens zuspitzen. Es ist ein Prozess und geht genau wie das körperliche Training Stück für Stück voran." Das konnte ich vergessen – wegen der 600 Kilometer zwischen Hamburg und Erlangen, wo er an der Uni arbeitete, und weil ich mir nicht noch mehr Zeit freischaufeln konnte für noch einen Trainingsbereich.

„Das ist vollkommen verständlich", fand Ziemainz. „Damit hätten Sie einen Stressfaktor mehr."

Er interessierte sich für meine Geschichte und hakte nach: „Erzählen Sie doch bitte, wie Sie Ihre bisherigen Langdistanzen hinbekommen haben – mit einem Trainer?"

„Ja, von Anfang an habe ich unter Anleitung trainiert. Mein Coach passt mir die Pläne genau an meine Arbeitszeiten an und achtet auch darauf, ob ich einen Nacht- oder Frühdienst in den Knochen habe", berichtete ich ihm.

Ziemainz schien zufrieden mit meinem Ansatz: „Ein Trainer kann motivierend wirken, weil man sich nicht selbst um das richtige Training kümmern muss und man sich nicht so einfach davor drücken kann!“ Da konnte ich dem Experten nur zustimmen. Für mich war immer klar, dass ich für den Ironman einen Trainer brauchte. Auch um mich selbst zu überlisten. Er würde es mir schwerer machen, Einheiten ausfallen zu lassen. Big trainer is watching you! Würde ich außerdem nach eigenem Gutdünken trainieren, würde ich mir selbst immer irgendwie schlüssig erklären können, warum die geplante Einheit jetzt leider ausfallen musste. Einem anderen gegenüber fiel mir das schwer. Ein Trainer war eine erstklassige Investition in Sachen Motivation.

Außerdem hätte ich ohne Trainer gar nicht genau gewusst, wie ich für eine Langdistanz trainieren musste. Andere mögen ein gutes Körpergefühl haben oder das Know-how, um zu wissen, wie sie vorgehen sollten. Für mich wären all das Stressfaktoren gewesen, die ich durch Steppke und später Nils ausgeschaltet hatte.

„Wichtig ist außerdem ein Gleichgewicht zwischen Belastung und Erholung“, meinte Ziemainz. „Das System darf nicht kippen, die Belastungen durch Arbeit, Familie und Training dürfen nicht zu groß werden im Vergleich zur Erholung.“ Dann spannte er den Bogen zum Mentalen: „Körper und Geist sind immer eine Einheit. Vielleicht hätte Sie das Kopftraining so gestresst, dass Ihre Leistungsfähigkeit nachgelassen hätte, weil das System gekippt wäre. Aber Sie verzichten und fühlen sich dadurch besser. Sie scheinen ein gutes Gespür dafür zu haben, was Ihnen guttut und was nicht.“

Das stimmte. Wenn ich all die Jahre Revue passieren ließ, war ich mit den Belastungen immer gut zurechtgekommen und empfand sie als gar nicht so groß, weil ich Spaß hatte. Wäre ich verbissen und nur deswegen fleißig dabei gewesen, weil ich eine Wette verloren oder irgendjemandem irgendetwas hätte beweisen wollen, dann wäre die Belastung sicher größer gewesen. Der Spaß musste unterm Strich immer größer sein als der Stress, sonst würde ich mir das alles nicht antun. Als mir bei meinem dritten Ironman 2014 alles zu viel wurde, hatte ich die Reißleine gezogen und einen Boxenstopp eingelegt. Den brauchte ich, um mich wieder gut zu fühlen und Kraft zu tanken für die nächsten Langdistanzrennen. Ich notierte in meinem Kopf den Merksatz: Belastung und Entspannung müssen im Gleichgewicht sein!

„Das war konsequent", meinte Ziemainz, als ich ihm von meiner freiwilligen Pause nach dem Umzug erzählte. „Solche Ereignisse können Trainings- und Alltagsgefüge stören, die bisher gut funktioniert haben", führte der Sportpsychologe aus.

„Grundsätzlich gibt es einige Stressoren, die bei Hobbysportlern einfach naturgegeben vorhanden sind und die man berücksichtigen muss, wenn man eine so zeitintensive Herausforderung wie eine Langdistanz angeht."

„Was meinen Sie genau mit Stressoren?", fragte ich. „Stressoren können die Arbeit sein, aber auch die Familie und Freunde", erläuterte Ziemainz. „Sie umfassen alles, was neben dem Sport Zeit und Einsatz erfordert, und sie können sehr schnell den Druck auf den Sportler erhöhen, wenn der Trainingsplan zum Beispiel nicht zum Arbeitspensum passt oder die Familie das Langdistanzvorhaben nicht mitträgt und mehr Zeit einfordert. Sehr viel Arbeit oder ein schlechtes Gewissen, weil man auf dem Rad sitzt, statt mit den Kindern im Park Fußball zu spielen, sind genauso Stress, der den Körper belastet wie sportliches Training. Und wir können nur eine bestimmte Menge Stress verarbeiten, bis es zu viel wird. Die Leistung stagniert oder wird sogar schlechter."

„Genau darauf habe ich immer geachtet", sagte ich. „Ich habe gecheckt, ob mir meine Arbeit erlaubt, mir die Zeit für den Sport zu nehmen. Und Wiebke als „Stressor" zu bezeichnen, wäre nicht nur nicht nett, sondern schlicht falsch. Sie war und ist eher ein „Entspannor". Ich habe sie immer gefragt, ob meine sportlichen Eskapaden in Ordnung sind, und sie war immer einverstanden. Sogar, als sie nach dem ersten Ironman-Jahr wusste, worauf sie sich einlässt: dass sie mich noch seltener zu Gesicht bekommt als ohnehin schon, dass ich zu Hause müde bin vom Training und der Arbeit, dass gemütliches Kuchenessen oder Schokoladefuttern für einige Monate im Jahr einfach nicht stattfindet. Sie hat mich immer unterstützt und mir den Rücken freigehalten. Mehr ging nicht."

Wiebke und ich waren schon ewig zusammen und hatten uns kennengelernt, kurz bevor ich bei der *Tagesschau* anfing. Sie hatte sich gemeinsam mit mir an meine wechselnden Arbeitszeiten beim TV gewöhnt. Ich bin oft unterwegs, wenn sie Feierabend hat. Für die *Tagesschau* um 20 Uhr verlasse ich das Haus gegen 17 Uhr, dann kommt sie manchmal gerade erst nach Hause, und es reicht knapp noch für einen gemeinsamen Kaffee, ehe wir wieder getrennte Wege gehen. Wenn ich das *ARD-Nachtmagazin* moderiere, bleibt nicht einmal dafür Zeit, weil ich dort schon um 15 Uhr meinen Dienst antrete. Denn meine Moderationen für die Sendung um Mitternacht schreibe ich selbst und bereite auch die Interviews vor. Häufig bin ich ausgeflogen, wenn Wiebke abends oder am Wochenende zu Hause ist.

Für das Training hatte ich daher aber oft unter der Woche mitten am Tag Zeit, wenn die anderen bei der Arbeit waren – auch Wiebke. Sie bekam einen großen Teil davon also gar nicht mit. Das war gravierend anders als bei Paaren, die beide klassische, geregelte Arbeitszeiten haben. Ich stellte es mir schwierig vor, sich nach Feierabend zu verabschieden und zu sagen: „Ich bin dann mal weg, ich muss trainieren, schönen Abend noch."

„Macht Ihnen die Schichtarbeit denn gar nichts aus?", hakte Ziemainz nach.

„Doch, klar, die Arbeit in wechselnden Schichten ist anstrengend, macht müde und zehrt an den Kräften. Aber ich habe mich in den vielen Jahren daran gewöhnt und genieße die Vorteile: Ich muss nicht mit der Masse am Samstag einkaufen oder um die Alster rennen. Und im Herbst und Winter kann ich auch mal bei

Tageslicht trainieren. Nicht so einfach ist, dass ich an nahezu jedem Wochenende arbeite und spontane Aktivitäten selten drin sind", erzählte ich.

Als freier Mitarbeiter kann ich mir zwar theoretisch jederzeit freinehmen. Praktisch jedoch ist das nicht so einfach, denn wir sind nur ein kleines Team von Leuten, das die *Tagesschau* präsentiert.

Ein Schild „Wegen Trainings geschlossen" vor die Kamera zu hängen, ging nicht, ich musste da sein, und zwar an einem bestimmten Tag zu einer bestimmten Zeit.

„Trotzdem: Meine Arbeit ist kein wirklicher Stressor. Ich habe zudem immer versucht, mir in der Hochphase des Trainings andere Stressoren vom Hals zu halten und viel weniger Termine außerhalb der *Tagesschau* angenommen. Wenn ich Anfragen für Moderationen hatte, bei denen ich mich auch inhaltlich hätte vorbereiten müssen, gab es ein klares Nein. Meine Prioritäten lagen woanders. Und manchmal musste deshalb auch der Stadionbesuch ausfallen", erzählte ich.

„Das klingt gut", lobte Ziemainz. „So einfach ist es aber nicht immer. Deshalb sollte alles genau abgeklärt werden, bevor es im Laufe der Monate doch Probleme gibt. Die größte Challenge ist für viele nicht, sich einen Ironman vorzunehmen, sondern das Training dafür in den Alltag einzubauen. Da gehören viel Disziplin und soziale Kompetenz dazu, also: vorher mit der Familie abklären, was auf alle zukommen kann und ob alle dazu bereit sind", meinte der Psychologe. „Es muss geklärt werden, dass man vielleicht nicht mehr fit ist für große Unternehmungen, wenn man nach dem Training endlich zu Hause ist. Dass der Urlaub auf Mallorca, Lanzarote oder Fuerteventura stattfindet und man dort nicht alle Fünfe von sich streckt, sondern trainiert. Wenn alle einverstanden sind und mitmachen, ist das Gold wert. Sonst wird's schwierig, und das Projekt droht zu scheitern. Oder es scheppert in der Partnerschaft oder der Ehe." Nächste Notiz für meinen Kopf: Stressoren reduzieren: bei der Arbeit Prioritäten setzen und mit der Familie die Zeiteinteilung klären!

Wir kamen immer mehr ins Gespräch. Wenn er im weiteren Verlauf doch noch diagnostizieren sollte, dass ich mit meiner verqueren Psyche niemals nach Hawaii kommen könnte, würde ich ihn jede Woche für eine persönliche Therapiestunde nach Hamburg einfliegen oder -fahren lassen. Na ja, vielleicht.

„Sie haben etwas von Stadionbesuchen gesagt. Sind Sie Fußballfan?", hakte Ziemainz nach. Er war ein guter Zuhörer. Aber das musste er bei seinem Job wohl auch sein. „Ja, von Haus aus bin ich Fußballer und gehe regelmäßig zum FC St. Pauli", schwärmte ich und erzählte, dass ich wegen meines Rückens mit dem aktiven Fußball aufhören musste, danach viel mit dem Rad unterwegs und schließlich zum Triathlon gekommen war.

„Eine solche Vorgeschichte als Sportler ist eine gute Ausgangslage für die Langdistanz", meinte Ziemainz und bestätigte damit, was damals auch Coach Steppke gesagt hatte: Eigentlich ist der direkte Wechsel von der Olympischen auf die Langdistanz nicht ideal, in meinem Fall aber kein Himmelfahrtskommando. Hätte ich 120 Kilo auf die Waage gebracht und Sport nur vom Hörensagen gekannt, hätte ich mir keinen Gefallen getan. So etwas kann nur schiefgehen, sei es in Form einer Überlastungsverletzung oder Frust, weil solche Trainingsumfänge „aus der kalten Hose" einfach nicht zu bewältigen sind. Für mich war es jedoch ein realistisches Ziel gewesen, einen Ironman zu finishen. „Das ist ebenfalls wichtig für den Kopf", sagte Ziemainz. „Denn wenn das Ziel zu ambitioniert ist, weicht die Motivation irgendwann Wut, Verzweiflung und dem Gefühl, nicht gut genug zu sein. Dann hört man frustriert auf zu trainieren, anstatt das umzusetzen, was es einem eher ermöglicht, ein Erfolgserlebnis zu haben."

„Aber wie setze ich die Ziele richtig?", wollte ich wissen. „Ist es eigentlich klug, sich eher zurückzuhalten?" Ich war da ja immer vorsichtig. Beim Marathon in Hamburg peilte Nils für mich eine Zielzeit von 3:10 an, ich fuhr die Erwartung herunter auf 3:15 oder gar auf 3:20. Wohl deshalb, weil ich damit auch etwas

Druck von mir nehmen wollte, um mich selbst positiv überraschen zu können.

„Man muss sich nicht das eine große Ziel vornehmen. Es ist sogar besser, sich verschiedene zu setzen: das Optimum, ein normales Ziel und ein minimales Ziel. Wenn man sich ein sehr hohes Ziel steckt und schon frühzeitig hinterherhinkt – nach dem Schwimmen oder nach einem Teil der Radstrecke –, dann ist das enttäuschend und ein Frustrationserlebnis, das am Selbstvertrauen nagt und nicht förderlich ist für das Rennen. Zumindest, wenn man keinen Plan B hat und sich mit dem realistischen Ziel zufriedengibt. Man hechelt dem Rückstand hinterher, wenn man seine Erwartungen nicht herunterschraubt. Wenn man aber nicht so hohe Ansprüche hat, dann holt man sich eher mal ein Erfolgserlebnis ab, das vielleicht dazu motiviert zu sagen: Ich lege noch eine Schippe drauf. Das kann euphorisierend wirken. Sie haben für sich den richtigen Weg gefunden und eine gewisse Anspannung erzeugt, aber den Druck nicht zu hoch werden lassen und daran zu scheitern."

„Aber Jan Frodeno macht das anders", warf ich ein. „Der kündigt doch sogar an, dass er einen Weltrekord aufstellen will. Er sagt selbst, dass er diesen Druck braucht. Wieso klappt das bei ihm und bei mir nicht? Sollte ich mir diese Einstellung auch antrainieren?"

„Frodeno ist Profi, er war Olympiasieger, Ironman-Weltmeister, das ist ein ganz anderes Ausgangsniveau. Er ist auf Höchstleistung programmiert, hat ganz andere Ziele als Sie und hat schon sehr viel erreicht. Er sagt so etwas, um ein neues Ziel zu haben. Das ist für ihn pure Motivation, um im Training noch eine Schippe draufzulegen. Durch den selbst aufgebauten Druck muss er einfach reinhauen, Nachlässigkeit kann er sich dann nicht erlauben."

Kopfnotiz: Ziele setzen ist gut und wichtig, aber sie müssen realistisch sein!

„Nachlässigkeit kann ich mir an sich auch nicht leisten. Trotzdem will ich manchmal nicht trainieren, sondern einfach nur auf die Couch", erzählte ich. „Couching statt Jogging", lachte Ziemainz.

„So wie sich das bei Ihnen anhört, geben Sie der Versuchung aber nicht allzu häufig nach, oder? Wie motivieren Sie sich, wenn Sie keine Lust haben, es kalt ist, regnet oder es ein harter Arbeitstag war?", fragte er.

Ich überlegte kurz und sagte: „Ich habe dann oft daran gedacht, dass ich für mein großes Ziel mein Training durchziehen muss, es führt schlicht kein Weg daran vorbei. Ohne Training kein Ironman. Also raus!"

„Klar, so geht es, aber das ist reine Pflichterfüllung", sagte Ziemainz. „Es wäre besser und motivierender, wenn das Training mit etwas Positivem verbunden wäre und nicht nur dem Ironmanziel diente."

Stimmt. Wie sollte man sich durch ein Training quälen, an dem man keinen Funken Freude hatte, und das man nur durchzog, weil man einmal einen Ironman machen oder sich endlich für Hawaii qualifizieren wollte? An den allermeisten Tagen hatte ich Spaß am Training. Aber der hatte sich auch bei mir erst entwickelt. Spaß durch Erfahrung sozusagen. Je öfter ich mich überwand, umso klarer war mir: Ich werde nicht nur mit einem Plus an Fitness belohnt und dem verdammt guten Gefühl, mich gegen den fiesen Schweinehund durchgesetzt zu haben, sondern auch mit Dingen, die über das Körperliche hinausgingen. In kühler Herbst- oder Winterluft zu laufen war zum Beispiel immer so erfrischend, dass ich danach die schlechte Heizungsluft kaum ertrug und am liebsten alle Fenster aufgerissen hätte. Wenn ich hinausblickte auf den Nieselregen draußen und dachte: „Och nö", musste ich mich nur an diese Läufe und das gute Gefühl danach erinnern, und schon öffnete ich die Haustür und ging gerne auf meine Wohlfühlrunde. Das klappte nicht immer reibungslos, aber fast immer.

„Es kann auch helfen, sich mit jemandem zum Training zu verabreden und das Handy weit weg zu legen, damit man auch wirklich am Treffpunkt auftauchen muss", gab mir der Sportpsychologe einen weiteren Tipp.

„Mag sein", erwiderte ich. „Aber ich glaube, ich kann mich auch allein sehr gut motivieren. Zum Beispiel, wenn mich mitten in der Einheit die Lust verlässt, wenn ich bei einer 5-Stunden-Ausfahrt schon nach vier Stunden nach Hause will oder bei einem Lauf nach einer Stunde 15 nicht mehr kann, obwohl 1:30 auf dem Plan stehen. Dann stelle ich mir vor, ich breche wirklich frühzeitig ab und sitze zu Hause, wenn die 5 Stunden oder die 1:30 abgelaufen sind. Dann würde ich denken: In diesem Moment hättest du das volle Training hinter dir, jetzt wärst du durch damit, das hättest du doch wohl auch noch geschafft. Und prompt laufe, schwimme oder radele ich selbstverständlich bis zum vorgesehenen Ende weiter. Ich habe tatsächlich noch nie eine Einheit ohne wichtigen Grund vorzeitig abgebrochen", berichtete ich stolz.

Merksatz für mich: Training sollte nicht reine Pflichterfüllung sein, sondern man sollte die positiven Aspekte sehen und möglichst viel Spaß haben!

„Und dieser Spaß wird noch verstärkt, wenn man sich alle paar Wochen mal anguckt, was man schon geleistet und welche Fortschritte man gemacht hat", sagte Ziemainz. „Gutes Training wirkt sich nämlich auch auf den Kopf aus. Statt das Positive zu sehen – und wenn es nur ist, dass sie die Einheit durchgezogen haben – beschäftigen sich einige Sportler lieber damit, was überhaupt nicht gut war", meinte Ziemainz. „Sie klagen dann, dass es nicht rundlief und sie müde waren. Dabei gibt es dafür oft gute Gründe, zum Beispiel, dass ihnen die harte Einheit vom Vortag noch in den Knochen steckt."

„Das kenne ich auch, vor allem vom Laufen", bestätigte ich. Es gab Tage, da hatte ich gar keine guten Beine, lief schwerfällig und nicht im gewohnten Tempo. Dann stutzte ich natürlich und fragte mich, was mit mir los war. Wenn ich mein Hirn einschaltete, wurde mir in solchen Momenten aber klar, dass die Beine einfach mal einen schlechten Tag hatten.

„Es gibt Selbstvertrauen, wenn man bewusst registriert, dass man gut trainiert hat und Sicherheit und Zutrauen, dass es genau so funktionieren wird, wie man es sich vorstellt. Sein Sportlerlicht aus falscher Bescheidenheit ständig unter den Scheffel zu stellen, nervt nicht nur irgendwann die Vereinskollegen, sondern bringt einen auch um die Chance, seinem Kopf eine Portion Freude zukommen zu lassen, die der dann wiederum in neue Trainingsmotivation umwandeln kann", meinte Ziemainz. Auch ich hatte mir das viel zu selten bewusst gemacht und meine Fortschritte nicht richtig wahrgenommen. Es ist so wie mit dem Nachwuchs: Eltern registrieren im Alltag nicht, wie schnell ihre Kinder wachsen. Da muss schon Tante Elfriede oder der entfernte Bekannte sagen, dass der oder die Kleine aber groß geworden ist. Bei mir wurde die Fitness tagtäglich ein kleines Stückchen größer, ohne dass ich es bemerkt hätte. Dann half ein Blick zurück und der Vorher-nachher-Vergleich.

Spätestens bei Rekorden, wie ich sie jetzt erreicht hatte, weiß man: Das Training hat was gebracht!

„Bei Ihnen ist in der Tat alles bestens verlaufen: gute Leistungsfortschritte und Bestzeiten. Mit Ende 40 sind Sie richtig schnell geworden. Wenn Sie solche Belohnungen erfahren, muss man von außen gar nicht viel tun, um weiterzumachen, Sie sind permanent bestätigt worden", analysierte Ziemainz und fügte an: „Spannend wäre es gewesen, wenn Sie im März, wenn das Training richtig losgeht, einmal krank geworden wären, und das nicht nur für vier oder fünf Tage, sondern wochenlang. Wenn eines der Trainingslager hätte ausfallen müssen, wenn Sie sich schwerer verletzt hätten. Wie wären Sie damit umgegangen?" Vermutlich nicht sehr gut, dachte ich und war dankbar, dass mir so etwas noch nie passiert war. Solche Hürden können Selbstzweifel auslösen. Ich hätte mich sofort gefragt: Schaffe ich mein Ziel überhaupt noch? Vielleicht hätte ich versucht, den Ausfall zu kompensieren, die ausgefallenen Einheiten nachzuholen und mehr gemacht als gesund ist. „Wenn man länger ausfällt, braucht man eine gewisse Gelassenheit, die mit der Erfahrung kommt“, beruhigte mich Ziemainz. „Oder es gibt jemanden, zum Beispiel den Trainer, der einem klar sagt, dass die Leistungsfähigkeit trotz des Ausfalls noch da ist, auch wenn es sich bei den ersten Versuchen nach der Zwangspause vermutlich nicht so anfühlt. Auch hier gilt: Schaue darauf, was du bisher geschafft und trainiert hast, dann weißt du: Das ist eine ganze Menge, das verdampft nicht einfach.“

Für den Kopf hieß das: Es ist wichtig, sich regelmäßig seine Fortschritte bewusst zu machen und auch Erkältungs- und Verletzungszeiten realistisch einzuschätzen, keine Panik!

„Mein Trainer hat immer aufmunternde und erklärende Worte, wenn ich mal über eine schlappe Leistung meckere. Er und sein Plan sind eine große, entscheidende Hilfe.

Dabei war ich vor meiner ersten Langdistanz jemand, der Pläne überhaupt nicht mochte. Wie kommt es eigentlich, dass mir damals, 2005, die zehn Wochen mit dem Marathonplan zu blöd waren, und jetzt halte ich mich fast sklavisch an die Vorgaben und habe meistens Spaß daran?“, wollte ich wissen.

„So ein Ironman ist für Sie ein positiv besetztes und höchst attraktives Ziel, das Sie unbedingt erreichen wollen. Andere wollen unbedingt ein tolles, teures Auto und tun alles, um dafür die Kohle zusammenzukriegen. Das ist die Herausforderung: Es muss eine gewisse Misserfolgswahrscheinlichkeit geben, sonst ist es wenig fesselnd und keine wirkliche Hürde mehr. Der Marathon war sicher auch eine Herausforderung, aber offenbar nicht so attraktiv wie die Langdistanz.“

„Könnte hinhauen“, dachte ich. Ich mochte die Abwechslung, jeden Tag etwas anderes zu trainieren statt wie beim Marathon immer das Gleiche. Ich liebte die Kombination der drei Disziplinen und hatte größeren Ehrgeiz, in diesem Sport etwas zu erreichen. Deshalb hatte ich Pläne auch lieben gelernt. Einen solchen sollte man auch für die Zeit unmittelbar vor dem Rennen haben, meinte Ziemanz.

„Es ist entspannend und leistungsfördernd, wenn man rechtzeitig daran denkt, sich in den letzten Tagen vor einem Ironman nicht zu viel vorzunehmen, auch nicht bei der Arbeit. Die Beanspruchung möglichst gering halten!“

Das war mir bei meiner Ironman-Premiere ganz und gar nicht gelungen. Seit der Schichtdienstpleite nahm ich mir aber immer frühzeitig vor dem Rennen frei und reiste rechtzeitig an. Mit ausreichend Puffer zum Erholen, Durchpusten und relativ entspanntem Vorbereiten.

Auch für das Rennen selbst hatte ich mir angewöhnt, alles Mögliche durchzuplanen und durchzuspielen: Wo musste ich nach dem Schwimmausstieg hinlaufen, wo hing mein Beutel, in welcher Reihenfolge zog ich mir meine Radklamotten an und brauchte ich eventuell eine Windstopperjacke, wo genau stand mein Rennrad, wie viel aß und trank ich, hielt ich an jeder Verpflegungsstelle? Wer zu spät nachdenkt, den bestraft der Wettkampf.

Auch beim Kampf mit sich selbst ist die Kraft der Gedanken gefragt. „Viele Triathleten versinken im Rennen leider in ihren negativen Gedanken“, meinte Ziemainz. „Die haben irgendwann Schmerzen beim Marathon und sagen sich wenig Motivierendes wie: ‚Mist, jetzt habe ich wieder ein Tief, ich habe doch gewusst, dass ich es nicht schaffe.‘ Dann folgt ein ganzer Rattenschwanz an negativen Gedanken, sie kommen nicht wieder heraus und kreisen um das nächste Tief. Das ist eine Self-fulfilling-Prophecy vom Allerfeinsten.“

Hawaii-Jochen hatte mir mal erzählt, wie er sich im Wettkampf über Wasser hielt. Dass er seine Familie und Freunde einzeln durchging, wenn er auf der Marathonstrecke bei Kilometer 25 oder 30 Probleme bekam: bis zur nächsten Brücke an Gattin Anne denken, danach bis zur nächsten Kurve an seine Mutter, dann war sein Vater dran, und und und. Schon waren seine Gedanken von den zwickenden Waden abgelenkt und bei Menschen, die ihren Teil dazu beigetragen hatten, dass er hier war. Er überlegte, dass sie sich freuen würden, wenn sie ihn jetzt so gut laufen sehen könnten. Er musste dann nur noch dafür sorgen, dass er wirklich „gut" lief.

Vielleicht das Wichtigste für mich war, das Rennen in kleine Häppchen einzuteilen. Distanz entsteht im Kopf! Hätte ich beim Schwimmstart daran gedacht, 226 Kilometer vor mir zu haben, hätte mich die schiere Größe der Aufgabe erdrückt, ich wäre unter ihrer Last zusammengebrochen. Beim Start am Ufer dachte ich stattdessen ganz klein und visierte die Wendeboje an: Wenn ich dort hinten war, hatte ich schon den Punkt erreicht, der am weitesten weg lag, und es ging schon wieder zurück. Dann war ich fast durch mit dem Schwimmen. Schon war die Aufgabe nicht mehr so bombastisch und unwirklich. Wenn ich das Schwimmen geschafft hatte, jubelte ich innerlich: ein Drittel der Sportarten lag hinter mir. Dass dies der bei Weitem kürzeste der drei Splits war, vergaß ich in dem Moment. Beim Radfahren ging es ähnlich weiter: Erstes Teilziel waren 50 Kilometer, das klang schon nach etwas. 90 Kilometer waren schon die Hälfte, bei 100 war die Dreistelligkeit erreicht. Und bei 120 waren es schon zwei Drittel. Nach dem Radfahren war ich quasi im Ziel, denn zwei Drittel der Sportarten waren geschafft, und es fehlten nur noch gut 42 Kilometer. Super. Mit dieser Salamitaktik ging es auch beim Marathon weiter. Jedes Mal, wenn eine dieser selbst gesetzten Zielmarken erreicht war, konnte ich ein Häkchen dahinter machen. Das waren jede Menge Erfolge und damit jede Menge Bestätigungen, auf dem richtigen Weg zu sein. Merksatz für den Kopf: Training gut planen (lassen), das Rennen gut vorbereiten, in viele kleine Teilstücke unterteilen und positiv denken!

„Auch das haben Sie wieder ganz richtig gemacht. Bei Ihnen funktioniert der Kopf bisher intuitiv sehr gut", sagte Ziemainz.

„Dann gibt es nichts, woran Sie noch mit mir arbeiten würden?", wollte ich wissen und war nicht sicher, ob ich entzückt oder enttäuscht war.

„Doch, natürlich", nahm mir Ziemainz den Wind aus den Segeln und erklärte, dass er unter anderem an meiner Konzentrationsfähigkeit feilen könnte, um die Gedanken an die Panikattacken beim Schwimmen endgültig zu eliminieren. „Die Frage wäre auch, ob Sie sich längere Zeit ablenken lassen, wenn Zuschauer etwas zurufen oder sind Sie schnell wieder bei sich und bei Ihrem Rennen? Sie haben es gut gemacht, aber es lässt sich alles optimieren."

Optimieren – das hatte ich in den vergangenen Monaten fast so oft gesagt wie „Guten Abend, meine Damen und Herren". Unter diesem Begriff versammelte sich alles, was mich nach Kona bringen sollte. Mein Interesse für das Mentaltraining knisterte. Aber ich fand dafür wirklich keinen Platz mehr. Dennoch war das lange Telefonat mit Heiko Ziemainz wichtig. Erst jetzt wurde mir klar, was ich bisher eher unterbewusst geleistet hatte und wie entscheidend das für meine bisherigen Rennen war. Deshalb beschloss ich, dass meine Psychotricks für die bevorstehenden, schwierigen Monate ausreichen würden. Oder besser formuliert: „Ich bin sicher, dass meine Psyche stark genug ist, die fordernden Monate und Rennen zu bewältigen." So! Ein Mantra wie aus dem Sportpsychologie-Lehrbuch, oder, Herr Ziemainz? Mentales Training würde für mich also wegfallen, aber schon das Telefonat hatte mir geholfen. Ziemainz stabilisierte das Vertrauen in mich und meine psychische Kraft immens, auch weil er mir noch etwas mit auf den Weg gegeben hatte: „Sie haben offenbar viele der Grundvoraussetzungen für erfolgreiche Langdistanzen. Nicht nur die notwendigen Strategien, sondern auch noch den starken Willen, Durchhaltevermögen, Hartnäckigkeit, Leistungsmotivation und Disziplin. Wahrscheinlich haben Sie das von Ihren Eltern, Freunden oder vielleicht auch schon genetisch mitbekommen."

Vor allem von meinem Vater, tippte ich. Der hatte sicher seinen Anteil an meinen Ironman-Finishs. Als er als kleiner Junge aus Ostpreußen nach Norddeutschland floh, brachte er preußische Tugenden mit, die er wohl auch mir eingepflanzt hatte, zumindest zum

Teil: harte Arbeit, Entbehrungen, Bescheidenheit, das war es, was das Leben der Schröders in Ostpreußen geprägt hatte. Davon war ich in meiner Kindheit natürlich weit entfernt. Ich erinnere mich nur daran, dass mir manchmal der Wunsch, ein Mickey-Maus-Heft zu kaufen, wegen finanzieller Engpässe strikt verwehrt wurde. Es gibt aber noch härtere Schicksale als meines! Wir hatten alles, was wir brauchten. Allerdings auch nicht so viel mehr. Dank der Arbeit meines Vaters, der in seinem neuen Leben etwas aufbauen, etwas schaffen wollte und dies zielstrebig anging. Er baute eigenhändig unser Häuschen, schulte später von Tischler auf Verwaltungsangestellter um und sicherte uns ein Leben im Mittelstand. Mir wurde eine gewisse Genügsamkeit mit auf den Weg gegeben und eine Dankbarkeit für das, was ich habe. Er wollte, dass es seinen Kindern besser geht als ihm früher. Damit das klappte, forderte er auch etwas von mir: gute schulische Leistungen, damit ich später eine vernünftige Ausbildung bekam und von meiner Arbeit gut leben konnte.

Dafür verlangte er Disziplin und klopfte häufiger seine Sprüche, zum Beispiel beim Essen: „Hier spielt die Musik“, bekam ich zu hören, wenn ich mal wieder aus dem Fenster schaute, anstatt mich auf das Essen und die Gespräche der Familie zu konzentrieren, oder: „Es wird gegessen, was auf den Tisch kommt“, wenn ich murrte, dass ich auf dem gedeckten Tisch nichts fand, was mir das Wasser im Munde zusammenlaufen ließ.

Vaters Methoden und der vorgelebte Ehrgeiz könnten Spuren hinterlassen haben, die mir halfen, ein Ziel konzentriert ins Auge zu fassen und es zu verfolgen, mich darauf zu fokussieren und für eine gewisse Zeit Unwichtigeres beiseitezuschieben. Vielleicht halfen sie mir, auch dann diszipliniert weiterzumachen, wenn ich eigentlich gerade keine Lust dazu hatte. Vielleicht halfen sie mir, eher Dinge in Kauf zu nehmen, die andere inakzeptabel fänden, zum Beispiel auf Radtouren wochenlang nur Spaghetti zu essen – von mir aus auch nur mit Salz und ohne Soße –, für den Triathlon monatelang auf Schokolade und Alkohol zu verzichten und ständig eklige

Kohlenhydratgels zu verputzen, die ich sonst mit der Pinzette nicht angefasst hätte. Vielleicht hatte ich daher meinen Willen? Und meine Zielstrebigkeit? Denn auch, wenn ich wahrlich kein Workaholic und kein Ehrgeizling bin: Wenn ich etwas wirklich erreichen möchte, dann bin ich in der Lage, das Ziel ambitioniert und strukturiert zu verfolgen, bis ich es geschafft habe.

Zwei Ratschläge, die mir mein Vater gab, verhallten dagegen auf dem Weg von seinem Mund zu meinen kindlichen Ohren wohl irgendwo. Zum einen: „Finger weg von den Mädchen, das kommt noch früh genug. Erst mal ist die Schule dran!" Das haute zum Glück nicht hin, was in der 9. Klasse an den Noten abzulesen war, die ganz schön in den Keller rutschten. Das war mir egal, meine erste Freundin war es nicht. Aber es wurde ja trotzdem was einigermaßen Vernünftiges aus mir.

Zum anderen hat die Maxime „Ordnung ist das halbe Leben" bei mir nicht gefruchtet. Ich merke das heute immer noch, wenn Wiebke für ein Wochenende auf einem Seminar ist oder bei einer Freundin. Innerhalb kürzester Zeit bricht das Chaos aus, wenn Thorsten allein zu Haus ist. Was auch immer ich festhalte, dort, wo ich es nicht mehr brauche, fällt es mir quasi aus der Hand. Selbstverständlich haben die Post, der Schlüssel, die Jacke, die Schuhe, die Zeitung, das Geschirr und die Faszienrolle einen angestammten Platz im Haus, aber irgendeine unergründliche Kraft hindert mich daran, sie dorthin zu bringen. Erst wenn Wiebkes Heimkehr naht, werde ich aktiv und sorge dafür, dass zumindest das halbe Leben eingetütet ist.

Dabei wäre Ordnung für den Triathlon ziemlich sinnvoll gewesen, und ich hätte Wiebke nicht ständig fragen müssen:

„Hast du zufällig mein rotes Radtrikot gesehen?" – oder die Schwimmbrille, die Radsocken, die Laufhose und alles, was sonst noch nötig war für das Training. Wahrscheinlich hätte ich ohne Wiebkes Mindestmaß an Ordnungssinn keinen einzigen Ironman gefinisht. Schlicht, weil ich fürs Training nichts zum

Anziehen gefunden hätte. Gut, dass es Menschen wie sie in meinem Umfeld gab, die mir Sport auf dem Niveau ermöglichten, auf das ich ihn heben wollte: auf Kona-Level. Und gut, dass es Menschen wie Heiko Ziemainz gab, der meine Psyche übers Telefon beruhigt und mich motiviert hatte. Ich fühlte mich kopftechnisch gewappnet. Ich war bereit, so viel zu trainieren wie nie zuvor. Panikattacke? Ich doch nicht!

DER TRAININGS-COUNTDOWN BEGINNT

Versteckt zwischen hohen Bäumen, abseits der großen Straßen und nur zehn Minuten mit dem Fahrrad entfernt von zu Hause, im Stadtteil Hummelsbüttel, fand ich meine neue Pilgerstätte: ein Fitnessstudio. Bisher hatte mir nichts ferner gelegen als unter einem Dach und zwischen vier Wänden zu schwitzen. Viel lieber war ich draußen an der frischen Luft, auch bei Wind und Wetter. Deswegen machte ich Triathlon und nicht Bodybuilding. Jetzt aber hatte ich einen guten Grund, um in so einen Club einzutreten: das Stabi-Training.

Im intensiven Laufjahr zum Start des Zweijahresplans hatte ich mir noch ein kleines, privates Fitnesscenter zu Hause unterm Dach eingerichtet. Der Paketbote hatte sich mit den bestellten Hanteln sichtlich abgemüht. Ich versuchte, seinen Groll mit einem guten Trinkgeld zu schmälern, auch wenn das sicher nicht für eine Bandscheiben-OP gereicht hätte.

Mein Krafttraining fand statt auf nackten Holzbrettern unter einem schlecht gedämmten Dach und im Herbst und Winter bei kühlen bis eisigen Temperaturen. Das härtete vielleicht ab, machte aber kein bisschen Spaß. Entsprechend blieben die Hanteln meistens unberührt. Ich hoffte inständig, dass der Paketbote das nicht spitzbekam.

Solche Nachlässigkeiten konnte und wollte ich mir im entscheidenden Trainingsjahr nicht mehr erlauben. Klare Taktik nun: Wenn ich für die Rumpfstabi den Weg zum Fitnesscenter auf mich nahm, würde ich die Übungen ausgiebig und konzentriert machen und nicht nach zehn Minuten abbrechen.

Als ich im Herbst 2016 beim Infogespräch saß und mir die nette Mitarbeiterin die Vorzüge ihrer Körperertüchtigungsanstalt erläuterte, kam jemand an uns vorbei, den ich irgendwoher kannte. Ach ja, ich hatte ihn bei einem Wettkampf getroffen, auch ein Schützling von Nils, allerdings ein wirklich guter. Er war auf dem Weg zum Triathlon-Profi und jetzt auf dem nach Hause.

„Du bist hier Mitglied?", fragte ich ihn überrascht, als er mich beim Vorübergehen grüßte.

„Ja, vor allem mache ich hier mein Schwimmtraining", antwortete er.

„Geht das denn? Kann man hier sportlich schwimmen?"

Ich war ganz erstaunt, denn das Becken war mit seinen schlappen 25 Metern eher ein Kinderbecken und erschien mir viel zu kurz, um dort ordentlich zu trainieren. Vom ständigen Wenden bekam man bestimmt einen Drehwurm.

„Also ich kann hier gut trainieren, beste Bedingungen", wischte der junge Sportler meine Bedenken weg.

„Na, dann werde ich es wohl auch mal probieren", antwortete ich noch etwas skeptisch. Wenn ein Topathlet wie er hier zurechtkam, würde es für mich nicht falsch sein. Ich musste mich nur an die kürzere Bahn gewöhnen. Voller Tatendrang unterschrieb ich den Vertrag mit dem Studio, um mit dem Training zu beginnen.

Die alles entscheidenden neun Monate starteten nach ungewohnt kurzer, fünfwöchiger Off-Season Mitte Oktober mit einer Stunde

Rumpfstabi inklusive Krafttraining für die Beine, und einem anschließenden Koppellauf. Bei der ländlichen Umgebung des Fitnessstudios wäre sogar ein Koppellauf im wahrsten Sinne des Wortes möglich gewesen, aber das hätte die Pferde sicher verstört. Ein lockeres Läufchen sollte es sein, 30 Minuten lang zum Eingewöhnen. Aber es lief nicht, ich fühlte mich eingerostet, und meine Beine waren nach dem Gewichtedrücken schwer wie Blei. Jetzt nicht überbewerten, ich hatte eine Pause und fange gerade erst wieder an, alles in Ordnung, dachte ich und rief mir das Gespräch mit Heiko Ziemainz ins Gedächtnis. Der Anfang war gemacht.

Ungefähr wie am ersten Tag ging es weiter: Die acht bis zehn Stunden Training pro Woche füllte Nils mit mehr Koppelläufen und sehr viel mehr Krafttraining als bisher. Er verordnete mir ein starkes Korsett – zum Glück diesmal keines aus Plastik, sondern aus Muskeln: Rücken, Bauch und Beine sollten kräftiger werden. Das sollte die Grundlage sein, auf der ich meine sportlichen Leistungen aufbauen konnte. Wie bei der Golden Gate Bridge oder der Elbphilharmonie: Ohne starkes Fundament bricht irgendwann alles zusammen.

Ich lag also meist auf der Matte, hing oder saß auf Geräten, um Gewichte zu bewegen. Und was soll ich sagen? Im Hummelsbütteler Hawaii-Trainingszentrum geschah ein kleines Wunder. Ich, der notorische Krafttrainingsvermeider, machte plötzlich sogar mehr Stabi als auf dem Plan stand. Denn ich merkte schnell, wie gut mir die Übungen taten. Bei meinen Läufen fühlte ich mich aufrechter, hatte das Gefühl, stabiler zu sein. Das Krafttraining wirkte und machte deshalb sogar – Achtung! – Spaß.

Beim Schwimmen hatte ich den schon längst. Sogar auf der 25-Meter-Bahn. Das Becken im Fitnesscenter war selbstverständlich nicht zu kurz, ich hatte mich vollkommen verschätzt. Natürlich musste ich häufiger wenden, aber für Schwindelgefühle reichte meine Power nun wirklich nicht. Es waren ideale Bedingungen: Ich musste nicht weit fahren und konnte Schwimmen und Rumpfstabi kombinieren.

Zwei bis vier Mal die Woche schickte mich Nils ins Wasser. Das kühle Nass und ich waren mittlerweile sogar ziemlich beste Freunde geworden. Die häufigen Begegnungen in den vergangenen Jahren hatten uns so zusammengeschweißt, dass ich mich auf jedes Treffen freute. Ich glitt dahin, genau in meinem Element, mit der gefühlt perfekten Wasserlage, dem perfekten Abdruck. Mein Training begann nach dem Einschwimmen meist mit Technikübungen. Ich sollte beispielsweise mit geballter Faust kraulen, was denselben Effekt hatte wie einst der Maulwurf. Manch Mitbadender dachte vermutlich, ich hätte einen schlechten Tag, würde meinen Frust am Wasser auslassen und ihm eine Tracht Prügel verpassen. Dabei gab es wenig, was mich so entspannte wie das Bahnenziehen. Nach 25 bis 50 Metern öffnete ich die Faust wieder und genoss das Aha-Erlebnis.

Manchmal schummelte Nils auch eine echte Quälerei ins Programm: Fesselspiele unter Wasser. Dazu schlang ich ein kurzes, wenig elastisches Gummiband eng um meine Fußgelenke, sodass es unmöglich war, die Beine zu bewegen. Ich sollte mich nur durch Körperspannung und Vortrieb über Wasser halten. Wie ein am Haken baumelnder Fisch zappelte ich hin und her, bis ich den Kampf nach einiger Zeit verlor. Ich sank gen Beckenboden als hätte die Mafia meine Beine mit Beton beschwert. Hätte ich mehr Körperspannung gehabt, wäre ich oben geblieben. Zumindest bei der Fessel. Auch wenn sie ein echtes Folterwerkzeug war, das den Mafiosi bestimmt gefallen hätte: Sie konnte mir das Schwimmen nicht vermiesen. Ich glaubte an ihre kraftspendende Wirkung.

Doch obwohl ich gerne für meinen Traum trainierte, begann mir etwas zu fehlen: meine kompletten Ruhetage. Ohne Arbeit. Ohne Training. Das war mir erst gar nicht aufgefallen. Als ich merkte, dass mir Nils keine regelmäßigen Verschnaufpausen gönnte, sondern mich fast jeden Tag ans Trainingswerk schickte, fragte ich ihn: „Wo sind eigentlich die Ruhetage?"

Er konterte umgehend: „Du hast doch Ruhetage. Wenn du wegen langer Dienste, Doppelschichten oder Sondersendungen den ganzen Tag keine Zeit fürs Training hast, dann sind das doch Ruhetage."

„Das kommt ja nicht so oft vor. Außerdem sind das nur Ruhetage beim Sport. Dafür muss ich an diesen Tagen umso mehr arbeiten. Relaxen kann ich da nicht."

„Stimmt", räumte er ein. „Zusätzliche Ruhetage würden aber den Trainingserfolg gefährden. Ich versuche, dich gleichmäßig zu belasten."

Verstanden! Wenn ich auch nicht sicher war, ob mir das gefiel: Für mich sollte es bis zum Sommer kaum einen Tag mehr ohne Sport oder Arbeit geben. Doch ich hatte es so gewollt. Und wollte es immer noch. Selbst, wenn ich manche Tage sicher verfluchen würde.

Wie jenen im November: Ich hatte Wochenend-Frühdienst bei der *Tagesschau*. Aufstehen um 6 Uhr morgens, Schluss war nach der Sendung um 12. Ich eilte nach Hause, um mich meinem Training zu widmen: erst eine Stunde laufen, anschließend stand eine weitere Stunde Rollentraining auf dem Plan. Ich hatte Nils „2 Stunden" als möglichen Trainingsumfang für heute angegeben. Ich wusste, dass ich für Hawaii alles geben musste und überließ ihm daher jede erdenkliche Zeitlücke, damit er sie mit Training füllen konnte. Doch diesmal ging es wirklich nicht. Ich hatte Doppelschicht und musste schon um 16:30 Uhr wieder im Sender sein. Wollte ich noch ein paar Minuten fürs Luftholen und einen Happen Essen haben, konnte ich das Training nicht durchziehen. Zumal mein Tag erst nach den *Tagesthemen* und der anschließenden kurzen Manöverkritik sehr spät enden würde, gegen 23 Uhr 15.

Nach dem Motto: „aufgeschoben ist nicht aufgehoben", holte ich den ausgefallenen Lauf am nächsten Tag nach. Natürlich nur nach Rücksprache mit Nils.

Und dann kam *die* Gelegenheit, meine Ausrüstung aufzupimpen. Ein Bekannter bot mir seine hochwertige Rennmaschine an: gebraucht, aber bestens in Schuss, meinte er. Und ich spielte ja schon länger mit dem Gedanken, mir ein neues Rad zu kaufen.

„Mach das!", sagte Wiebke zu mir beim Abendessen. „Ich finde, du kannst dir das ruhig gönnen, und es erhöht deine Chancen." Zwei Tage später, an einem kalten, aber sonnigen Tag Ende November, traf ich meinen Bekannten – und das Rad. Ich war auf den ersten Blick begeistert: Es hatte einen flächigen, super aerodynamischen Rahmen und Laufräder, deren hohe Felgen den Wind nur so vorbeizischen lassen würden. Der Lenker verschmolz windschnittig mit dem Rest des Rades, und sowohl ein Getränkebehälter als auch eine Transportbox für Verpflegung und Werkzeug waren bereits perfekt aerodynamisch am Rad angebracht. Außerdem hatte es eine elektronische Schaltung! Ein Highlight, da sich die Gänge damit per Knopfdruck wechseln ließen, sowohl vom normalen Lenker aus, als auch an den Enden des Lenkeraufsatzes für die Arme. So konnte ich in allen Positionen schalten, auch wenn ich die Aeroposition verlassen hatte, zum Beispiel in Kurven oder bei Anstiegen.

Allerdings hatte ich mit der Carbonschönheit einen kleinen „England-Moment". Sie wissen schon, die Sache mit der fehlenden Rücktrittbremse. Nicht, dass ich bei meiner Testfahrt auf dem Triathlongeschoss danach gesucht hätte. Wohl aber griff ich statt an die Bremshebel öfter mal ins Leere. Der Basislenker war ganz anders aufgebaut als der meines bisherigen Bikes. Ein seit Jahren automatisierter Bewegungsablauf, der erst umprogrammiert werden musste. Davon abgesehen rollte das Rad aber fast von alleine. Einzig der Typ, der dick und breit auf dem Sattel dieser filigranen Komposition saß und viel zu viel Windwiderstand leistete, wirkte bremsend. Dabei hatte ich schon eine gewagte aerodynamische Position eingenommen, die aussah als wollte ich einen Köpper in den Asphalt machen.

Ich fühlte mich zwar schnell, aber noch unsicher. Immer wieder musste ich beim Umgreifen höllisch aufpassen, nicht auf die Nase zu krachen und für ein kaputtes Hightechrad blechen zu müssen. Aber an diese aggressivere Sitzposition würde ich mich bestimmt schnell gewöhnen und war mir sicher: Mit diesem Ding unterm Hintern könnte ich zum Speedy Gonzales unter den Radlern werden. Ich konnte das Meer in der Bucht von Kona fast schon riechen.

„Fährt sich ganz gut", sagte ich sachlich, als ich nach der Testfahrt wieder vom Sattel kletterte. Ich hoffte, einen „Nett, aber kein Muss"-Eindruck zu erzeugen und so noch ein paar Euro herauszuholen. Wie hoch der Preis sein würde, hatte mir mein Bekannter bisher nur angedeutet. Also fragte ich: „Was soll das Rad denn eigentlich kosten?" und verzog vorsorglich schon einmal ein wenig das Gesicht in Erwartung der schmerzhaften Antwort. Ein solches Rad liegt auch gebraucht noch satt im mittleren vierstelligen Bereich. Und genau eine solche Zahl nannte er auch. Weil ich dieses Bike aber unbedingt haben wollte, egal wie „Affe auf dem Schleifstein"-mäßig ich eben noch darauf gehangen hatte, musste ich mir trotzdem nicht lange gut zureden und verhandelte auch nicht: Das Teil war fast wie neu und deshalb sein Geld wert – vom Ventil bis zur elektronischen Schaltung. Also greif zu!, dachte ich, und wir wurden uns sofort handelseinig. Bis sich mein Bekannter Ersatz besorgt hatte, wollte er das Rad allerdings noch benutzen, weshalb ich es erst um Weihnachten herum würde abholen können.

Mitte Dezember war es dann so weit: Mein neues Tria-Rad siedelte endlich über zu mir – direkt in mein Arbeitszimmer. Die Temperaturen waren just an diesem Tag in Richtung arktisch gefallen, und die ersehnte Wiedersehensfahrt fiel aus. 24 Stunden zuvor hatte ich mit dem anderen Rad noch eine Abschiedsrunde drehen können, in gerade noch akzeptabler Kälte. Obwohl ich Sorge hatte, dass mir irgendeines meiner tiefgefrorenen Körperteile abbrechen könnte. Das war definitiv die letzte Ausfahrt für die nächsten Monate gewesen. Abgesehen vom Trainingscamp in Fuerte, wo ich Ende Januar hinfliegen würde. Aber dahin wollte ich meine Neuerwerbung nicht mitschleppen, sondern mir vor Ort ein Rennrad mieten. Nicht auszudenken, wenn es auf den Flügen beschädigt würde.

Ein bisschen ärgerte ich mich, wie ich so blöd hatte sein können, mir im Winter ein neues Rad zuzulegen, wenn ich das Schmuckstück nur sehnsüchtig anschauen und mich auf das Frühjahr vertrösten konnte. Ich zweifelte entschieden daran, dass Vorfreude die schönste Freude ist.

Und noch etwas schaute ich nur sehnsüchtig an: das Weihnachtsgebäck. Ich blieb stark. Obwohl nicht nur die übliche Weihnachtsschoko-Bedrohung an jeder Ecke lauerte, sondern auch diverse Festivitäten zum Ende des Jahres meine mentale Stärke herausforderten: Mokkatorte, Chips und Schokolade beim Geburtstag meines Schwagers – nicht angerührt! Die Biskuitrolle beim Geburtstag meiner Quasischwiegermutter – nicht angerührt! Die Mandarinentorte beim Geburtstag meiner Mutter nicht angerührt!

Ich blieb standhaft, und ich fand das gar nicht mal so schwierig. Ich musste mir nur ins Gedächtnis rufen, dass ich den kurzen Augenblick des Genießens mit einem unschönen Völlegefühl bezahlen würde, weil ich viel mehr futterte als eigentlich in meinen Magen passte.

Der Damm durfte kein Leck bekommen, sonst würde er brechen. Bei mir geht nur ganz oder gar nicht. Nicht das winzigste Stück durfte in meinem Mund landen, sonst wäre es aus gewesen.

Nur am Weihnachtstag durfte ich endlich über die Stränge schlagen, zumindest beim Alkohol. Wie jedes Jahr hatte ich zum großen Familien-Raclette-Essen den Wein besorgt, auch meinen damaligen Lieblingsrotwein aus dem Anbaugebiet Unstrut und Saale. Meine Schwester Anke war in diesem Jahr an Heiligabend die Gastgeberin und schenkte mir kräftig ein: „Zum Wohl! Wenn du deine Abstinenz bis zum Sommer durchhalten musst, dann solltest du den jetzt genießen!"

Genau das hatte ich vor. Voller Vorfreude setzte ich das Glas an die Lippen – und verzog das Gesicht, als hätte ich in eine Zitrone gebissen. „Bäh! Was soll das denn sein?", fragte ich entsetzt und griff reflexartig nach der Flasche, um mir das Etikett anzuschauen. Vielleicht hatte Anke versehentlich die Essigflasche erwischt? Aber es war mein Lieblingswein, beziehungsweise jetzt mein Ex.

Zum Glück hatte ich auch noch meinen liebsten Weißwein mitgebracht, ein wunderbarer Sauvignon Blanc aus der Pfalz.

Doch auch der schob sich nur widerwillig meine Speiseröhre hinunter. Meine Geschmacksnerven waren auch nicht mehr das, was sie mal waren.

Also gut: Landete eben wieder Apfelschorle in meinem Glas. Wein zu trinken ohne Genuss, das musste nicht sein. Erstaunlich, wie schnell ich mich entwöhnt hatte. Vor gerade einmal gut zwei Monaten hatte ich meinen letzten Tropfen Alkohol zu mir genommen. Ich würde heute Abend nüchtern in die Klaviertasten hauen.

Es schien mir dann sogar eine Überlegung wert, den Alkoholkonsum auch nach dem Projekt Kona zumindest auf niedrigem Niveau zu halten, denn gleich am nächsten Morgen wurde ich für meine ungewollte Abstinenz belohnt: kein Kater, kein mulmiges Gefühl nirgendwo, es ging mir blendend. Völlig ungewohnt für einen ersten Weihnachtsfeiertag, der sonst nach Völlerei und Zecherei meist übel begann. Ich konnte fit ans Werk gehen, ein weiterer Sporttag stand mir bevor.

Ins neue Jahr ging ich mit gesteigerten Trainingsumfängen: zehn bis zwölf Stunden sollte ich mir künftig in der Woche freischaufeln. Diese recht frühe Steigerung war notwendig, da das Trainingslager auf Fuerteventura bevorstand. Als wäre das nicht schon genug Motivation, holte ich mir einen weiteren Schub durch einen Erfolg. Mitte Januar lief ich bei einem Rennen über die zehn Kilometer ganz nah an die 40-Minuten-Grenze heran, mit 40:28. Die Strecke war in Wahrheit etwas länger, sodass auf meiner Uhr glatte 4 Minuten pro Kilometer standen. Ich war schwer begeistert. Von mir und von meinem Trainer, dem ich sofort danach schrieb:

„Grandioser Lauf! Besten Dank für das offenbar gute Training!"

Übrigens lief ich unter Nils schon immer nur mit dem „Tempo" als Maßgabe, der Puls war uninteressant, solange er einigermaßen passte. „Weil der Puls von zu vielen Störfaktoren abhängig ist, zu wenig Schlaf oder Stress oder Hitze beeinflussen ihn auch. Außerdem will ich dich auf ein bestimmtes Tempo hintrainieren, nicht auf einen bestimmten Pulsbereich", hatte er das begründet.

So gut das Laufen war, so zwiegespalten war ich mittlerweile beim Schwimmen. Ja, es machte Spaß. Aber der würde mich nicht nach Hawaii bringen. Ich wurde einfach nicht schneller. Ich stagnierte! Bei der Suche nach der Ursache half mir eher zufällig ein junger Mann, mit dem ich mir im Fitnessstudio eines Tages die Bahn teilte. Er pausierte, sah mir interessiert zu und fragte mich nach ein paar Bahnen: „Bist du Triathlet? Ich habe auf deinen Plan gelinst. Ganz schön happig."

Damit ich keine Komponente vergaß, schrieb ich mir mein kleinteiliges Schwimmprogramm immer auf die Briefumschläge, die mit Rechnungen garniert ins Haus flatterten. Die waren selbst feucht noch recht reißfest und auf diese Art sinnvoll wiederverwertet. Genau ein solcher Trainingszettel lag am Beckenrand, und der Mitschwimmer hatte geluschert. Im Gespräch stellte sich heraus, dass er früher Bundesligaschwimmer war. Das nutzte ich gleich, um ihn um Rat zu fragen.

„Deine Wasserlage beim Rückenschwimmen ist nicht gut", meinte er. „Dein Hintern hängt zu tief im Wasser, der Kopf guckt zu weit raus." Na, wenn es sonst nichts ist. Kein Problem, dachte ich, im Wettkampf kraule ich ja. Bevor die Erleichterung zu groß werden konnte, fügte er jedoch hinzu: „Beim Kraulen ist es ganz ähnlich: Dein Po muss höher, der sackt zu weit ab. Und du musst dich mehr strecken, wenn du deinen Kraulzug beginnst."

Beim Schwimmen war es wie bei Immobilien: Lage, Lage, und noch mal Lage – nichts anderes zählte. Und bei mir war sie wohl nicht ganz so gut wie ich gehofft hatte. Der Ex-Ligaschwimmer war aber noch nicht fertig: „Das Auffälligste ist“, fuhr der blonde Mittzwanziger fort, „dass deine Hand nach der Druckphase viel zu früh aus dem Wasser kommt. Du musst sie weiter nach hinten durchziehen, bis zum Oberschenkel, bis es nicht mehr weiter geht. Am Ende dann mit einem kleinen, aber heftigen Stoß nach hinten drücken. Du musst die ganze Länge des Arms nutzen, bis er gestreckt ist, so schaffst du mehr Vortrieb.“ Das kam mir bekannt vor: von meinen vereinzelten Schwimmstunden. Ich hatte mir in den vergangenen Jahren etwa jedes halbe Jahr eine Trainerin engagiert, die meinen Schwimmstil unter die Lupe nahm und Hinweise gab. Meine Unzulänglichkeiten anschließend zu beheben, nach eigenem Gefühl und Empfinden, ohne permanente Kontrolle von außen, war mir offenbar nur bedingt gelungen. Der Experte, der neben mir im Wasser stand und langsam anfing zu frieren, gab mir noch einen letzten Tipp: „Deine Hände sind beim Ziehen und Drücken zu weit weg vom Körper. Achte da mal drauf. Aber der Rest sieht gut aus.“

Der war witzig. Welcher Rest? Ich fürchtete, ich hatte noch viel Arbeit vor mir.

Dann wurde es endlich Ende Januar, und ich durfte die vielen Bekleidungshüllen auf ein notwendiges Minimum reduzieren: Es ging nach Fuerteventura. Ich konnte es wie immer kaum erwarten, draußen zu trainieren, und war bei meiner ersten Radausfahrt in kurzen Hosen nicht zu zügeln. Kaum spürte ich die Wärme auf meiner winterbleichen Haut, klemmte der Vernunftschalter in meinem Kopf, und ich trat heftiger in die Pedale als gut gewesen wäre. Beziehungsweise als im Plan gestanden hatte. Obwohl zur Eingewöhnung ein gemächliches Einrollen vorgesehen war, fuhr ich die ersten 85 Kilometer und 1 000 Höhenmeter so schnell, dass mein Puls in die Höhe schnellte. Was willst du machen, wenn vor Freude die Gäule mit dir durchgehen? Die achten bestimmt auch nicht auf ihren Puls, wenn sie nach langer Zeit im Stall auf die Koppel dürfen.

Denen tun danach aber die Beine vermutlich auch nicht so weh. Die Quittung für meinen Übermut bekam ich prompt einen Tag später. Bei der zweiten Ausfahrt hatte ich nicht wenig Mühe zu treten. Der Elan vom Vortag wich der Pflichterfüllung. Ich sollte aber noch genug Gelegenheit haben, in meinen Rhythmus zu finden. 500 Radkilometer hatte Nils für das sechstägige Trainingscamp vorgesehen, insgesamt 34 Stunden Sport, jeden Tag zwei Disziplinen, manchmal auch drei. Fast ein Vollzeitjob! Und das, wo doch in diesem Jahr ein wichtiger Motivationsfaktor wegfiel: Pulido Alonso.

„Die Bäckerei", wie alle den Laden nur nannten, hatte ich bisher in jede Tour auf Fuerteventura mit eingebaut – selbst wenn dafür ein Umweg nötig war. Von außen ein hässlicher, ockerfarbener 70er-Jahre-Bau, innen dagegen prächtig anzuschauen, dank des grandiosen Angebots an Leckereien. Eine gefährliche Versuchung, meine Nasch-Abstinenz zu unterbrechen.

„Pulido lassen wir dieses Mal, ok?", versuchte ich daher Markus und Andrea zu überzeugen, die mich nach Fuerte begleitet hatten.

„Nix da!", grinste Markus, und auch Andrea schüttelte vehement den Kopf. Die beiden trainierten zwar auch für die Langdistanz, waren aber in ihrer Trainingsauffassung deutlich lockerer als ich. Sie wollten unbedingt hinein in den Laden, in dem Milch und Honig flossen, ins Paradies für Schleckermäuler. Also gab ich mich geschlagen und stand wenig später mit den beiden vor der Theke „der Bäckerei".

Ich bin sicher, Wissenschaftler könnten nachweisen, wie beim Betreten des heiligen Ladens die Augen eines jeden Menschen größer und der Speichelfluss stärker werden. Wahrscheinlich schütten die Besucher sogar Glückshormone aus, ob des herrlichen Anblicks. Denn die prall gefüllten Auslagen waren eine Pracht: Croissants, Schweineohren mit Schokolade, Törtchen mit Früchten, Plunderschnecken, Sahne- und Cremeschnitten sowie Eclairs, um nur einige der Köstlichkeiten zu nennen. Für mich waren sie alle tabu! Während Andrea und Markus es sich schmecken ließen, hielt ich mich an meinem Café con leche ohne Zucker fest. „Willst du mal probieren?“, fragte Andrea und hielt mir ihren Teller mit der Erdbeer-Quarkcreme-Schnitte hin.

„Die ist echt lecker“, nuschelte sie mit halb vollem Mund. Ich seufzte. „Nein danke“, sagte ich ein wenig gequält und tröstete mich damit, dass ich ja wiederkommen könnte, wenn ich Hawaii geschafft hatte. Dann könnte ich mich eine Nacht lang einschließen lassen und nach Herzenslust schlemmen – der nächste Traum, an dessen Realisierung ich hart arbeiten könnte. Man muss sich ja Ziele im Leben setzen.

Ein paar schnell verfügbare Kohlenhydrate hätte ich allerdings auch jetzt schon gut gebrauchen können. Denn das Training im Camp war hart. Besonders heftig war das hochintensive Intervalltraining – ausnahmsweise nicht in der Sonne, sondern drinnen auf dem Laufband: ein schneller Wechsel aus Sprints, bei denen ich mir die Lunge aus dem Leib rannte, und kurzen Pausen. 30 Sekunden Sprint, 30 Sekunden Pause, Sprint, Pause, immer wieder. Bis ich nach einer halben Stunde endlich erlöst mit letzter Kraft vom Laufband sprang und mich zu Boden sinken ließ. Hammerhart – zumal ich kurz davor dreieinhalb Stunden auf dem Rad saß –, aber auch richtig klasse! Ich war so nass geschwitzt, als sei ich gerade dem Schwimmbecken entstiegen, in das ich dann nach einer kleinen Pause auch springen sollte.

Nils kann Folterknecht, dachte ich mir, als ich die erste Übung begann. Beinschlagschwimmen stand im Plan, also Hände ans Schwimmbrett und kicken, kicken, kicken. Als hätten meine Waden und Oberschenkel heute nicht schon genug getan. Ein Trainingstag mit Gib-alles-Feeling. Ich fand es großartig, wenn ich mich durch diese Aufgaben kämpfte, die mir alles abverlangten. Währenddessen fluchte ich wie verrückt, danach aber war ich glücklich und zufrieden, es durchgezogen zu haben. Vielleicht, weil ich verstand, warum ich das tat. Mir war klar, dass der Körper Reize braucht, um besser zu werden. Blieb alles im gleichen Trott, passierte nichts, das Niveau stagnierte. An dem harten Training zu wachsen, war ein verdammt gutes Gefühl.

Dennoch tauchte eine winzige dunkle Wolke am blauen Trainingshimmel auf: Mein Knie schmerzte beim Krafttraining, zum Glück nur bei bestimmten Übungen, aber doch merklich. Angedeutet hatte es sich schon zu Hause. Nun konnte ich das Problem nicht mehr ignorieren. Sofort kamen mir ungute Szenen aus Zschernitzsch ins Gedächtnis, zum Glück aber schwoll nichts an, und der Schmerz verzog sich, als ich die Übungen wegließ. Seit der Radtour vor 24 Jahren hatten die Knie auf wundersame Weise alle Strapazen mitgemacht – und so würde es hoffentlich auch bleiben.

KÖLLE ALAAF

Zu Hause ging es erst mal wieder auf die Rolle, in die Schwimmhalle und dick eingepackt auf die Laufrunde, bevor Ende Februar ein sehr spezieller Trainingsblock folgte: zweieinhalb Tage Karneval. Seit 20 Jahren fuhr ich jedes Jahr zur fünften Jahreszeit nach Köln. Seit ich Langdistanzler war, hatte ich meine Laufschuhe immer mitgenommen und war zwischendurch den Rhein entlanggerannt. In diesem Jahr nicht, ausgerechnet. Es sollte eine erste Belohnung für meine bis dahin gezeigte Disziplin sein, ein kurzes Luftholen, den Kopf freibekommen. Gerne auch mit ein paar Bierchen, schließlich hatte ich mir diese Ausnahme von der Abstinenzregel schon zu Beginn des finalen Trainingsjahres erlaubt.

Die kurze Auszeit musste ich mir aber hart erarbeiten. Für die Tage davor hatte Nils ein straffes Programm aufgestellt, mit einer Extraportion Qual. Noch am Morgen des Abfahrtstages brummte er mir einen anderthalbstündigen Nüchternlauf auf, dabei hatte ich noch den ganzen Tag plus die ganze Nacht Tanzen vor mir. Nils hatte offenbar keine Ahnung davon, was ich an meinen beiden Karnevalstagen und -nächten leistete. Und überhaupt: Bis fünf oder sechs Uhr früh durch die Kneipen zu ziehen war in meinen Augen auch schon Training für Hawaii. Ich vermutete auf der Insel die gleichen saunaähnlichen Temperaturen – und beim Schwimmstart ein vergleichbares Gedränge. Auch die Zeitverschiebung galt in Köln: Wir machten schließlich die Nacht zum Tag. Und sogar ausgabentechnisch konnte das Karnevalswochenende mit dem teuren Hawaii mithalten. Denn ich war es, der Runde um Runde schmiss. So konnte ich meine Spezialbestellung besser aufgeben: „Fünf Kölsch und ein Wasser bitte!" Letzteres war natürlich für mich. Später wechselte ich auch mal zu Cola. Wild!

Zwischendrin konnte ich den ausgestreckten Armen mit Kölsch in der Hand nicht immer ausweichen, aber ein gewisses Maß an Alkoholkonsum hatte ich ja eingeplant. Außerdem: Wann wird man als Hippie mit Lockenpracht, dicken Koteletten (was der *NDR* so alles im Fundus hat ...) und schrägen, bunten 70er-Jahre-Klamotten (was mein Vater so alles getragen hat...) schon mal von Mozart, Obelix, einer Bushaltestelle, einer Fee, einem schmalzigen Schlagersänger oder Horst Schlämmer zum Bier eingeladen? Da kann man doch nicht Nein sagen!

Im Gegensatz zum Weihnachtswein schmeckte mir das Kölsch ganz hervorragend. Und war Bier (auch wenn Kölsch für viele nicht dazuzählt) nicht ein isotonisches Getränk?

Was soll ich sagen: Die zweieinhalb Tage Karneval waren es zwar wert, schlauchten mich aber fast mehr als die Woche Fuerteventura. Als ich wieder in den direkten Trainingsweg nach Frankfurt einscheren wollte, war ich fix und fertig. Ich würde erst einmal ein wenig Schlaf nachholen müssen. Leider galt aber: Wer feiern kann, der kann auch trainieren. Noch so ein Spruch, der von meinem Vater stammen könnte. Kaum war ich am Rosenmontag zurück in Hamburg, ging es weiter. Ein sanftes Zurückgleiten in die Trainingsroutine hatte Nils nicht vorgesehen.

TRAININGSTAGE

Im März stand die alljährliche Schwimmbeckengrundreinigung in meinem Fitnessstudio an. Das bedeutete, dass das neu eingelassene Wasser erst wieder auf Betriebstemperatur kommen musste. Bis dahin fühlte es sich an wie die Ostsee im Februar: viel zu kalt. Obwohl die Anzeige mir einreden wollte, dass die Wassertemperatur bei 21 Grad lag, klapperte ich mit den Zähnen. Ich war mittlerweile nur noch ein dünner Hering ohne irgendeine wärmende Fettschicht am Leib, obwohl ich wie ein Irrer spachtelte. Jetzt wog ich noch 73,8 Kilo und hatte 10,1 Prozent Körperfett. Zu wenig, um bei diesen Temperaturen nicht zu bibbern.

Ich wollte so schnell wie möglich raus aus dem Becken, das Training aber nicht sausen lassen, nur wegen ein bisschen mehr Gänsehaut. Also ließ ich die im Programm vorgesehenen Pausen einfach weg, blieb so in Bewegung, und erlaubte mir, vorzeitig nach exakt einer Stunde Schluss zu machen. Schnell raus, bevor ich mich noch erkältete. Ich hatte ein leicht schlechtes Gewissen: Was, wenn ich wegen dieses eigenmächtig abgekürzten Trainings später im Wettkampf nicht meine Leistung brachte? So absurd dieser Gedanke war, auch er trug dazu bei, dass ich versuchte, meinen Trainingsplan möglichst hundertprozentig zu erfüllen.

Mein Pensum war mittlerweile auf 13 Stunden pro Woche gewachsen. Üblich waren zwei Einheiten am Tag. Ich koppelte häufig, machte mehr Nüchternläufe, um die Fettverbrennung zu befeuern – die ist wichtig für lange Ausdauerbelastungen, da die Kohlenhydratreserven des Körpers begrenzt sind – und wechselte zwischen langen und kurzen, hochintensiven Trainingseinheiten. Besonders die brachten mich ans Limit. Nils spitzte das Training so zu, dass ich danach oft vollkommen erledigt war. Vor allem in der dritten Disziplin, dem Laufen. Ich kam nicht mehr nur morgens schwer in die Gänge, nun hatte mein Kraftwerk manchmal auch beim Laufen nach zehn Uhr Stromausfall.

Meine Beine waren ohne jegliche Energie und mühten sich Meter für Meter voran. Das Gefühl, sie rotierten von ganz alleine, war weg. Jetzt knarzten und quietschten die Gelenke an einigen Tagen wie die Scharniere einer verrosteten Tür. Nils erklärte das immer mit der Trainingsbelastung der Vortage und schob ein „Schon krass, wie gut es insgesamt läuft" hinterher, was mich ein bisschen milder mit mir selbst stimmte. Er hatte die Kapitel „Mentales Training" offenbar nicht überblättert.

Trotzdem fand ich dieses Hin und Her bei meiner Laufleistung zumindest irritierend und hoffte, dass das Kraftwerk wenigstens am Renntag reibungslos seine Arbeit tun würde. Aber dafür würde „Schichtleiter Nils" schon sorgen.

Immerhin rotierten die Beine Mitte März, bei der ersten Radausfahrt seit Langem, wie geschmiert. Allerdings hätte sich das auch mit Oberschenkelhalsbruch so angefühlt, denn – endlich, endlich – hatte das Wetter mein Akzeptanzminimum von 15 Grad fürs Draußenradeln erreicht, und ich konnte mich – lange und heiß ersehnt – auf mein neues Gefährt schwingen. Mir steckte zwar der *Tagesschau*-Frühdienst in den Knochen, und ich war etwas müde, aber das war wie weggeblasen, als ich auf dem Sattel saß und mit Düsenantrieb dahinraste. Nur an die neue Haltung à la „chinesischer Staatszirkus" musste ich mich noch gewöhnen, dann würden sicher auch die Nacken- und Rückenschmerzen nachlassen.

Meine Jungfernfahrt fiel mit 45 Kilometern allerdings sehr viel kürzer aus als geplant. Ich nahm Kurs Nordost, um in Schleswig-Holstein über Land zu fahren. Mitten in der Pampa knallte ich in ein Schlagloch und hörte, wie plötzlich die Luft aus dem Vorderreifen zischte. Kein Problem, denn selbstverständlich hatte ich alles dabei, um einen Platten reparieren zu können: Flickzeug und statt einer Luftpumpe eine praktische CO_2-Kartusche. Aus diesen kleinen, handlichen Behältnissen zischt das Füllmittel in den Schlauch, und sekundenschnell wird aus platt prall. Schon nach kurzer Zeit konnte ich mich wieder in den Sattel schwingen. Eine Weile ging alles gut, dann hörte ich erneut ein „Pffffft" und rollte auf der vorderen Felge. Prall war wieder platt. Bei näherer Betrachtung erkannte ich, dass ich schlampig gearbeitet hatte: Mein Flicken hatte nicht gehalten. Also gut, noch mal das Ganze. Aber Moment. Ich hatte meine Kartusche gerade eben verbraucht und nur diese eine dabei. Denn zwei Platten auf einer Radtour? Das wäre zu viel des Pechs und passierte sicher niemals. Falsch gedacht. Mir passierte es gleich bei meiner ersten Ausfahrt mit meinem neuen Rad. Nach diesem Desaster blieb mir nur, eine alte Radlerweisheit zu beherzigen: Wer sein Rad liebt, der schiebt – oder ruft ein Taxi.

Das sah nicht nach dem Beginn einer wunderbaren Freundschaft aus, aber ich war sicher, die Beziehung zwischen mir und meiner neuen Carbonschönheit würde die Anfangsschwierigkeiten überstehen. Zumal ich noch am gleichen Tag einen Ersatzschlauch besorgte und in das integrierte Transportfach meiner Rennrakete stopfte. Vertrauen ist gut, Reparaturkit ist besser.

Ende März mussten wir ohnehin schon wieder eine Beziehungspause einlegen. Die nächste Vorbereitungsstufe sollte gezündet werden: auf nach Fuerteventura zum zweiten Trainingslager der Saison.

Gleich nach der Ankunft am Abend kramte ich schon meine Laufschuhe aus dem Koffer und begab mich für eine halbe Stunde auf die Piste. Und in dem Tempo sollte es weitergehen, meine Trainingstage hatten es in sich. Belohnt wurde ich mit meinem ersten richtigen „Runners High". Endlich verstand ich, wovon die anderen immer gesprochen hatten.

Nach einer mehr als 100 Kilometer langen Radausfahrt machte ich mich auf zum Koppellauf. Es war heiß auf der sich einsam zwischen kargen Hügeln hindurchschlängelnden Straße zum Leuchtturm, und der Weg wurde immer steiler. Ich schnaufte und schwitzte, als mich plötzlich ein wohliges, warmes Gefühl durchströmte. Meine Beine hätten eigentlich laut aufschreien müssen nach der heftigen Kraxelei auf dem Rad, aber sie liefen ganz von selbst. Ich spürte keinerlei Anstrengung. Auch der Weg zurück verlief wie im Rausch, ich fühlte mich unkaputtbar, hätte ewig so weitermachen können und war fast enttäuscht, als der Trip nach 13 Kilometern schon vorbei war und ich vollkommen beglückt zurück am Triathleten-Hotel ankam. Die anschließende halbe Stunde Rumpfstabi und das ausgiebige und entspannende Dehnen vervollkommneten das beglückende Tagewerk.

An den insgesamt neun Tagen im Camp ackerte ich 42 Stunden für meinen Traum. Wobei „ackern" nicht das richtige Wort dafür war. Es war anstrengend und fordernd, aber: Einfach toll!

Am letzten Tag machten sich einer meiner Fuerte-Genossen und ich auf zur Königsetappe auf dem Rad, so will es das ungeschriebene Trainingslagergesetz: kein Camp ohne royale Radausfahrt. Mein Begleiter hieß Frank, war schon seit Studienzeiten Triathlet und damals sogar einmal in Kona angetreten und führte nun als Herausgeber ein Triathlon-Fachmagazin. Er trainierte auf Fuerte, um sich in Hamburg nach langer Zeit erneut für Hawaii zu qualifizieren, zum Glück jedoch zwei Altersklassen unter mir. Sonst hätte ich am Ende noch in Erwägung ziehen müssen, ihm versehentlich einen leichten Schubser zu verpassen, wenn ihm die Streifenhörnchen auf dem Aussichtspunkt in den Bergen aus der Hand fraßen.

Halt! Stopp! Das würde ich natürlich niemals tun. Trotzdem war ich erleichtert, dass wir zwei keine direkten Konkurrenten um einen der wenigen Slots waren. Obwohl ich ohnehin hoffte, dass ich beim Start in Hamburg die Hawaii-Quali schon in der Tasche haben würde.

Der Weg führte 200 Kilometer quer über die Insel, und auf meinem Tacho stand am Ende bei den Höhenmetern eine 3000.

Es ging ein bisschen zäh los. Ich brauchte lange, um auf dem Rad in Tritt zu kommen. Mir steckten die intensiven Tage im Camp wohl doch in den Knochen. Mein Hintern hatte schon schwer gelitten und brauchte es weich und flauschig, weshalb ich gleich zwei Fahrradhosen übergestreift hatte.

Erst nach 80 Kilometern hatte ich die Schwere in den Beinen weggestrampelt und kam besser in Tritt. Das hieß aber nicht, dass ich nicht mehr fluchte. Etwa ab Kilometer 100 wehte uns aus Norden ein heftiger Wind entgegen, und wir rollten auf dem jetzt rauen Asphalt längst nicht mehr so schnell dahin wie zuvor. Aufmunterung holte ich mir bei dem Gedanken an den Rückenwind, mit dem wir auf dem Rückweg belohnt werden müssten.

Um die runden 200 Kilometer voll zu kriegen, fuhren wir dann allerdings zwei Umwege. Dabei passierte das Unfassbare: Beide Male kamen wir an „der Bäckerei" vorbei, ohne auch nur ein Mal einzukehren. So sehr sehnten wir das Ende der Fahrerei herbei. Ich hätte eh wieder nur einen Kaffee ohne Zucker geschlürft und mich der süßen Verlockungen erwehren müssen. Nach fast acht Stunden auf dem Rad rollten Frank und ich müde, aber hochzufrieden mit der eigenen Leistung aufs Hotelgelände. Uns hing der Magen bis zum Kettenblatt, deshalb trafen wir uns nach dem Duschen und Umziehen sehr bald am Buffet wieder.

„Ich brauche dringend was Süßes" waren Franks letzte Worte, bevor er sich am Salat und an den Hauptspeisen vorbei sofort zum Dessertbüffet schleppte und sich über die Mousse au Chocolat hermachte. „Das hat gutgetan, jetzt der Rest", sprach er und schaufelte sich Fleisch, Pommes, Nudeln und Gemüse auf den Teller. Ich war etwas beruhigt, denn seine bisherige Ernährung hatte mich schwer verunsichert. Jetzt aber aß er eigentlich ganz normal und so, wie ich es auch tun würde – natürlich bis auf die „böse" Mousse au Chocolat.

DER RICHTIGE TREIBSTOFF

Ich hatte mir bisher über meine Ernährung wenig Gedanken gemacht. Natürlich, ich verzichtete auf Süßigkeiten und Alkohol und sah generell zu, dass ich vielseitig, frisch und gesund aß. Frank war da allerdings einen gewaltigen Schritt weiter: Beim ersten gemeinsamen Frühstück, ein paar Tage vor unserer Königsetappe, wäre mir vor Erstaunen auf dem Weg vom Büffet zum Tisch fast der Teller Toastbrot mit Kidneybohnen und Käse sowie das Schälchen mit dem Müsli aus den Händen gerutscht. Nicht, weil ich aufgrund des harten Trainings einen Schwächeanfall gehabt oder meine Kellnerfähigkeiten überschätzt hätte – als viel futternder Langdistanzler lernt man mit der Zeit, möglichst viel Essen in möglichst kurzer Zeit vom Büfett an seinen Platz zu transportieren. Nein, Frank begann den Tag mit einem Stück Fleisch, Quark und Rührei. Lustige Kombination, fand ich, wissenschaftlich durchdacht, erklärte er.

„Ich will hier weiter meine Fettverbrennung trainieren", begründete er seine Speisenwahl. „Also lasse ich die Kohlenhydrate weg. Auch wenn ich auf dem Rad sitze, warte ich möglichst lange, bis ich ein Gel oder einen Riegel esse. Zwei Stunden sollte ich durchhalten. Den Effekt steigere ich manchmal noch, indem ich abends hart trainiere und danach nur Fette und Eiweiße esse. Keine Kohlenhydrate. Ins Rennen gehe ich mit vollem Kohlenhydratspeicher. ‚Train low, compete high' – das mache ich schon die ganze Zeit so."

Die Idee hinter dieser Trainingsmethode war, kurz zusammengefasst, den Körper darauf zu drillen, primär Fett statt Kohlenhydrate zur Energiegewinnung heranzuziehen und so im Rennen nicht in den ersten rund 90 Minuten sämtliche Kohlenhydrate zu verballern. Denn Kohlenhydrate benötigen zwar weniger Sauerstoff zur Verbrennung, ihre Speicher sind aber endlich. Im Gegensatz zum Fett. Und davon hatten Frank und ich immer noch mehr als genug. Auch wenn man es uns nicht ansah. Das klang einleuchtend. So einleuchtend, dass mir die bange Frage „Mache ich etwas falsch?" durch den Kopf wanderte, während ich auf meinem Toastbrot herumkaute. Ich versuchte ja auch, die Fettverbrennung zu trainieren, aber nur alle paar Tage mit ruhigen Nüchterneinheiten.

„Ich arbeite mit einer Ernährungsberaterin zusammen, die mir spezielle Shakes gibt. Die trinke ich nach dem Training."

Ich mache auf jeden Fall etwas falsch, dachte ich schockiert. Eine Ernährungsberaterin! Wenn die es nicht wusste, wer dann? Franks Strategie klang zugegebenermaßen dann doch seltsam in meinen Ohren, denn er erklärte weiter:

„An den beiden Tagen vor dem Rennen nehme ich kontinuierlich über den Tag verteilt Gummibärchen, Milchreis und Fanta zu mir, um meinen Kohlenhydratspeicher aufzufüllen. Diese Kohlenhydrate sind schnell verdaulich und gehen direkt ins Blut über. Wichtig ist es, keine der eigentlich ja wichtigen Ballaststoffe zu essen, weil die erst mal im Darm bleiben." Auf diese Weise würde er also – zumindest theoretisch – Gas geben können ohne ausgiebige Toilettengänge vor und nach dem Start.

Ich mache sogar gehörig etwas falsch, fand ich. Wenn das keine generalstabsmäßige Vorbereitung war. Ich kam mir plötzlich total blauäugig vor, dass ich an der Stellschraube „Ernährung" nicht gedreht hatte. Neben der Psyche schon die zweite, die ich vernachlässigt hatte.

Zu Beginn meiner Langdistanzlaufbahn 2011 hatte ich unsere Küchenausstattung zumindest etwas athletentauglicher aufgerüstet, indem ich einen Mixer gekauft hatte, um mir Eiweißshakes zuzubereiten. Denn ich wusste schon, dass Muskeln Proteine brauchten, um zu wachsen. Immer mal wieder trank ich also einen dieser Shakes und haute mir mehr Eier in die Pfanne als früher. Ich war aber niemand, der sich mit dem Taschenrechner an den Essenstisch setzte und genau kalkulierte, wie viel er wovon zu sich nehmen durfte oder der Kalorien zählte. Mir reichte es, mich allgemein gut zu ernähren. Bis jetzt. Denn nach dem Gespräch mit Frank stellte ich infrage, was da bisher auf meinem Teller gelandet war.

Bei meiner Ernährungsauswahl hatte ich mich mehr oder weniger an dem orientiert, was mir Steppke, mein erster Trainer, mit auf den Weg gegeben hatte: „Denk dran: viel Obst und Gemüse, weniger Fleisch, und wenn, dann möglichst helles Fleisch, und mehr Fisch." Also die klassischen Ernährungsempfehlungen, die an sich für alle Menschen galten, nicht nur für Triathleten. Ich war damals schon Fischfan gewesen, und hatte mich gefreut, dass die Eiweißbomben mit den guten Fettsäuren noch häufiger auf meinem Teller landen durften. Zuvor war nur sonntags Fischtag gewesen: Abends hatten Wiebke und ich uns gemeinsam in die Küche gestellt, den Fisch zubereitet, Kartoffeln gekocht und Butter zerlassen. Seit Steppkes Anweisungen machten wir das auch unter der Woche. Bis vor Kurzem gab es dazu Wein, immer noch bereiteten wir einen Salat als Beilage.

Meine Lieblingszutaten: Tomaten, Avocado, Paprika, Cashewnüsse, Datteln, Rucola und Feldsalat.

War es Sonntag, schauten wir anschließend den *ARD*-Tatort. Nach wie vor genoss ich diese Fisch- und Fernseh-Tradition. Umso mehr, seit ich wusste, wie gut das Wassergetier für meine sportliche Leistungsfähigkeit war. „Auch Kohlenhydrate sind wichtig", hatte Steppke damals gemeint. Logo, sie sind die am schnellsten verfügbaren Energielieferanten, und ein Triathlet braucht entsprechend viele davon – im Training, im Wettkampf, und dazwischen. Direkt nach der Belastung hatte aber auch er mir zu Proteinen geraten, weshalb der Mixer bei uns einziehen durfte. Ansonsten war ich beruhigt gewesen, dass ich den Inhalt unseres Kühlschranks nicht komplett hatte austauschen müssen, sondern mich schon einigermaßen langdistanz-kompatibel ernährt hatte.

Das hatte ich vor allem Wiebke zu verdanken. Als sie in mein Leben getreten war, hatte sie das Ende meiner studentischen Ernährungsweise eingeläutet, die aus kostengünstigen Tiefkühl – nennen wir es mal „Leckereien" – wie Schlemmerfilet, Lasagne oder panierten Hähnchenstücken bestanden hatte.

Damit war es seit Jahren vorbei. Nun fuhren wir samstags zum Wochenmarkt und besorgten möglichst viel von dem, was wir unter der Woche zum Kochen benötigten: Paprika, Zucchini, Lauch, rote Beete, Blumenkohl, Fenchel und Auberginen. Fertiggerichte kamen nicht mehr in die Tüte. Wiebke ist eine hervorragende Köchin und zaubert aus unserer Beute leckere Gerichte mit Linsen (toller Eiweißlieferant), Couscous (wenig Fett, viele sättigende Ballaststoffe), Kartoffeln oder Süßkartoffeln (gut fürs Immunsystem). Würde sie ein Restaurant eröffnen, gäbe es auf der Menükarte vor allem verschiedene Variationen von indischen Currys, Quiches oder Ofengemüse. Auch ohne Hühner- oder Rindfleisch fehlte es ihren Gerichten an nichts. Dabei war ich mal Fan des Mottos „Fleisch ist mein Gemüse".

Es war für mich lange ein Stück Lebenskraft gewesen. Aber mittlerweile habe ich meinen Fleischkonsum auf Null heruntergefahren. Selbst die einst obligatorische Stadionwurst ist passé.

Immerhin hatte ich schon, bevor ich mit Wiebke zusammenkam, täglich mein Müsli gefuttert. Vermutlich, weil ich geahnt hatte, dass mir zumindest ein gesunder Start in den Tag guttun würde, wenn ich danach schon nach dem Motto aß: „Auftauen ist auch irgendwie kochen". Damals hatte ich mir allerdings noch fertig gemischtes Müsli gekauft, in dem wahrscheinlich eine ordentliche Portion Zucker steckte.

Mittlerweile mixte ich mir mein Frühstück selbst: Ich schüttete Haferflocken, Buchweizenflocken, Hirseflocken, Chiasamen,

Sonnenblumenkerne und Kürbiskerne in die Schale, ergänzte mit Bananen, im Sommer Erdbeeren, Himbeeren und Blaubeeren. Dattelstücke sorgten für einen zusätzlichen Schuss Süße. Darüber goss ich heißes Wasser. Damit war ich nährstoffmäßig ziemlich gut dabei. In Getreideflocken stecken sättigende Ballaststoffe, Kohlenhydrate und Mineralstoffe, Haferflocken enthalten außerdem Proteine, in Kürbiskernen sind unter anderem krankheitsvermindernde Antioxidantien, Zink, Magnesium, Eisen und Selen zu finden, die Früchte versorgen den Körper mit Vitaminen und die Datteln liefern dank ihres hohen Fruchtzuckergehalts schnelle Energie, aber obendrein auch Vitamine, Ballaststoffe und ebenfalls Antioxidantien.

Mit dem Müsli waren meine Kochkünste aber schon ziemlich erschöpft. Was ich Tim Mälzer und Jamie Oliver beim Triathlon voraushatte, hatten die beiden mir beim Kochen voraus, um Längen. Trotzdem stellte auch ich mich manchmal in die Küche, weil Wiebke später als ich nach Hause kam und sich freute, wenn etwas Warmes auf dem Tisch stand. Allzu lang wäre die Speisekarte in meinem Restaurant aber nicht geworden. Ich bekam Gemüsepfannen in verschiedenen Variationen hin oder auch mal ein asiatisches Gericht. Rührei und Bratkartoffeln konnte ich ebenfalls. Das war für mich ein ausreichendes Speisenrepertoire. Restauranttester Rach vom Konkurrenzsender hätte meinem Restaurant aber sicher keine Chance gegeben.

Zumal ich ab und zu den Begriff „frisch zubereitet“ ausdehnte: Für den Notfall und eine schnelle Extraportion Kohlenhydrate hatte ich immer Tortellini und ein Glas Tomatensoße im Keller – warm machen fand am Herd statt, war also kochen. Und alle paar Wochen klingelte der Asiate an unserer Tür und brachte die Nummern 4, 16, 38 und 40 vorbei, die ebenfalls frisch zubereitet waren, nur eben von jemand anderem.

Mit dieser Ernährungsstrategie war ich in den vergangenen Triathlon-Jahren immer gut gefahren. Gelaufen und geschwommen auch. Nach dem zweiten Trainingscamp flog ich allerdings mit einem schlechten Gefühl im Bauch zurück nach Deutschland. Frank hatte mich verunsichert. Würde die Ernährung der Baustein sein, an dem Hawaii scheiterte? Müsste ich nicht auch eine Expertin zurate ziehen? Den gesamten Flug über wälzte ich diese Fragen gedanklich hin und her. Doch als der Flieger den Hamburger Asphalt berührte, hatte sich das Wirrwarr in meinem Kopf aufgelöst und einer kristallklaren Einsicht Platz gemacht: Auf meinem Teller sollte alles so bleiben, wie es war. Gerade jetzt hätte eine Umstellung vielleicht mehr Schaden als Nutzen angerichtet. Schließlich müsste sich der Körper erst an den neuen Treibstoff gewöhnen – und das brauchte Zeit.

Ich nahm mir also vor, cool zu bleiben, mich nicht von anderer Leute Essensgewohnheiten beeindrucken zu lassen und mir zu sagen: „Du machst das schon richtig." Außerdem mochte ich keine Gummibärchen.

OHNE HILFE GEHT ES NICHT

An einem Tag Ende April, mittlerweile waren 14 bis 17 Trainingsstunden pro Woche normal, musste ich einen Kollegen vertreten, der in Hannover die abendliche *NDR-Aktuell*-Sendung moderierte. Sofort nach Ende der Sendung, um 22 Uhr, düste ich mit dem Auto 170 Kilometer zurück nach Hamburg, um den Nachtdienst bei der *Tagesschau* anzutreten. Erst um fünf Uhr früh konnte ich nach Hause.

Nach einem kurzen Nickerchen machte ich mich dann am Nachmittag zurück auf den Weg ins Studio, denn ich war als Kandidat in der *ARD*-Quizsendung „Wer weiß denn so was?" eingeladen. Ich hatte geplant, anschließend noch eine Stunde auf der Rolle zu pedalieren, aber die Aufzeichnung zog sich so sehr in die Länge, dass es abends nur noch für einen müden Blick vom Sofa aus auf die *Tagesthemen* reichte, und fürs Bett. Am nächsten Tag standen nach der Arbeit Schwimmen und Laufen im Plan. Und eigentlich auch der Besuch im Supermarkt, denn ich war mit Einkaufen dran. Ich wusste: Das packe ich nicht. Mit unendlich schlechtem Gewissen sendete ich einen Hilferuf an Wiebke. Und die sagte, was sie bisher immer gesagt hatte: „Mach dir keine Gedanken, ich erledige das." Ich war erleichtert und dankbar, denn ich wusste: Selbstverständlich war das nicht. Wiebke mochte es, dass ich mein Ziel so konsequent verfolgte, aus dem Alltagstrott herauskam und meine

Grenzen austestete. Und sie sah, wie viel Spaß mir das Training machte. Sie schaute nicht darauf, wie viel Zeit es uns als Paar nahm, sondern was es mir als ihrem Partner gab. Sie spürte die Leidenschaft, mit der ich mein Ziel verfolgte und dass ich mit jeder Faser für meinen Traum kämpfte. Noch überzeugter als vorher sagte sie nun öfter: „Geh du laufen, ich koche uns was Leckeres." Oder: „Geh du schwimmen, ich putze heute das Badezimmer." Oder: „Geh du radeln, ich erledige heute den Einkauf."

Ohne Wiebkes Unterstützung hätte ich das alles nicht geschafft. Sie murrte nicht, sie hatte keine schlechte Laune, sie war nicht genervt, nicht einmal unterschwellig. Sie arrangierte sich mit meinem Training, selbst, wenn sie dadurch zum Quartalssingle wurde. Damit hatte sie sich eigentlich schon längst für Hawaii qualifiziert.

Denn je mehr Training auf dem Plan stand, desto mehr war auch sie davon betroffen. Vor allem am Wochenende, wenn ich zum Beispiel Verabredungen mit gemeinsamen Freunden absagen musste. „Grüß alle bitte von mir", sagte ich dann. Und: „Ihr wisst ja, alles hat ein Ende, auch das viele Training." Zum Glück zog Wiebke auch gerne ohne mich los.

Außerdem gefielen ihr die gemeinsamen Trips zu den Rennen. Sie liebte die Stimmung und mochte es, mit Menschen ins Gespräch zu kommen, die genau wie sie gespannt warteten, wann „ihr Athlet" vorbeikommen würde, und mitfieberten, ob er oder sie gut ins Ziel kam.

Ein Langdistanz-Triathlet braucht viel Zeit und viel Verständnis. Deshalb darf er aber nicht vergessen, diese Unterstützung zu würdigen. Denn nur wenn das Umfeld das Gefühl hat, das Zurückstecken in den Trainings-Hochphasen wird wertgeschätzt, wird es dem Sport auch weiterhin positiv gegenüberstehen.

Jeder Start und jedes Finish bei einem sportlichen Wettkampf ist nicht nur das Verdienst eines Einzelnen, sondern eine Teamleistung. Und mein Team Wiebke arbeitet auf Formel-1-Niveau.

AUF MINUTENJAGD

Wiebkes Einsatz motivierte mich noch mehr, uns beiden Hawaii zu ermöglichen. Ich wusste: Es kam im Quali-Rennen auf jede Minute an. Auch deshalb freute ich mich jedes Mal, wenn ich mit meinem neuen Neo ins Wasser tauchte. Dank ihm flutschte ich durchs kühle Nass wie ein Pfannkuchen von einer Teflonpfanne. Und sein integrierter Auftrieb – an Hüften und Beinen hatte er extra dickes Material – sorgte dafür, dass diese Körperteile nicht mehr absinken konnten, da müsste schon die Mafia mit ihrem Betonklotz kommen. Das Neopren hob mich ganz von allein in eine gute Wasserlage.

Besser entweichen konnte ich zu meiner leichten Enttäuschung allerdings aus der Pelle nicht. Ich würde wohl auch bei meinem bisher wichtigsten Rennen in der ersten Wechselzone ungelenk über den Boden kugeln. Geschenkt, wenn mir der Neo zuvor ein wenig Zeit schenkte.

In der Sitzposition auf meinem neuen Flitzer hingegen fühlte ich mich auch nach einigen Hundert Trainingskilometern noch nicht hundertprozentig wohl. Ich wusste, dass der Fahrer den größten Windwiderstand darstellte – bis zu 85 Prozent –, und hatte das Gefühl, dass es in meinem Fall noch wesentlich mehr war! Mein Kopf thronte fahnengleich über dem Rumpf, und ich musste mich ständig im Sattel nach hinten schieben, weil ich beim Treten nach vorn rutschte oder solche Nackenschmerzen bekam, dass ich die

Zeitfahrposition verlassen musste. Genauso gut hätte ich mir einen Bremsfallschirm ans Bike schnallen oder mein rotes Stahlrad aus Jugendtagen fahren können.

Also machte ich mich auf zum „Bikefitting“: Ein Experte sollte meine Sitzschwachstellen analysieren und mir helfen, sie zu beheben. „Eine Viertelstunde sollte das schon bringen“, meinte Nils.

Anfang Mai machte ich mich also auf den Weg nach Kiel zu einem solchen Fachmann, den Fatburning-Frank mir empfohlen hatte. Kay Dobat sollte mich und mein Rad so zurechtbiegen, dass wir eine möglichst windschnittige Einheit bildeten.

Ich quetschte mein Tria-Bike in einen Kleinwagen, der nur etwa ein Viertel so viel wert war wie sein zu transportierender Inhalt, fuhr in eine Wohngegend von Kiel, die so gar nicht danach aussah als würden dort aerodynamische Wunder geschehen, klingelte an der Tür des Bikefitters und wurde kurz darauf von einem großen, dunkelhaarigen Mann mit Dreitagebart begrüßt. Kay lotste mein Rad und mich in einen Kellerraum. Treppe runter, Tempo rauf? Na hoffentlich! Zumindest die Sportwagenposter an den Wänden ließen darauf schließen, dass sich hier alles um Geschwindigkeit drehte.

Auf dem Laminatboden hatte Kay 15 Helme, 20 Sättel und ein paar Trinkflaschen ausgebreitet. Daneben stand ... eine Rolle! Reflexartig dachte ich: „Och nee, Rolle fahren“, rief mir dann aber in Erinnerung, dass das Ganze potenzielle 15 Minuten Zeitersparnis bringen sollte. Ein bisschen auf der Stelle kurbeln war ein kleines Opfer, verglichen mit den vielen Monaten harten Trainings, die man ansonsten für eine solche Verbesserung absolvieren musste.

Der Radtuning-Meister spannte mein Fahrrad in die Rolle, dann wandte er sich mir zu.

„Du bist ein ganz schön schräger Typ“, grinste er, nachdem seine Untersuchungen abgeschlossen waren. Beckenschiefstand, Schulterschiefstand, Beinlängendifferenz und Fußlängendifferenz hatte er festgestellt. Oha!

Danach wurde ich vermessen: Innenbeinlänge, Rumpflänge, Armlänge … so stellte ich mir das auch bei einem Schneider vor. Anschließend suchte Kay aus den am Boden liegenden Sätteln ein weicheres Exemplar aus, denn ich hatte ihm erzählt, dass ich es auf dem jetzigen nicht lange ohne Schmerzen aushielt. Dann endlich durfte ich aufs Rad. Nur, um gleich wieder abzusteigen, nachdem Kay Fotos geschossen und mich von allen Seiten genau betrachtet hatte. Er verstellte die Höhe des Sattels und schob ihn nach hinten. „So ist dein Knielot, also die Position deines Knies beim Treten, weiter hinten. Das ist wichtig für eine bessere Kraftübertragung", meinte er. Auch Lenker und Armauflagen verstellte er so lange, bis mir das Rad so angegossen passte wie ein Maßanzug. Jetzt ergab das Vermessen einen Sinn. Als Kay den letzten Spacer unter den Lenker gepackt und ihn damit etwas höher gestellt hatte, war er vorerst zufrieden mit seinem Werk. „So", fuhr er fort. „Und jetzt arbeiten wir mal an deinen Bewegungsabläufen!"

Er ließ mich aufs Rad steigen und eine Weile pedalieren. Dabei betrachtete er mich von allen Seiten, machte ab und an ein Foto und monierte schließlich: „Dein rechtes Bein eiert beim Treten. Das Knie weicht nach innen aus." Ich schaute an mir herunter. „Das ist ineffektiv", erklärte Kay. „Deine Kraft solltest du senkrecht nach unten auf die Pedale bringen." Als er meinen hilflosen Blick auffing, fügte er hinzu: „Das ist kein Problem: Wir verschieben einfach leicht den Auflagepunkt deines Ballens auf dem Pedal, zur Not gibt's eine Einlage."

Ich staunte: Mir war nicht klar gewesen, was es beim Radfahren alles zu beachten gab. Das Beste sollte jedoch erst noch kommen: der ultimative Aerotipp. „Nimm den Kopf weiter runter", sagte Kay. „Lass ihn zwischen die Schulterblätter sinken und zieh dann die Schultern Richtung Ohren." Sanft drückte er mich auf dem Rad in die richtige Position. „Und wenn du jetzt noch um den Lenker vorne keine Faust machst, sondern dich mit gestreckten Händen nur mit den vorderen Fingergelenken festhältst, müsstest du 15 Minuten rausholen können."

Schnell machte er noch ein Beweisfoto, dann bat er mich, vom Rad zu steigen. „Das warst du vor dem Fitting", sagte er und hielt mir eine der Aufnahmen unter die Nase. „Und so sieht deine Position jetzt aus." Es war ganz deutlich zu erkennen, dass ich kompakter saß, die Frontfläche war schmaler, ich bot dem Wind viel weniger Angriffsfläche. Aber wie sollte ich diese Haltung stundenlang durchstehen? Die Sitzposition auf dem Rad änderte man nicht von jetzt auf gleich. Mein Körper musste sich an die neue Haltung erst gewöhnen. Immerhin hatte ich noch ein paar Wochen Zeit.

Und eine kleine Schraube gab es ja noch zusätzlich, an der ich für mehr Windschnittigkeit drehen konnte. „Sag mal, verkaufst du die Helme auch?", fragte ich und schielte auf die Aerodeckel auf dem Boden. „Nein, aber du kannst dir ja einen aussuchen und ihn dann im Laden besorgen", sagte Kay und hielt mir einen rundlichen entgegen, der an einen Motorradhelm erinnerte. Vorsichtig zog ich ihn über den Kopf und war begeistert. Er hatte ein Visier, also eine Art Panoramafenster, das einen wunderbaren Rundumblick ermöglichte. Ich sah viel mehr als mit meiner bisherigen Radbrille. Auch die Maskenbildnerinnen und Maskenbildner würden sich freuen. Vorbei die Zeiten, in denen ich nach langen Ausfahrten im Sonnenschein mit Waschbäraugen vor dem Spiegel saß und sie mit Schwämmen und Schminke versuchten, das Weiß um die Augen mit der gebräunten Haut in Einklang zu bringen. Den Helm musste ich haben.

Und nicht nur den: Selbst für neue Trinkflaschen war ich zu haben, die genauso schmal und windschnittig waren wie der Fahrradrahmen. Außerdem empfahl Kay mir Fahrradmäntel, die weniger Rollwiderstand hatten und mehr Pannensicherheit boten. Und zuletzt sollte ich im Rennen einen Einteiler tragen. Auch das reduziere den Windwiderstand.

Jede einzelne Maßnahme brachte nur ein paar Watt Ersparnis, alle zusammen ein paar mehr. Langsam glaubte ich auch, dass mit all den Optimierungsmaßnahmen 15 Minuten rauszuholen waren.

Mindestens! Das war wieder ein Happen Motivation: Ich wollte so schnell wie möglich rauf auf mein neu eingestelltes Rad.

Es war verrückt: Ich brannte jetzt für Dinge, die mir vorher völlig egal waren. Meine Vorbereitung auf die Triathlons bestand bisher fast nur aus Schwimmen, Radfahren, Laufen. Fertig. Nun aber war ich Feuer und Flamme und suchte wenig später gleich den nächsten Experten auf: einen jungen Sportwissenschaftler, in dessen Institut ich eine Leistungsdiagnostik durchführen lassen wollte. „So, dann mal los", sagte er, nachdem ich eine Maske mit diversen Schläuchen übergestülpt bekommen hatte, und sich das Laufband unter mir langsam in Bewegung setzte. Ich fing an mit 5 Minuten 57 pro Kilometer, das war wohl der Modus „Ponyhof". Ich ahnte, dass es dabei nicht bleiben würde. Die Stufen wurden immer höher gestellt, und ich bewegte schneller und immer schneller meine Beine. Bei einer Pace von 4 Minuten 38 pro Kilometer wurde es anstrengend, bei 4:10 rückte ich meinem Limit näher, und der Schweiß lief in Rinnsalen an mir herab. Bei einer Pace von 3:47 war der Modus „Hölle" erreicht, aber ich kämpfte. Mein angestrengter Blick und meine hektische Atmung waren ein deutliches Zeichen dafür, dass ich kurz vor dem Kollaps stand. Mein lautes Gestöhne hätte Unwissende, die an der Praxistür vorbeikamen, leicht fehlinterpretieren können.

„Komm, halt noch durch", sagte mein Folterknecht. Ich musste alles geben, um mit dem gnadenlos abrollenden Laufband mitzuhalten und nicht auf die Nase zu fliegen.

Ein bisschen schaffe ich noch, dachte ich.

Ein bisschen noch.

Ich holte den letzten Rest Energie aus der hintersten Ecke meines Körpers.

„Gib alles!", hörte ich den Sportwissenschaftler rufen.

Aber es ging nicht mehr. Hechelnd und schweißtropfend sprang ich vom Laufband, gab die Maske ab und plumpste zu Boden.

Ich fühlte mich, als wäre ich unter eine Herde Stiere geraten. Aber was tat man nicht alles, um verwertbare Daten für ein noch zielgenaueres Training zu bekommen!

Ich tat sogar noch mehr: Ein paar Tage später ließ ich die gleiche Prozedur auf einem Ergometer noch einmal über mich ergehen und quetschte wieder das letzte bisschen Energie aus mir heraus wie die Zahnpasta aus der Tube. Wenn es dem Ziel Hawaii diente, bitte ...!

Wenig später besprachen wir die Auswertung der Tests. Ich war gut in Schuss, mein Motor lief kräftig, aber würde ich öfter im hochintensiven Bereich trainieren, könnte ich noch mehr PS auf die Straße bringen.

Nils war hochzufrieden. „Wir sind voll auf Kurs", befand er und verwandelte die Ergebnisse sogleich in harte Trainingseinheiten: Bei Radausfahrten etwa sollte ich in der letzten Stunde 45 Minuten lang 250 Watt treten, was eine Menge Kraftaufwand bedeutete. Und zu den Läufen gehörten immer häufiger intensive Sprintintervalle. Ein bisschen zweifelte ich, ob die Analyse eine so gute Idee war.

Je näher Frankfurt rückte, desto mehr Angst hatte ich, krank zu werden. Es war zwar Frühling, doch die Viren schienen überall zu lauern, und ich wollte ihnen keine Chance geben. Ich zog mich immer einen Tick wärmer an als eigentlich nötig: lange Hosen statt Shorts, Pullover statt T-Shirt. Das Verdeck meines Autos ließ ich sicherheitshalber selbst bei traumhaftem Wetter geschlossen.

Eines Vormittags fuhr ich nach der Frühschicht vom *NDR*-Gelände in Lokstedt, als neben mir an der Ampel mein Boss anhielt: Jan Hofer, ebenfalls im Cabrio, natürlich offen, so wie es jeder normale Cabriofahrer an diesem wunderschönen, sonnigen Tag machte. Wann, wenn nicht jetzt? Ich ließ die Seitenscheibe herunter, grüßte, und Jan stichelte los: „Was ist denn mit dir? Hast du noch nicht mitbekommen, dass die Sonne scheint oder klemmt dein Verdeck?", grinste er.

„Mach dich nur lustig. Ich will halt nichts riskieren. Wenn ich jetzt krank werde, kann ich den Ironman vergessen", entgegnete ich.

Jan lachte laut auf, wünschte mir noch einen schönen, sonnigen Tag, brauste davon und ließ sich dabei den Wind um die Nase wehen. Er hatte es gut. Ich stellte die Klimaanlage im Auto auf „nur nicht totschwitzen" und fuhr in meinem sicheren Kokon heim.

Es war also keine Erkältung, weshalb mir meine an sich hervorragende Fitness beim Laufen immer mal wieder abhandenkam. Hin und wieder machte ich aus unerfindlichen Gründen schlapp. Selbst im Juni noch, in der heißen Phase. Nach harten Intervallen musste ich manchmal sogar Gehpausen einlegen, bis ich wieder Kraft geschöpft hatte, um in einen lockeren Trabschritt fallen zu können. So kurz vor Frankfurt war das nicht gerade motivierend. Es machte mich stutzig. Umso mehr, weil ich beim nächsten Lauf dann wieder problemlos 28 Kilometer in zwei Stunden 20 hinlegte. Nils war dennoch nicht beunruhigt und erklärte es wie immer mit der Trainingsbelastung der Vortage. Ich beschloss, dass er recht haben musste. Ob die Laufprobleme tatsächlich keine waren, würde sich ohnehin bald zeigen.

VERPEILT BEIM HÄRTETEST

Die Mitteldistanz in Lübeck sollte meine Generalprobe werden. Der Termin lag günstig vier Wochen vor dem Ironman, und die Stadt nur eine Autostunde von Hamburg entfernt.

Hier wollte ich zeigen, was in mir steckte.

Allerdings zeigte ich zunächst etwas zu viel von mir. Ich hatte gerade meinen nigelnagelneuen Triathlon-Einteiler angezogen und wollte meine Klamotten in den Beutel stopfen, als meine Triathlonfreundin Simone plötzlich laut loslachte. „Thorsten, bück dich lieber nicht nach vorn, das ist von hinten kein so schöner Anblick", prustete sie los.

Der zu dünn geratene Stoff gewährte unschöne Einblicke. Hätte ich bloß eine Unterhose angezogen! Ich wollte aufgrund meiner Leistung großes Aufsehen erregen und nicht wegen meines Outfits. Ich sah schon die Bild-Schlagzeile vor mir: „*Tagesschau*-Sprecher rennt halbnackt durch Lübeck".

Was tun? Ersatz hatte ich nicht dabei. Ich bat Simone und Wiebke um eine ehrliche Einschätzung der Lage. Die beiden begutachteten mich aus verschiedenen Positionen und kamen bei genauerer Betrachtung zu dem Ergebnis, dass der dünne Stoff lediglich dann transparent wurde, wenn ich mich vorbeugte und er unter

Zug stand. Das war nur beim Radfahren ein Problem. Gut, musste ich eben schneller fahren als die anderen gucken konnten und darauf achten, dass die Startnummer am verlängerten Rücken saß. Problem gelöst.

Als wir wenig später auf dem Weg zum Rad-Check-in waren, hatte ich das merkwürdige Gefühl, etwas vergessen zu haben. Und erst als Simone fragte: „Wo ist denn dein Bike?“, fiel es mir auf. Mein Carbon-Traum lehnte noch in aller Ruhe an einem Baum. Mit rotem Kopf rannte ich los, um ihn zu holen. „Bring am besten gleich deine Startunterlagen mit“, rief mir Simone noch hinterher, „die könntest du brauchen!“ Wieder eine gute Idee, die Frau war plietsch (für alle nicht Nordlichter: pfiffig). Aber wo waren die Unterlagen nur? Abgeholt hatte ich sie. Aber wo hatte ich sie dann hingetan? Ach ja, zu Wiebke. Und wo war die? Falls Sie es noch nicht gemerkt haben: Ich war an diesem Morgen ziemlich verpeilt. War ich noch müde? Nervös? Heute würde ich immerhin unter Wettkampfbedingungen testen, wie gut ich drauf war.

Wie ein Erdhörnchen in Hab-Acht-Stellung ließ ich meinen Blick über das Wettkampfgelände schweifen, rief: „Wiebke?“ und wedelte aufgeregt mit den Armen in der Luft. Meine wunderbare Lebensgefährtin hatte sich einen Frühstückskaffee besorgt, hörte mich rufen, sah mich winken und brachte ihrem schusseligen Freund die benötigten Unterlagen.

Wenn das im Rennen so weiterging, konnte das so lustig (für die anderen) wie qualvoll (für mich) werden.

„Simone, habe ich noch irgendwas anderes vergessen?“, fragte ich sicherheitshalber nach. „Hast du sonst noch wertvolle Tipps für mich?“ Sie schmunzelte und sagte: „Ich glaube, das Wichtigste hast du.“

Sie hatte recht. Am Ende hatte ich sogar eine super Zielzeit. Für die knapp 105 Gesamtkilometer brauchte ich keine 4 Stunden und 20 Minuten, das war der siebte Platz in der Gesamtwertung, zweiter in meiner Altersklasse. Besser ging es fast nicht.

Kaum saß ich mit müden Gliedern, aber nach oben getackerten Mundwinkeln neben Wiebke auf dem Beifahrersitz auf dem Weg zurück nach Hamburg, rief ich meinen Trainer an. Natürlich hatte Nils das Ergebnis online schon gesehen.

„Herzlichen Glückwunsch", begrüßte er mich. „Das war in allen Disziplinen eine ganz starke Leistung!"

„Ich bin auch total zufrieden, vor allem vom Radfahren bin ich geflasht", schwärmte ich. „Das war raketenmäßig: 37,5 km/h-Durchschnittstempo hatte ich auf dem Tacho. Die Rennmaschine zu kaufen, hat sich komplett gelohnt, das war Geschwindigkeitsrausch pur, selbst erzeugt." Aus den Augenwinkeln sah ich Wiebke lächeln, weil ich mich so freute.

„Beim Schwimmen warst du auch richtig schnell", lobte Nils. „Zwei Kilometer in nicht einmal 32 Minuten, top! Und 20 Kilometer in einer Stunde 31 zu laufen, ist auch echt Wahnsinn", fügte er hinzu.

„Ich wäre sogar noch ein kleines bisschen schneller gewesen", platzte es aus mir heraus. „Wenn ich mich nicht bei allen Streckenposten bedankt hätte, die waren klasse."

Das ganze Rennen hindurch hatten sie nicht stumm wie Straßenschilder am Rand gestanden, sondern Sprüche parat gehabt. „Da kommt ja wieder der Nachrichtenbote angerannt", riefen sie mir zu, oder: „Jetzt wird's steil, aber Sie packen das locker."

Das war toll: Ich liebe solch eine nette Rennatmosphäre, auch wenn ich mich bei diesem Rennen stets kurz um meine Rückansicht gesorgt hatte. „Man sieht bei Ihnen ja alles", schallte es mir zum Glück aber kein einziges Mal hinterher.

Davon erzählte ich Nils natürlich nichts. Stattdessen meinte ich: „Ein bisschen ärgere ich mich, dass ich an der allerletzten Verpflegungsstation haltgemacht habe, um etwas zu trinken. Den Typen, der da an mir vorbeigerannt ist, konnte ich nicht mehr einholen. Sonst wäre ich sogar Sechster geworden."

„Ich habe auf der Ergebnisliste gesehen, dass das wohl Hilton Meneely war", antwortete mein Trainer. „Den kenne ich noch aus meiner Zeit als Profi. Ein ganz starker Athlet, der war schon mehrfach auf Hawaii. Wahnsinn, dass du fast so schnell warst wie er."

Glücklich, aber fix und fertig kam ich in Hamburg an. Ausruhen, Fisch essen (obwohl erst Samstag war) – und dann noch die Nachtschicht durchhalten. Letzte Sendung um 5 Uhr früh. An diesem Tag gab ich wirklich alles. Und ich hatte vor, es wieder zu tun. Wenn auch ohne anschließende Nachtschicht im Studio.

FEINSCHLIFF

Ende Juni kam im Training die Sahne auf die Torte – und das ist ganz sicher nur bildlich gemeint. Ich fuhr zum letzten Mal für sechs Tage ins Trainingslager. Diesmal nicht nach Fuerteventura, sondern in den Harz, genauer gesagt nach Wolfshagen. Dort gab es ein Freibad mit 50-Meter-Bahn, neben dem ein kleines, gemütliches Hotel stand, beides gelegen in einer ruhigen Sackgassenstraße, an deren Ende der Laufweg durch den Wald begann. Die wenig befahrenen Straßen im Harz waren ideal zum Radfahren – perfekte Trainingsbedingungen, zumal der Wind im Vergleich zu dem auf den Kanaren eher ein laues Lüftchen war.

Auf der Wetterkarte der *Tagesschau* strahlte eine große gelbe Sonne über dem Harz, und ich freute mich, meinen Körper wieder zu fordern. Denn nach dem Superrennen von Lübeck hatte ich einige Tage eine ruhige Trainingskugel geschoben.

Am späten Nachmittag kam ich im Hotel an, und hatte nach meiner ersten kurzen Ausfahrt gleich mehr als 1 000 Höhenmeter gesammelt – was will man machen, wenn da immer diese Berge im Wege stehen? Anschließend machte ich mich auf zu einem Lauf um den nahe gelegenen Stausee und kam zufrieden zurück ins Hotel.

Von da an steigerte sich das Training von Tag zu Tag und fand einen ersten Höhepunkt in der Mitte meiner Urlaubswoche.

An Tag drei war eine Art Mini-Triathlon dran: Ich schwamm eine Stunde und 25 Minuten und wechselte anschließend für drei Stunden aufs Rad: 72 Kilometer und 1 800 Höhenmeter brachte ich hinter mich, um schließlich in die Laufschuhe zu schlüpfen. Mit einer Pace von durchschnittlich 4:50 peste ich durch den Wald und staunte, dass ich ein so hohes Tempo zwei Stunden lang halten konnte. Die Tannen machten den Ort mystisch dunkel, spendeten reichlich Schatten und ließen nur vereinzelt Strahlen hindurch. Bis auf ein wenig Geraschel und Vogelgezwitscher hörte ich nur meine Füße auf den Waldboden schlagen und meinen regelmäßigen Atem. Ich fühlte mich stark und zu großen Taten imstande – es lief im wahrsten Sinne des Wortes.

Als ich wieder im Hotel ankam, war ich wohlig erschöpft, und tiefe Zufriedenheit durchströmte mich. Frisch geduscht setzte ich mich auf die Hotelterrasse, genoss die Ruhe und freute mich auf meinen gemischten Salat.

Als ich den gegessen hatte, kam das Rumpsteak mit Pommes, dann die Extraportion Pommes, die Bratkartoffeln und die Extraportion Bratkartoffeln. Dazu trank ich sechs Apfelsaftschorlen. Anschließend schlief ich wie ein Murmeltier.

Am Morgen folgte das nächste große Fressen, im Volksmund auch „Frühstück" genannt. Ich pendelte zwischen Sitzplatz und Büffet hin und her, weil die bereitgestellten Müslischalen kaum für mein Scheunendrescher-Niveau geeignet waren.

„Möchten Sie einen großen Suppenteller? Das würde die Sache sicher erleichtern", fragte mich die sehr aufmerksame Bedienung, die mein Elend nicht länger mit ansehen wollte und reichte dem Mann mit dem XXL-Frühstückshunger ein XXL-Behältnis – nicht nur an diesem Morgen, sondern auch an allen darauf.

Die restlichen Tage im Trainingslager verliefen nahezu perfekt. Ich erweiterte das Schwimmtraining eigenmächtig um die Disziplinen „Sprung vom Fünfmeterbrett" und „Mehrfaches Testen der Wasserrutsche" und hatte auch ansonsten einen Riesenspaß. Selbst der Wettergott meinte es gut mit mir. Erst auf der Rückfahrt begann es wie aus Eimern zu schütten. Fast beängstigend, dass so ziemlich alles als nach Plan lief.

Und tatsächlich folgte zu Hause die ausgleichende Gerechtigkeit. Ich befand mich mitten im Fall „Die drei Fragezeichen und das geheimnisvolle Fahrrad". Schon vor dem Trainingslager im Harz hatten mir die drei kleinen Schrauben im Vorbau meines Lenkers ab und an Probleme gemacht. Nun lockerten sie sich in immer kürzeren Abständen. Dann konnte ich den Lenker drehen, aber die Gabel und damit auch der Vorderreifen folgten dieser Bewegung nur zum Teil. Außerdem begann der Lenker leicht zu schlackern. Nach meiner Rückkehr passierte mir genau das bei einer meiner Trainingsausfahrten. Die nötigen Schraubendreher hatte ich natürlich nicht dabei – ich schien aus alten Fehlern (Stichwort: CO_2-Kartusche) nicht zu lernen.

Mir blieb also nichts anderes übrig, als in Radfahrerklamotten bei wildfremden Leuten zu klingeln. Geduldig wartete ich am Gartenzaun, bis hinter einem Carport ein älterer Herr mit Kneifzange in der Hand auftauchte. Langsam schlurfte er durch seinen Vorgarten.

„Entschuldigen Sie", sagte ich höflich. „Hätten Sie einen Schraubenzieher für mich?"

Für einige Sekunden blieb er stumm und sah mich durchdringend an. Ich guckte fragend zurück, weil ich nicht wusste, was sich hinter seiner Stirn gerade abspielte. Dann schien bei ihm ein Groschen gefallen: „Ne, ne, ne, ich kenne Sie doch", sagte er und zeigte mit der Kneifzange triumphierend auf mich. „Sie sind doch einer vom Fernsehen." Trotz des Fahrradhelms hatte er mich offenbar erkannt. Sein Blick scannte die Umgebung.

„Versteckte Kamera, oder?", fragte er. „Sie wollen mich reinlegen", brach es aus ihm heraus. Ich musste laut auflachen. „Nein, keine Sorge, ich brauche wirklich einen Schraubenzieher, an meinem Rad sind gleich drei Schrauben locker. Bei der versteckten Kamera hätte ich mir im Übrigen mit der Verkleidung sicher etwas mehr Mühe gegeben", beruhigte ich ihn.

„Wirklich?", fragte er enttäuscht. „Ich wäre gerne mal ins Fernsehen gekommen. Na ja, macht nichts." Er hielt kurz inne und sagte dann: „Möchten Sie vielleicht ein Stück Kuchen mit uns essen? Meine Frau deckt gerade den Tisch und kocht Kaffee. Den Schraubenzieher kriegen Sie dann natürlich auch." Er war sichtlich aufgeregt.

„Och, wenn Sie mich so fragen, dann sag ich nicht Nein. Zumindest zum Kaffee, Kuchen ist derzeit leider tabu für mich. Vielen Dank", freute ich mich über die Einladung. „Aber ich könnte etwas stinken, ich habe geschwitzt."

„Kein Problem", lachte er. „Wir haben einen alten Hund mit Flatulenz. Uns kann nicht mehr viel erschüttern."

Na dann, dachte ich, begrüßte seine ziemlich überraschte Frau, verbrachte eine sehr nette Stunde mit den beiden in ihrem Garten, freute mich, dass der Hund mit Sicherheitsabstand in seiner Hütte blieb, und konnte danach mein Rad sicher Richtung Heimat lenken. Zu Hause angekommen, klebte ich die Schrauben fest und hatte damit Erfolg. Der Lenker tat seinen Dienst, die Schrauben hielten.

Kaum aber war das Problem behoben, folgte das nächste: Exakt zwei Wochen vor Frankfurt jagte mir ein knarzendes Geräusch einen gehörigen Schrecken ein. Mein Vorderrad schleifte plötzlich an der Bremse. Ich löste den Schnellspanner, um es neu zu justieren, doch der ließ sich nicht wieder richtig schließen. Was für ein Mist! Zum Glück war ich noch nicht weit gekommen, drehte um, schnappte mir zu Hause den Schnellspanner meines Rennrades und ersetzte damit den seines Triathlonbruders.

Neuer Versuch. Und was für einer. Ich schaffte 180 Kilometer mit durchschnittlich 35 km/h. Nach für mich sagenhaften 5 Stunden und 9 Minuten war ich zurück in Fuhlsbüttel. Wenn ich diese Zahlen auch am Ende des Rennens in Frankfurt vorweisen konnte, wäre ich äußerst zufrieden.

Es schien, als hätte ich nach langem, anstrengendem Flug meine persönliche Mondlandung geschafft.

Was auch immer in Frankfurt und in Hamburg herauskommen würde: Hinter mir lagen spannende und tolle Monate. Nils hatte ganze Arbeit geleistet! Wenn jetzt noch die Tür der Raumfähre aufging und ich einen kleinen Schritt für die Menschheit, aber einen großen Schritt für mich selbst in Richtung Hawaii gehen durfte, wäre das die wohlverdiente Krönung unserer beider Arbeit. Aber das dachten wohl auch diverse andere Athleten, die genauso geknüppelt hatten.

Und dann war es so weit: Am frühen Nachmittag des 6. Juli 2017 packte ich meine Triathlonausstattung ins Auto, und Wiebke und ich fuhren in Richtung Frankfurt. Nun konnte ich trainingstechnisch nichts mehr tun. Es galt nur noch, alles, was ich mir an Potenzial über die vergangenen Monate erarbeitet hatte, im Rennen auszupacken. Nur noch – hahaha!

FRANKFURTER QUALEN

Endlich hatte ich sie wieder. Ein bisschen abgegangen waren mir all die fettlosen und sehnigen Triathleten, denen man reflexartig erst mal ein üppiges Mahl spendieren möchte, während meiner Langdistanzpause nämlich schon. Zugegeben, nicht alle sahen so aus. Jene, die trotz ein paar Pfunden zu viel erfolgreich ins Ziel liefen, bewunderte ich noch viel mehr.

Sie alle wuselten nun um den Römer, kauften auf der Messe schnell noch Gels, informierten sich über neue Laufschuhe und aerodynamische Laufräder. Ich war mittendrin, holte meine Startunterlagen ab, traf hier und da Bekannte und hielt das ein oder andere Schwätzchen. Zu diesem Zeitpunkt war ich noch ziemlich entspannt, aber das sollte sich kurz darauf ändern.

Ich saß auf der Tribüne am Römer, dort, wo ich am Sonntag hoffentlich durch den bereits jetzt aufgebauten Zielbogen laufen würde, und lauschte dem Moderator der Wettkampfbesprechung. Er erklärte, wie die Strecken verliefen, welche Gefahrenpunkte es gab und bei welchen Vergehen man wie bestraft wurde. Unter der sengenden Sonne war es kaum auszuhalten, und nahezu jeder trug eine Sonnenbrille, hatte eine Cap, einen Sonnenhut oder eine ausgebreitete Zeitung auf dem Kopf und eine Wasserflasche in der Hand. Es war heiß in Frankfurt, sehr heiß sogar. Ich fächerte mir gerade Luft zu, als die Menge unruhig wurde. Was hatte der Moderator gerade gesagt? Angespannt lauschte ich seinen weiteren Verkündungen: „Ab 24,6 Grad herrscht Neoverbot für AK-Athleten“, sagte er. Ich schluckte. Das klang nicht gut. „Worum geht's gerade?“, fragte ich den Mann neben mir. „Der Langener Waldsee hat sich in den letzten Tagen aufgeheizt“, antwortete der. „Er hat jetzt 24,5 Grad, könnte also gut sein, dass es nix wird mit dem Neo.“

Eine Schreckensmeldung. Die endgültige Entscheidung sollte zwar erst am Rennmorgen nach der Messung fallen, ich sah mich jedoch schon kostbare Zeit verlieren, weil mir der Auftrieb meines neuen Neos fehlte. Ich sah ja ein, dass es lebensgefährlich werden konnte, wenn man drohte, im Neoprenanzug zu überhitzen und zu dehydrieren. Aber musste es denn ausgerechnet am alles entscheidenden Renntag so heiß sein?

Ich musste handeln. Eine riesige Lkw-Ladung Eiswürfel für den Waldsee war so schnell nicht aufzutreiben, deshalb machte ich mich sofort auf die Suche nach einem Speedsuit. Das ist ein Triathlonanzug aus einem speziellen wasserabweisenden Material, den man über das eigentliche Outfit zieht. Weil das Wasser an ihm abperlt, kommt sein Träger schneller voran. Es war ganz einfach, den Stand ausfindig zu machen, an dem die Wunderwaffe verkauft wurde. Ihn selbst sah ich zwar nicht, aber die riesige Sportlertraube, die sich um ihn herum gebildet hatte. Anscheinend war ich nicht der Einzige, der eine Alternative zu Eiswürfeln brauchte. Im Waldsee hätte das Ungeheuer von Loch Ness baden können, es hätte keinen Athleten gekratzt, aber ein Neoverbot: Katastrophe!

Zum Glück war am Ende noch ein Speedsuit für mich übrig. Mehr Auftrieb für eine bessere Lage hatte der leider nicht zu bieten, aber vielleicht etwas Auftrieb für meine Psyche.

Der restliche Tag vor dem Rennen lief ab wie gewohnt, routiniert bereitete ich alles für das Rennen vor: Ich chauffierte mein Rad in die Wechselzone am Langener Waldsee, gab meine Wechselbeutel ab, lief anschließend noch eine Viertelstunde am Main entlang und traf mich gegen 18 Uhr mit Wiebke im Restaurant. Dieses Mal frühzeitig, damit kein Kellner die Gelegenheit bekommen sollte, mich zu nerven.

Auch für mich überraschend, war ich zwar leicht angespannt, aber kaum nervös. Am meisten beschäftigte mich das drohende Neoverbot.

„Die anderen müssen auch alle so schwimmen, also wäre dein Nachteil gar nicht so riesig“, versuchte Wiebke mich zu beruhigen.

„Vielleicht hilft ja auch der Speedsuit“, antwortete ich. Wiebke lächelte. „Außerdem hast du wirklich gut trainiert, ich glaube, du bist auch ohne Neo fit für eine gute Leistung!“, sagte sie.

Sie hatte recht. Bei allen unvorhersehbaren Gefahren auf der langen Strecke war auch ich zuversichtlich, dass ich abliefern würde, auch im Wasser. Und so konnte ich dieses Mal tatsächlich in Ruhe meine Nudeln essen und Wiebke ihre Pizza genießen. Schon um 20 Uhr waren wir zurück im Hotel und legten uns frühzeitig schlafen. Kaum war das Licht gelöscht, kreisten meine Gedanken um das Rennen. Ich versuchte mich abzulenken, indem ich mir Fußballszenen vorstellte, die mich nicht aufregten – was als St.-Pauli-Fan in dieser Saison gar nicht so einfach war. Doch trotz der leichten Einschlafprobleme wurde ich nicht nervös. Vielleicht machte sich meine langjährige Erfahrung bemerkbar. „Mir kann nichts passieren, alles wird gut“, dachte ich. Schließlich hatte ich mit nahezu null Schlaf vor drei Jahren meinen bislang besten Wettkampf hingelegt. Diese relative Gelassenheit machte es möglich, schließlich doch zeitig einzuschlafen.

Ungefähr vier Stunden später klingelte der Wecker. Er war da. Der Tag der Tage, auf den ich zwei Jahre lange hingearbeitet hatte. In 13 bis 14 Stunden würde ich wissen, ob mein Einsatz für Hawaii gereicht hatte. Draußen war es noch dunkel, aber ich war hellwach und nun auch ein wenig angespannt. Mit den üblichen sieben Brötchen packte ich noch ein paar Gramm auf mein Wettkampfgewicht und war froh, dass sich auch Wiebkes langjährige Ironman-Erfahrung bemerkbar machte: Sie hatte genau gewusst, wo sie gestern Abend noch Brötchen bekommen konnte. Ich trank einen Kaffee und etwas Wasser und starrte vor mich hin. Außer „Guten Morgen“ und „Danke, bis später“ sagte ich nicht viel, als auch Wiebke wach war. In die Ironman-Welt abgedriftet, hatte ich für andere irdische Anliegen kein Ohr mehr.

„Fokussiert“ nennt man das unter Sportlern. Unter Lebenspartnern nennt man das „anstrengend“.

Ich ging den kommenden Tag noch einmal durch: Hatte ich alles dabei? Waren die Utensilien wirklich in den richtigen Beuteln?

Dann traf ich die letzten Vorbereitungen. Ich drückte den Inhalt von 15 Kohlenhydratgels in die beiden neuen windschnittigen Trinkflaschen, füllte Wasser in das zusätzliche Trinksystem zwischen Oberrohr und Lenker und legte zwei weitere Trinkflaschen für die Halterungen unterm Hintern bereit. Verdursten würde ich heute sicher nicht. Hitze hin oder her.

Dann wurde es höchste Zeit, sich aufzumachen. Ich war spät dran, und mein Hase wartete sicher schon auf mich. Nein, wieder nicht Wiebke. Sie war bereits unterwegs, um mich am Waldsee ins Rennen zu verabschieden. Hase Markus startete auch, würde mich diesmal aber sicher nicht ziehen können wie einst beim Marathon in Hamburg.

Er startete in meiner Altersklasse und würde den Slot für Hawaii mitnehmen, war aber nicht so erpicht darauf wie ich.

Zusammen mit seiner Frau Andrea stand er unten vorm Hotel. Gemeinsam gingen wir zur Haltestelle um die Ecke, wo schon viele andere darauf warteten, dass der Shuttlebus sie zum See bringen würde. Pünktlich stiegen alle ein.

Während der ganzen 30-minütigen Fahrt sprach ich kein Wort. Fünf Uhr früh war generell nicht meine wortgewandteste Zeit – es sei denn, man zwang mich in einer frühmorgendlichen *Tagesschau* zu reden. Zudem hatte ich meinen „Busfahrtzum-Start-Zustand“

erreicht. Eine Mischung aus Anspannung, Aufregung, Ruhe und Müdigkeit. Ein schönes Gefühl, das ich mit Reden nur zerstört hätte.

Als die Dämmerung einsetzte, spuckte uns der Bus aus, und ich musste mich aufraffen: raus aus meiner Ruheecke, hinein in den Trubel der allerletzten Rennvorbereitung. Ich liebte diese Szenerie: Die Sonne war kaum aufgegangen, da standen schon Hunderte Athleten in der Wechselzone bei ihren dicht an dicht am Gestänge hängenden Rennboliden. Hoch konzentriert trafen sie die letzten Vorbereitungen, den Kopf voller Hoffnungen, Ängste und Wünsche. Mancher unterhielt sich zwar, aber die meisten waren ganz mit sich und ihrer Ausrüstung beschäftigt. Wasserflaschen wurden in Halterungen gesteckt, Gels am Fahrrad festgeklebt, Klamotten in Wechselbeuteln verstaut. „Kann ich die Luftpumpe mal haben?" war der meistgesprochene Satz. Und dann zogen sich die ersten den Neo an. Ich war überrascht.

„Kein Neoverbot?", fragte ich meinen Radplatznachbarn, der auch nach seinem Neo griff. „Nein, das Wasser hat knapp unter 24,6 Grad. Das haben sie eben durchgesagt. Glück gehabt", antwortete er. Ich würde meinen Speedsuit also nicht auspacken müssen. Sehr gut! Die Erleichterung sah man mir nur bedingt an, zu groß war meine grundsätzliche Anspannung.

Als Nächstes musste ich ein wie immer vor Rennen schwieriges Geschäft erledigen. Ich brauchte das gute Gefühl, in Magen und Darm keine unnötige Last mit mir herumzutragen, deshalb stellte ich mich in die lange Schlange vorm Dixi-Klo. Wäre ich Organisator, ich würde hundert mehr von diesen blauen Kästen hinstellen. Ein bisschen neidisch war ich auf Fatburning-Frank, der dieses Problem dank seiner Gummibärchen-Orgie wahrscheinlich nicht hatte.

Mal wieder auf den letzten Drücker kam ich anschließend zum Schwimmstart an den Strand. Fürs Einschwimmen blieb keine Zeit, ich kreiste lediglich ein paarmal die Arme, das musste reichen.

Markus hatte sich bei den Artgenossen eingruppiert, die schneller als eine Stunde schwimmen wollten, ich mischte mich unter die etwas langsamere Gruppe dahinter. Den mit heftigen Keilereien begleiteten Massenstart hatte man mittlerweile durch den Rolling Start ersetzt. Dabei gingen die Sportler in Etappen ins Wasser. Alle paar Sekunden tippten die Helfer fünf oder sechs Triathleten auf die Schulter, und die durften dann ins Wasser rennen. Die schnellsten waren schon vor ein paar Minuten, exakt um 6 Uhr 40, ins Wasser geschickt worden. Aber die Uhr lief für jeden Einzelnen natürlich erst dann, wenn er die Startlinie überquert hatte. Und dann war es so weit: Das Rennen meines Lebens begann.

Ich bekam das Schultertippen, rannte ins Wasser, tauchte ein und versuchte, mich aus dem Trubel, der trotz Rolling Start immer noch herrschte, herauszuhalten. Um nicht eingekeilt zu werden, schwamm ich von Boje zu Boje immer etwas nach links versetzt. Allerdings musste ich rechtzeitig vor den Wassermarkierungen wieder nach rechts schwenken, um an ihnen vorbeizukommen.

Das Kopfkino mit den privaten Gute-Laune-Blockbustern musste ich zum Glück nicht anschmeißen. Die bösen Gedanken, die den Angst-Teufelskreis in Schwung bringen würden, flackerten nur sehr kurz auf und waren schnell wieder erloschen.

Kein Kampf mit der Panikattacke, kein Kampf mit den anderen Athleten, nur Stau an den Wendebojen. Ich kam trotzdem gut voran, stieg schließlich aus dem See und freute mich über das, was ich auf meiner Uhr sah: eine Stunde, zwei Minuten und ein paar Sekunden. „Yeah, sehr geil!“, dachte ich. Der erste Split, wie es im Fachjargon heißt, also die erste der drei Sportarten, war geschafft. Mit Bravour! Durch den tiefen Strandsand lief ich die leichte Steigung zur Wechselzone hinauf. Ich versuchte, kleine Schritte zu machen, um den Puls nicht hochzujagen. Endlich angekommen setzte ich mich auf den Hosenboden und zerrte und zurrte am Neo, bis er endlich ausgezogen war. Etwas mehr als fünf Minuten dauerte es, bis der Wechsel vollbracht war. Völlig in Ordnung, trotz der störrischen Gummihaut.

Weiter aufs Rad, diesmal ohne Jacke. Nicht einmal aus nostalgischen Sicherheitsgründen in Gedenken an mein Regen-Kälte-Premiere-Rennen nahm ich sie mit, denn das Wetter war einfach zu schön. Es war jetzt schon angenehm warm, obwohl wir noch frühen Morgen hatten.

Die ersten Kilometer führten erst hinein in die große Stadt mit der besonderen Skyline und dann gleich wieder hinaus Richtung Norden auf die zwei Fahrradrunden. Ich kam von Anfang an gut in Tritt, dachte aber an die drei kleinen Schrauben am Lenker und hoffte, dass sie halten würden. Spürte ich ein Wackeln am Lenker? Und überhaupt: Waren die Reifen prall gefüllt? Waren alle Flaschen am Rad, lief meine Uhr am Handgelenk noch? Fiel mein Knie oder irgendein anderes Körperteil negativ auf? Aber es war alles in bester Ordnung.

Ich mochte die hügelige Frankfurter Strecke sehr. Mal musste man sich ein bisschen raufkämpfen, mal gab es eine rasende Abfahrt. Der Weg führte vorbei an herrlichen Panoramen und durch kleine idyllische Ortschaften, vorbei an Wiesen, Feldern und Wäldern. Viel Abwechslung, das war gut für meinen Kopf.

Am Streckenrand sorgten immer wieder jubelnde Menschen für eine Zusatzmotivation.

Ich war von Anfang an schnell unterwegs, hatte meine anvisierten 5 Stunden im Kopf. Ich orientierte mich nicht so sehr an meinen Wattzahlen, sondern ging instinktiv nach meinem Oberschenkelgefühl und nach Tempo: Der Tacho zeigte die nötigen gut 36 Kilometer pro Stunde. Nils hatte mir mitgegeben, dass ich bis zum Ziel auf dem Römer Vollgas geben sollte – es kam auf jede Sekunde an. „Fokussiere dich immer auf den jeweiligen Moment", hatte er gesagt, „egal wie die Splits sind, immer konzentriert bleiben und von Etappe zu Etappe arbeiten. Hol die vielen positiven Erinnerungen der monatelangen Vorbereitung hoch, vor allem, wenn es hart wird: Lübeck, Harz, Fuerte – diese Bilder machen dich stark."

Dann kam der erste echte Leistungstest: „The Beast", ein Anstieg an der Vilbeler Landstraße nach Bergen-Enkheim. Kein Problem für mich, die giftige Steigung kam ich gut hinauf. Etwa 30 Kilometer später folgte etwas, was ich viel weniger mochte: Kopfsteinpflaster. 500 Meter lang war der damit belegte Streckenabschnitt in Maintal-Hochstadt, genannt „The Hell". Das wurde er auch für mich: eine kleine Hölle. Ich war gerade ein paar Meter geholpert, da sprang mein Trinksystem aus seiner Halterung und fiel herunter. Kurz überlegte ich: Sollte ich einfach weiterfahren? Aber was, wenn ich dann zu wenig Flüssigkeit dabeihatte? Es war schon sehr warm und würde sicherlich noch heißer werden. Ich hielt an, schob zurück und sammelte das Trinksystem auf. Schnell steckte ich es wieder auf, sprang bei der nächsten Athletenlücke zurück aufs Rad und kurbelte weiter. Das System hielt ich vorsichtshalber fest, damit es nicht wieder runterkrachte. Mit nur einer Hand am Lenker manövrierte ich mich ziemlich wackelig über die restlichen 400 Meter Holperstrecke, vorbei an hübschen Fachwerkhäusern und durch ein historisches Tor. Schön hier, nahm ich nebenbei wahr, obwohl es mich in diesem Moment eigentlich nicht interessierte. Mir schwirrte anderes durch den Kopf: Wie viel Zeit mochte mich das eben gekostet haben? Eine Minute? Eineinhalb? Zwei? Mehr? Schwer zu sagen. War es wirklich nötig gewesen, anzuhalten? Ich hatte eigentlich genug Platz für Getränke am Rad.

„Hör auf, es ist wie es ist", versuchte ich mich, frei nach Heiko Ziemainz, nicht mehr mit diesem Schnitzer zu beschäftigen. So verärgert ich über das Missgeschick auch war – es trieb mich nur noch mehr an. Wie ein geölter Blitz raste ich mit immer noch 36 km/h über den endlich wieder glatten Asphalt. Ich konnte es kaum fassen, wie gut mein Bike und ich harmonierten. Wir schossen an vielen vorbei und wurden nur selten überholt. Wie ein Brett lag ich in meiner Aeroposition auf dem Rad. Der Helm auf meinem Kopf leistete ebenfalls seinen Beitrag zur Windschnittigkeit. Die Luft konnte über ihn abfließen, wie es mit dem alten, normalen Helm und der Sonnenbrille im Gesicht nicht möglich gewesen wäre.

Als ich nach 100 Kilometern auf meine Uhr schaute, wurde mir ganz anders. Da stand immer noch eine 36,1 beim Durchschnittstempo. Es lief! Wenn das so weiterging, würde das bedeuten ... Es würde wirklich bedeuten ... Ich wagte es kaum zu denken: Aber das wäre nichts Geringeres als: Die Quali für Hawaii! Mir stiegen schon Freudentränen in die Augen, aber bevor ich vom Rad steigen, den nächstbesten Helfer am Streckenrand umarmen und mit ihm feiern konnte, kam ich wieder zu mir: „Bist du völlig irre geworden?", schimpfte ich innerlich mit mir. „Weißt du, was du noch alles vor dir hast? 80 Radkilometer und einen Marathon musst du noch überstehen, und du jubelst jetzt schon über deine Qualifikation?" Eine völlig berechtigte Warnung, wie ich von Kilometer 120 an spürte – in den Beinen, die schwerer wurden. Die Power ließ spürbar nach, was auch die sinkende Wattzahl im Display meines Radcomputers bestätigte. „Dranbleiben, komm Junge, halte deine Leistung", feuerte ich mich an. Ich musste jetzt richtig arbeiten, und mein Puls ging leicht nach oben. Der einfache Teil des Radfahrens war vorbei. Unter der heißen hessischen Sonne überholte ich zwar fleißig weiter meine Mitstreiter, aber nicht mehr ganz so zügig wie zuvor. Auch Hase Markus ließ ich rechts liegen und grüßte im Vorbeifahren mit erhobener Hand. Im Wasser war er unter einer Stunde geblieben, erfuhr ich später, aber jetzt hatte ich ihn eingeholt und würde ihn hoffentlich erst im Ziel wiedersehen.

Zuerst musste ich aber noch über den „Heartbreak Hill", einen lang gezogenen Anstieg in Bad Vilbel, der mir auf der zweiten Runde noch viel böser erschien als auf der ersten. Für Linderung sorgten die Zuschauer, die wie bei den Bergetappen der Tour de France ein enges Spalier an den Straßenrändern gebildet hatten und Krach machten, dass mir die Ohren dröhnten. Die Menge pushte mich und meine müden Beine zu mehr Leistung, als ich je in meinem Körper vermutet hätte. Ich brachte meine Oberschenkel an ihre Grenzen und musste, oben angekommen, sehr tief durchpusten und meine Beine erst mal entspannen, indem ich etwas lockerer pedalierte.

Das war okay, schließlich war das Ziel nicht mehr weit. Als ich zum letzten Mal an den Hochhäusern von Frankfurt vorbeiraste, war ich erleichtert, dass ich – bis auf die Sache mit dem Trinksystem – ganz ohne Defekt durchgekommen war. Auf meiner Uhr las ich, dass ich mit durchschnittlich 35,5 km/h gefahren war. Nach 4 Stunden 57 Minuten und 12 Sekunden stieg ich vom Rad, klar unter 5 Stunden. Allerdings nur, weil die Strecke in diesem Jahr drei Kilometer kürzer war. Aber egal – Nils' Vorgabe hatte ich erfüllt. Und damit nicht genug: Ich legte einen der schnellsten Wechsel meiner Triathlon-Karriere hin. Gäbe es einen Hawaii-Slot für superschnelle Rad-Lauf-Übergänge, ich hätte mir einen geholt. Blieb die Frage, ob ich dieses Niveau auch im Marathon würde halten können.

Tatsächlich kam ich rasant in die Gänge, das Koppeltraining machte sich positiv bemerkbar. Vielleicht sogar zu positiv, denn ich war anfangs viel zu schnell. Hawaii-Jochens Rat, seinen eigenen Rhythmus zu laufen, selbst wenn einen Einbeinige und Übergewichtige überholen, fiel mir erst wieder ein, als ich schon ganze sechs Minuten unterwegs war, die Zuschauermenge und der Jubel spärlicher wurden, und das klare Denken eine Chance hatte. Weitere 20 Minuten später hatte ich meinen Rhythmus gefunden und mit 4:53 ein gutes Tempo drauf. Nach den letzten Trainingseinheiten hatte Nils mir eine Pace von 4:50 bis 5:00 für das Rennen aufgegeben. Passte. Meine Beine waren trotz der 180 Radkilometer frisch. Aber ich hatte noch alle vier Runden vor mir. Zum Glück bevölkerten zahlreiche Zuschauer fast jeden Meter am Main. Dauernd klatschte irgendjemand oder rief aufmunternde Worte. Nach etwa einer Stunde wurde ich erstmals deutlich langsamer, aber nur weil ich jetzt an der Verpflegungsstation nach allem griff, was mir die Helfer entgegenstreckten: Kohlenhydratgel, Cola, etwas Salz, vor allem aber Wasser, um es über Kopf und Körper zu schütten. Und Eiswürfel, um sie unter den Einteiler zu stecken. Damit wollte ich meinen Motor runterkühlen, der bei 30 Grad im Schatten unter der sengenden Sonne heißlief.

Mein hohes Tempo konnte ich danach nicht mehr ganz halten und ging Richtung 5-Minuten-Marke.

Nach knapp zwei Stunden spürte ich, wie sich meine Energieanzeige dem roten Bereich näherte. Die Hitze hatte mir zugesetzt, und ich brauchte ständig ausgiebige Kühlung. Ich schüttete mir bei jeder Station Wasser über den Kopf. Es machte dann einmal „Zisch", und das Wasser schien so schnell zu verdampfen wie auf einer heißen Herdplatte. Die Eiswürfel aber fühlten sich herrlich an am Körper. Ich genoss es jedes Mal, wenn ich wieder einige in meinen Einteiler geschmissen und sie darunter verteilt hatte. Manchmal rutschte ein Würfel etwas zu tief, aber diesen Kollateralschaden nahm ich hin.

Ich versuchte, in meinem Trott zu bleiben, doch ab Kilometer 26 wurde das immer schwieriger. Wenigstens kam ich der Stelle näher, an der Wiebke, Andrea und Hawaii-Jochen standen, um mich Runde um Runde anzufeuern. Ihr Anblick motivierte mich jedes Mal, den müde werdenden Körper zu straffen und tapfer weiterzutraben. Leider konnten sie mir nie sagen, an welcher Stelle ich in der 50er-Altersklasse lag. Es gab zwar eine Tracker-App, durch die sie wussten, wo auf der Strecke ich mich gerade befand und welche Zeiten ich hinlegte, mehr aber nicht. Acht Startplätze wurden heute in meiner AK vergeben, also musste ich Achter werden. Oder zumindest Zehnter oder Elfter, damit ich vielleicht noch einen Startplatz im Nachrückverfahren abbekam.

Immer mehr musste ich kämpfen. Mein Tempo war weiter abgerutscht, über die 5-Minuten-Marke. Schon aus der Ferne erkannte ich unter den Zuschauern meine drei Begleiter, aber sie sahen irgendwie anders aus als auf den vorherigen zwei Runden. Als ich näherkam, erkannte ich, dass sich alle drei einen hawaiianischen Blumenkranz um den Hals gelegt hatten. Lustig, dachte ich kurz. Und dann fiel es mir wie Schuppen von den Augen. Sollte das etwa bedeuten ...? Ich wurde ganz aufgeregt. Warum sollten sie einen auf Aloha machen, wenn nicht, um mir zu signalisieren, dass ich uneinholbar auf Hawaii-Kurs war?

Dazu sagten sie allerdings kein Wort, als ich vorbeikam, sondern feuerten mich weiter an: „Nur noch eine Runde, klasse Thorsten, du schaffst es!“ Wiebke warf mir Kusshände zu. „Irre“, dachte ich, „du bist kurz vorm großen Ziel.“ Aber zu Freudentränen war ich nicht mehr fähig, zu viel hatte ich mit meinen Beinen und meiner Pumpe zu tun, die unter der Hitze und nach der langen Belastungszeit immer schwerer arbeiteten.

Ich konzentrierte mich darauf, weiterhin das Tempo zu halten. Gleich würde ich mit dem Erkennungszeichen für die fertige dritte Runde belohnt. Ich lief auf die Helfer zu und ließ mir nach dem grünen und roten nun ein blaues Stoffbändchen über den ausgestreckten Armstreifen. Drei Viertel des Marathons waren geschafft, nur noch eine Runde lag vor mir. An meinem Körper und dem klatschnassen Einteiler klebte eine Mischung aus Gel, Wasser, Cola und vor allem Schweiß. Auch meine Schuhe waren patschnass (Blasengefahr!) durch all das Wasser, das ich über mir ausgegossen hatte und die gelegentlichen Wasserschlaucheinsätze der Helfer, die am Streckenrand standen. Hätte man mich ausgewrungen, der Main neben mir wäre übergeschwappt. Aber: Wenn ich mir die Zeit fürs Auswringen sparte und einigermaßen so weiterlief, würde ich Nils’ Marathon-Zeitvorgabe von 3:29 schaffen. Überhaupt: Ich war nicht mehr weit davon entfernt, eine unfassbare Gesamtzeit abzuliefern, mit der ich nie und nimmer gerechnet hatte. Es könnte auf 9:35 hinauslaufen. Das wäre gigantisch! Ich rechnete noch ein paarmal nach, was mich wunderbar ablenkte von meinen müder werdenden Beinen und hektischer werdenden Atemzügen. Ja, es stimmte: 9:35 waren drin. Kein Wunder, dass meine Begleiter die Hawaiikränze angelegt hatten. Denn mit einer solchen Zeit war ich auf jeden Fall qualifiziert, wenn alles mit rechten Dingen zuging. Ich jubilierte innerlich. Den kleinen Weg vom Mainufer hinauf auf die etwas höher liegende Promenade, die es auf jeder Runde zu bewältigen galt, schaffte ich allerdings nur trippelnd, meine Schritte wurden immer schmerzhafter, langsamer und weniger raumgreifend. Noch 12 Kilometer. „Bitte halt durch“, sagte ich mir beschwörend, bis ich wieder am Start der Runden angekommen war. Dort standen immer noch Menschenmassen, die dafür sorgten, dass ich das Tempo wieder anzog. Ich munterte mich damit auf, dass ich überall zum letzten Mal vorbeilief, ich befand mich auf meiner Abschiedsrunde. Zwanzig Minuten lang riss ich mich zusammen und konnte wieder mit einer Pace von unter fünf Minuten am Mainufer entlanglaufen, dann war der Turbo für heute erloschen. Ich schaltete in den Tunnel: Blendete alles aus bis auf das Laufen, konzentrierte mich nur auf das möglichst zügige Vorankommen bei schwindender Energie. Rufe von außen nahm ich nicht mehr wahr, hörte nur noch mein Schnaufen, spürte mein Herz schlagen und die Schmerzen in den Beinen. Ich kämpfte einen schweren Kampf, mich vom Asphalt unter mir abzudrücken. Immer wieder und wieder. Meine Beine wollten nicht mehr, schnell schon gar nicht.

Etwa acht Kilometer vor dem Ziel drang doch noch ein Ruf zu mir durch. Ein Zuschauer schrie von rechts: „Neuer Rekord“. Ich hatte keine Ahnung, was er damit meinen könnte, aber es klang gut. Auch wenn ich schon seit ungefähr einer halben Stunde nur noch mit einem Tempo zwischen 5:05 und 5:25 unterwegs war und bei den Stationen einiges an Zeit benötigte, um abzukühlen und Energie zu tanken, war ich mir sicher: Ich war auf Kurs Hawaii.

Da konnte ich dem Schmerz sicher ein bisschen nachgeben. Und schon ging es rapide bergab mit mir und meiner Geschwindigkeit, ich quälte mich und erhielt erst wieder einen Schub als ich das vierte Farbband an meinen Arm geschoben bekam. Ich wollte die letzten Reserven mobilisieren, aber Nils' 3:29 würden schwierig werden.

Ich gab das Ziel auf und lief das, was mir keine übergroßen Qualen bereitete. Letztlich ging es nicht um die konkrete Zahl hinter dem Doppelpunkt, sondern darum, ob sie niedrig genug für die Quali sein würde. Und die Quali würde ich auch mit einer Marathonzeit von 3:33 oder 3:35 hinbekommen, glaubte ich. „Lauf einfach sicher ins Ziel und gut ist", murmelte ich innerlich.

Schweißgebadet und platt schleppte ich mich in den mir wohlbekannten Zielkanal auf dem Römerberg. Der rote Teppich war ausgelegt für alle, die kurz davor waren, den Ironman ins Ziel zu bringen – ganz besonders für mich, der sich höchstwahrscheinlich für Hawaii qualifiziert hatte. Diesmal sah ich unter dem Zielbogen eine Zeit stehen, die für mich schier unglaublich war. Die Uhr sprang gerade auf 9:41:00, die Zuschauer auf den Tribünen klatschten und riefen wie wild, aber trotzdem konnte ich mich noch nicht richtig freuen als ich neun Sekunden später über die Ziellinie kam.

Ich war gespannt. Es müsste doch mit dem Teufel zugehen, wenn das nicht reichte. Ich wollte jetzt endlich die Bestätigung. Eine Helferin hängte mir die Medaille um den Hals, was mich nur am Rande interessierte. Wo war Wiebke? Einer der Zuschauer gratulierte mir und fragte, ob ich mich für Hawaii qualifiziert hätte. „Das wüsste ich auch sehr gerne, ich muss meine Freundin finden, die wird es mir sagen", fasste ich mich kurz, drehte mich um meine eigene Achse, um nach allen Seiten Ausschau zu halten und ging langsam weiter durch den von Zuschauermassen gesäumten Zielkanal, der letztlich zu den Duschen, der Verpflegung und den Massagezelten führte.

Da stand sie, sah meinen fragenden Blick und klärte mich sofort auf: „Du bist Dreizehnter geworden", sagte Wiebke. Ich starrte sie an: „Dreizehnter? Das kann nicht sein", stammelte ich.

„Ich fürchte doch", sagte sie und streichelte mir über den Arm.

DIE PURE ENTTÄUSCHUNG

Ich war nicht in der Lage, irgendetwas zu sagen, sondern starrte sie an, weil ich es nicht glauben konnte. Ich war einfach nur tieftraurig. Solch eine Leistung, solch eine Zeit, und dann nur Dreizehnter?

Mir kamen die Tränen, aber anders als vor einigen Stunden auf dem Rad waren es Tränen der Enttäuschung. Wiebke nahm mich in den Arm, und ich versuchte zu begreifen, was da gerade passiert war. Neben uns stand eine Zuschauerin, die mich Häufchen Elend trösten wollte: „Kopf hoch, mein Mann hat es auch lange versucht mit Hawaii, und es dann später geschafft, irgendwann schaffen Sie das auch, ganz sicher." Fast schien es, als würde sie gleich mitweinen.

„Es ist wirklich tragisch, denn jetzt hat man dir angesehen, dass du es wirklich wolltest", sagte Wiebke. „Du warst fokussiert und hattest eine ganz andere Ausstrahlung als bei den bisherigen Rennen. Du warst entschlossen, dir den Slot zu holen. Ich glaube auch, dass es irgendwann schon noch hinhaut."

„Aber eure Hawaiikränze", sagte ich, „Ich dachte, ihr wolltet mir damit signalisieren, dass ich es auf jeden Fall schaffe?"

„Die hat Jochen plötzlich herausgeholt. Als Jux und als Ansporn. Darauf, dass du das anders deuten könntest, sind wir gar nicht gekommen. Sonst hätten wir es garantiert gelassen", erklärte Wiebke, und ich hörte großes Bedauern in ihrer Stimme. Ich ärgerte mich ein wenig über meine Fehlinterpretation, löste mich aus der

Umarmung, verabschiedete mich von Wiebke und ging weiter in Richtung Duschen. Mit hängendem Kopf schlurfte ich vorbei an den noch nicht sonderlich zahlreichen Athleten im Ziel. Die allermeisten kamen ja erst noch. Trotzdem waren schon genug da, um mir den Traum vom Kona-Slot zu zerstören.

Fünf Leute müssten auf ihren Hawaii-Startplatz verzichten, damit es für mich doch noch klappte. Dann würde ich nachrücken. Aber fünf Leute? Das war ein bisschen viel des Guten. Rechnen konnte ich damit nicht, allenfalls hoffen. Zur Startplatzvergabe am nächsten Tag wollte ich auf jeden Fall fahren. Die Hoffnung stirbt ja bekanntlich zuletzt. Nicht auszudenken, wenn ich auf der Autobahn wäre, während man im Zelt neben der Eissporthalle meinen Namen aufrief, weil so viele abgelehnt hatten. Hatte es alles schon gegeben und einige Triathleten sehr unglücklich gemacht.

Beim Umziehen sprach mich ein ebenfalls deutlich gezeichneter Mitstreiter an, der mir wohl ansah, dass ich nicht nur körperlich am Ende, sondern auch unglaublich enttäuscht war. Ich erzählte ihm kurz von meinem „Malheur", und er sagte, dass es ihm ähnlich gehe. Er sei an elfter Stelle in der AK 50 ins Ziel gekommen und würde wohl auch leer ausgehen. Auch er konnte kaum glauben, dass es mit seiner Zeit nicht geklappt haben sollte.

Ich war nicht allein mit meinem Schicksal. In all meinem Selbstmitleid hatte ich aber noch genügend Empathie übrig. „Herzlichen Glückwunsch, dann warst du anderthalb Minuten schneller als ich", sagte ich. „Vielleicht hast du Glück, es wollen ja einige gar nicht nach Hawaii. Was soll man da? Da ist es ja noch heißer als hier." Sogar blöde Witzchen konnte ich wieder machen.

Eine halbe Stunde nach mir kam Markus ins Ziel und versuchte, mir ebenfalls Mut zu machen. Manchmal würden Slots weit nach hinten durchgereicht. Entweder, weil die Leute schon so oft da waren, keinen Urlaub bekamen oder es ihnen schlicht zu teuer war: „Der Trip kostet ein kleines Vermögen, nicht nur der Slot an sich. Die Reise selbst ist finanziell auch nicht ohne", tröstete er mich.

Am nächsten Tag saßen er, Wiebke, Andrea und ich mit Hunderten anderer Sportler und deren Begleitung auf Bierbänken im Zelt neben der Frankfurter Eissporthalle. Auf der Bühne verlas ein Moderator die Startplätze aller Altersklassen. Erst die der Frauen, dann waren die Männer an der Reihe. Endlich auch meine AK. Ich war gespannt, hatte keine großen Erwartungen, aber es ging gut los. Der AK-Sieger und der Zweite sagten zwar Ja, aber sowohl der Dritte, der Vierte als auch der Fünfte meldeten sich nicht. Meine Duschbekanntschaft hatte es als Nachrücker also schon gepackt. Ich wurde hibbelig. Vielleicht klappte es doch noch für mich. Ich schloss die Augen und lauschte. Der Moderator nannte die Namen der nächsten Platzierten. Nummer Sechs rief: „Hier!", Nummer Sieben brach in Jubelschreie aus, und Nummer Acht ließ ein klares und deutliches „Ja!" ertönen. Auch der erste Nachrücker schlug zu. Da ich wusste, dass die Nummer elf gesetzt war, blieb also nur noch einer. Ich kniff die Augen zusammen und drückte beide Daumen. Der Moderator verlas den Namen. Kurz war es still, dann hörte ich, wie jemand aufstand und „Aber so was von!" brüllte. Es war vorbei. Mein Traum war geplatzt. Zumindest in Frankfurt. Um genau eine Minute und 32 Sekunden. Sofort dachte ich an mein Trinksystem: Was, wenn es auf dem Kopfsteinpflaster nicht abgefallen wäre?

Aber es brachte nichts: Hätte, wäre, wenn und aber, das ist alles nur Gelaber. Und wer wusste schon, welche kleinen oder großen Unglücke den anderen die Zeit vermiest hatten. Dennoch, ich konnte es immer noch nicht fassen: Wie war so etwas möglich, mit einer solchen Zeit? Ich würde sicher eine ganze Weile brauchen, um das zu verdauen. Wenn ich wenigstens krachend gescheitert wäre, wenn ich irgendwo auf der Strecke schlappgemacht hätte. Das wäre leichter zu ertragen gewesen als dies.

Als wir den Wagen gepackt hatten und losfahren wollten, sagte ich zu Wiebke: „Es tut mir leid, und ich danke dir wirklich sehr, dass du mich so toll unterstützt hast in den vergangenen Monaten. Aber bitte habe Verständnis, dass ich mich mit dir auf der Fahrt wohl nicht unterhalte. Ich werde auch in den nächsten Tagen vermutlich sehr still sein."

Ich wäre nicht ich gewesen, wenn ich meine tiefe Enttäuschung sofort mit ihr geteilt hätte. Die einen sabbeln drauflos, reden sich alles von der Seele, aber ich machte immer erst mal alles mit mir selbst aus, das kannte Wiebke schon seit vielen Jahren. „Ich weiß", sagte sie deshalb nur.

Und als wäre das Scheitern mit 9:41 nicht schon schlimm genug gewesen, erzählte mir Fatburning-Frank ein paar Tage später, dass ich den Slot mit dieser Zeit in der 45er-AK bekommen hätte. Er schickte mir eine Übersicht. Tatsächlich, der letzte Glückliche in meiner Ex-AK war ein Athlet mit einer Zeit von 9:45:14. Vier Minuten langsamer als ich. Ich lag schon am Boden, und man trat noch mal kräftig nach. Da musste ich durch – aber hatte ich für diesen Fall nicht eine zweite Chance eingebaut?

Klar! Hamburg gab es ja auch noch. Aber würde ich noch mal so eine Leistung abliefern können? In nur wenigen Wochen? Und mental so angeschlagen?

Nils konnte es ebenfalls nicht fassen: „Das ist wirklich krass. Aber ich verspreche dir, dass du in Hamburg wieder bei 95 Prozent bist, eventuell sogar bei 100. Im Gegensatz zu Frankfurt stehe ich in Hamburg an der Strecke und mache dir Feuer unterm Hintern." Gut, dachte ich, dann mache ich eben in Hamburg alles klar!

LETZTE CHANCE IN DER HEIMAT

Fünf Wochen lagen zwischen Frankfurt und Hamburg. Nur fünf! Wie sollte das gehen? Als die ersten drei Wochen Training rum waren, wurde ich skeptisch.

Die erste Woche hatte aus lediglich fünf Stunden Regenerationssport bestanden, in der zweiten war immerhin ein erster richtiger Lauf im Plan vermerkt, wenn auch nur über 50 Minuten. Aber auch in der dritten Woche war ich höchstens eineinhalb Stunden gelaufen. Die Radausfahrten waren nicht länger als drei Stunden. Was sollte das bringen?, fragte ich mich. Mit diesem Pillepalletraining konnte es in Hamburg doch gar nichts werden. Mir dämmerte, dass fünf Wochen schlicht zu kurz waren, und ich zweifelte daran, dass Nils sein Handwerk wirklich verstand. Klar, mich zu glänzenden 9:41 zu führen war eine große Leistung. Ihn jetzt zu kritisieren war so, als würde man einem St.-Pauli-Trainer die nötige Qualifikation absprechen, weil er zwar mit seinem mittelprächtigen Zweitligateam erst den Aufstieg und dann den Sprung in die Europa-League geschafft hatte – die Champions-League allerdings verfehlte.

Trotzdem wunderte ich mich, wie er auf die absurde Idee kam, mich so schnell wieder fit zu kriegen. Wenige Tage vor dem Hamburg-Rennen schrieb ich ihm eine verzweifelte SMS: „Fünf Wochen keine richtig langen Läufe oder Radausfahrten – kann das wirklich gut gehen?“

Was hatte ich erwartet? Dass er schrieb: „Du hast recht, es ist alles sinnlos, mache dir lieber zu Hause einen schönen Sonntag mit einer fetten Sahnetorte. Alles andere lohnt sich nicht!" Natürlich lautete seine Antwort: „Mach dir überhaupt keine Sorgen. Zu lange Einheiten hätten die Erholung gestört. Du wirst auf den Tag fit sein. Das wird ein super Rennen!!!" Kurz danach schickte er mir die anvisierten Zeiten für Hamburg: 1:03 Schwimmen, 4:55 Radfahren, 3:28 Marathon, 8 Minuten Wechseln, ergab eine persönliche Bestzeit von 9:34. Dream on, Nils!, dachte ich und fragte mich, in welchen Sphären er gerade unterwegs war. Als Realist war ich überaus sicher: Aus einer solchen Zeit würde nichts werden. Ich vermutete, er wollte mir in dieser schwierigen Situation Mut machen. Wahrscheinlich stand das im Trainerhandbuch im Kapitel „Verzweifelte Athleten optimistisch stimmen".

Ich begann ernsthaft darüber nachzudenken, was ich tun würde, wenn es nicht klappte. Meine Form nutzen und in der neuen Saison erneut angreifen? Aber gleich noch so ein hammerhartes Jahr? Schwierig!

Und so ganz wollte ich die Quali als Ziel auch nicht aufgeben. Ich wollte das Rennen mit Anstand und Würde über die Runden bringen und alles geben. Es war mein Heimrennen, bei dem viele Augen auf mich gerichtet sein würden. Und immerhin würde ich mit einem blickdichten Einteiler ins Rennen gehen können, den ich auch ohne Unterwäsche tragen konnte. Ich hatte mir einen neuen gekauft, mit verstärktem Stoff im Gesäßbereich. Frustshopping nannte man das wohl.

Am Renntag saß ich um kurz nach vier Uhr morgens miesepetrig am Frühstückstisch unserer Fuhlsbütteler Wohnung. Neben mir saß Andrea, die mit Hase Markus nach Hamburg gekommen war, um ebenfalls an den Start zu gehen. Dieses Mal würde ihr Mann unterstützend am Streckenrand stehen. Wir klagten beide über eine zu kurze Nacht, schlürften müde unseren Kaffee und aßen Brötchen mit Marmelade. Dann machten wir uns auf den Weg zum Ort des Wettkampfgeschehens.

Als es dämmerte, latschten wir in Neo und Schlappen von der Wechselzone in Richtung Start. Die Schlangen an den Klos waren wie immer endlos, aber durch meine jahrelange City-Man-Erfahrung wusste ich, dass eine ganze Batterie von Dixis gut versteckt und kaum zu entdecken gleich neben dem Startbereich stand. Tatsächlich: Hier wartete kein einziger Athlet. Jackpot!

Dennoch lief ich am Ende wie üblich leicht hektisch zum Startbereich, weil ich ungewöhnlich lange gebraucht hatte, um mich mit einem guten Bauchgefühl bereit für das Rennen zu fühlen. Nach der 1:02 in Frankfurt wollte ich diesmal in der Gruppe derjenigen stehen, die mit einer Zeit von unter einer Stunde rechneten oder zumindest darauf hofften. Vielleicht würde mich das trotz des dürftigen Trainings motivieren. Natürlich durften wir mit Neo in die Alster springen, denn ein Neoverbot in Hamburg ergab so viel Sinn wie ein Verbot von Winterkleidung auf dem Mount Everest. Zwei Tage zuvor wäre sogar empfehlenswert gewesen, einen zweiten Neo überzuziehen. Oder ihn fürs Radfahren und Laufen gleich anzubehalten. Bei der Wettkampfbesprechung hatte es bei molligen 15 Grad geschüttet wie aus Eimern. Hamburger Schietwetter vom Feinsten, inklusive Sommerkälte-Zittern. Zum Glück hatte sich Petrus inzwischen beruhigt, es sollten bis zu 19 Grad werden, dazu weitgehend trocken. Gerade noch rechtzeitig gute Bedingungen.

Direkt vorm Startbereich wartete Wiebke. Wunderbar! Eine Umarmung, ein Kuss, ein „Ich drück dir die Daumen“, dann noch ein Kuss und noch eine Umarmung, dann machte ich mich auf die Suche nach meiner Startgruppe. Und sah schwarz: Eine riesige Menge von Ausdauer-Freaks in dunklem Gummi stand schon bereit. Es half nichts, ich lief mitten hinein.

Darf ich bitte mal durch … Danke … ’tschuldigung, darf ich kurz … Danke! Ich müsste hier mal durch, darf ich? Sorry, danke!

Ich schlängelte mich vor bis zum Bereich der Unter-eine-Stunde-Schwimmer, und kam deutlich vor dem Startschuss an. Mindestens 10 Sekunden. Während die ersten Athleten sich in Sekundenabständen auf den Weg machten, sog ich die wundervolle Morgenstimmung ein: Die aufgehende Sonne erhellte die noch etwas fahlen Gesichter, die angespannt übers Wasser blickten und sich langsam bereit machten. Ich stand vor meiner zweiten Chance, nach Hawaii zu kommen. „Versuche wenigstens, sie zu nutzen. Das ist deine Stadt, am besten, du lieferst ab", sagte ich mir. Dann bekam auch ich das Startzeichen. 3, 2, 1, ab.

Ich legte los wie die Feuerwehr, ließ aber plötzlich nach wie ein Ertrinkender. Ich war kaum 100 Meter geschwommen, da war es zurück, das schlimme Gefühl. Fast hatte ich vergessen, wie es sich anfühlte: ein Kribbeln, das sich ausbreitete, meinen Kopf erreichte und auf das Atemzentrum übersprang. Eine Panikattacke. Ich japste nach Luft. Alle um mich herum kraulten wie wahnsinnig, das Rennen hatte ja eben erst begonnen. Mir aber blieb nichts anderes übrig als zum Brustschwimmen zu wechseln, um besser atmen zu können. Ich versuchte, so schnell wie möglich die Schwimmautobahn zu verlassen und auf den Seitenstreifen zu gelangen. Mit kontrollierten Brustschwimmzügen rettete ich mich in ruhigeres Fahrwasser. Verdammt, nun war es aus und vorbei. Endgültig. Eine furchtbare Erkenntnis.

Und gleichzeitig hatte diese Klarheit etwas Befreiendes. Ich hatte nichts mehr zu verlieren, leider auch nichts mehr zu gewinnen. Ich würde nach Frankfurt und heute Hamburg höchstens der Hawaii-Qualifikant der Herzen werden.

Ich wartete etwas, bis der Sturm im Kopf kleiner wurde, die Atmung ruhiger und gleichmäßiger, und ich mich wieder fähig fühlte, die restlichen knapp dreieinhalb Kilometer hinter mich zu bringen. Zur Sicherheit schwamm ich noch einige Brustzüge in aller Ruhe, schaute, ob ich Platz genug hatte, um ohne Bedrängnis meinen Rhythmus finden zu können und kehrte zum Kraulen zurück. Ohne Probleme und zügig schwamm ich weiter. Was für ein blöder Rückfall. Ausgerechnet jetzt!

1:06:33 hatte ich im Ziel auf der Uhr. Immerhin keine Vollkatastrophe, sondern den panischen Umständen entsprechend sogar ganz passabel. Hawaii hielt ich trotzdem für gegessen.

Doch völlig unerwartet bewahrheitete sich für mich, was *Die Ärzte* einst gesungen hatten: „Du bist immer dann am besten, wenn's dir eigentlich egal ist." Denn trotz gefühlter Aussichtslosigkeit beeilte ich mich auf dem Weg ins Wechselzelt, schmiss mich auf den Hosenboden, riss mir meinen Neo über die Köchel und schwang mich aufs Rad – viel schneller als sonst. Ich schob mich deutlich weiter nach vorne und konnte allein durch den Wechsel satte elf Plätze gutmachen, wie ich später in der Ergebnisliste sah. Wie in Frankfurt standen mir nun zwei Fahrradrunden bevor. Desillusioniert vom Schwimmen wartete ich darauf, dass ich Probleme bekommen würde. Das schlechte Wettkampfkarma schien ich allerdings in der Alster gelassen zu haben: Ich kam bestens voran auf der Strecke, die ich durch die Cyclassics zu einem großen Teil gut kannte, und war schnell unterwegs. Nach etwa 60 Kilometern wurde ich von einem Pulk von sechs Triathleten überholt, die eindeutig im gegenseitigen Windschatten fuhren. Das war eigentlich verboten. Offensichtlich nutzten sie es gnadenlos aus, dass weit und breit kein Kampfrichter zu sehen war. Ich konnte an der Startnummer des einen Athleten erkennen, dass er aus meiner Altersklasse stammte. Hätte ich Hawaii nicht schon aufgegeben, wäre ich auf 180 gewesen. Aber auch so gönnte ich diesem AK-Athleten, der sich vor meinen Augen im Windschatten anderer vom Acker machte, keinen Slot.

Das Knäuel blieb weiter zusammen und machte Tempo. Lange schaute ich ihnen nach, bis sie in weiter Ferne verschwunden waren. Ich versuchte, mit der Kayschen Aeroposition gegenzuhalten und war weiter gut unterwegs – erst recht für jemanden, der sich an die Regeln hielt. Vermutete ich zumindest.

Das Dumme war nur, dass ich keine Ahnung hatte, wo ich genau lag. Alle starteten schließlich zu leicht unterschiedlichen Zeiten, und alle Altersklassen waren durcheinandergewürfelt. Das Trinksystem war noch an Bord, trotz mancher Erschütterungen – nach der Pleite in Frankfurt hatte ich mir für dieses Rennen eines mit neuem Halterungssystem besorgt, das saß bombenfest.

Fatburning-Frank war mir auf den ersten Kilometern seiner zweiten Runde entgegengekommen. Er hatte die Wende schon hinter sich und zischte nun über den „Flaschenhals" der Strecke, dort, wo wir Athleten uns für kurze Zeit im Gegenverkehr begegneten. Er hatte also gehörigen Vorsprung, was mich bei seinen starken Trainingsleistungen auf dem Rad, die ich via Social Media hatte verfolgen können, überhaupt nicht wunderte. Plötzlich waren meine Kampfgeister geweckt. Der Anblick, wie er in perfekter Aeroposition an mir vorbeiflog, spornte mich an, den Abstand zu verringern. Ich wusste, ich war ein besserer Läufer, also würde ich versuchen, ihn noch zu erwischen. Allerdings: Sein Vorsprung auf dem Rad war riesig, auch weil er früher ins Wasser gestiegen und unter einer Stunde geschwommen war. Dass ich auf der Radstrecke an ihn herankommen würde, war eher utopisch. Trotzdem konnte ich es versuchen.

Ich sah auf meiner Sportuhr, dass ich nun schon seit mehr als 100 Kilometern eine ähnliche Wattzahl trat wie in Frankfurt, nur um zwei oder drei Watt lag ich drunter, und das fixte mich an, nicht weiter abzusacken. Aber pünktlich bei Kilometer 120 war es – wieder einmal – vorbei mit der Leichtigkeit. Es wurde mühsamer, wie schon in Frankfurt, aber ich konnte eine gute Wattzahl ins Ziel retten: 197, in Frankfurt waren es 199. Super! Nach 5 Stunden und gut 9 Minuten kam ich ins Ziel und wunderte mich etwas. Als ich an der Binnenalster vom Rad sprang und mein Tria-Bike zügig laufend in die Wechselzone am Ballindamm schob, schlug mir stille Einsamkeit entgegen. Das Gestänge, an das die Räder gehängt wurden, war nahezu leer. Nur ganz am Ende der Wechselzone standen ein paar wenige Bikes. Ich kapierte nicht, was los war. So lahm war ich nun auch wieder nicht, dass die anderen alle schon auf dem Heimweg waren. Dafür standen auch noch eindeutig zu viele Zuschauer an der Strecke. Mir ging langsam ein Licht auf: Vielleicht lag ich doch nicht so schlecht im Rennen, vielleicht war ich sogar vorne mit dabei – trotz des miserablen Schwimmens. In mir kippte langsam ein Schalter um: von „vergiss es" auf „versuch es".

Ich legte einen perfekten Wechsel in die Laufschuhe hin, der mich hoffentlich noch weiter nach vorn brachte, und rannte los. Es ging entlang der Binnenalster, an der ein dichtes Menschenspalier stand, das mich zusätzlich nach vorne peitschte. Ich hörte, wie die Leute mich anfeuerten, meinen Namen riefen. Was ich dagegen nicht hörte, war eine innere Stimme, die mich hätte warnen können, von wegen: „Wenn Einbeinige und Übergewichtige ..." – Sie wissen schon.

Erst nach drei, vier Minuten merkte ich, dass ich viel zu schnell rannte und trat sanft auf die Bremse, suchte meinen Rhythmus und fand ihn. Was ich außerdem merkte: Meine Blase drückte. Es begann ein Kampf Blase gegen Hirn. Die Blase wollte eine Pause. „Dann kannst du befreit den Marathon laufen." Das Hirn dagegen meinte, dass die Blase mal wieder maßlos übertreibt.

„Die kann gar nicht voll sein, die ist doch Psycho. Also, einfach an etwas anderes denken, dann verschwindet das Drücken von alleine, und du verlierst keine wertvolle Zeit." Der Kampf war kurz, die Blase gewann, und ich verschwand für genau 52 Sekunden (das verriet mir hinterher meine Sportuhr) im Dixi-Land. Das tat gut!

Was ich anschließend dringend brauchte, war die Information, wo ich stand. Hatte ich Chancen auf Hawaii? Nach einer Weile sah ich Nils am Streckenrand stehen. Er klatschte mir aufmunternd zu und rief: „Sehr gut, bleib bei deinem Rhythmus, weiter so, abgerechnet wird am Schluss."

Nicht gerade euphorisch. Ein bisschen mehr Elan hätte mir gutgetan. Übersetzt bedeuteten seine Worte wohl so viel wie: „Lauf weiter, allerdings wirst du heute keinen Blumentopf gewinnen, vielleicht die goldene Ananas, aber bring unser Projekt Kona wenigstens mit Würde zu Ende."

Ich schien wohl doch abgeschlagen zu sein, sonst hätte er mir schließlich die Platzierung genannt und mich nach vorn gepeitscht. Ich hatte die weitgehend fahrradfreie Wechselzone wohl falsch interpretiert.

Ich spürte, wie ich mit den nächsten Schritten in ein kleines Motivationsloch stolperte. Zum Glück heizten mir die Zuschauer am Streckenrand ordentlich ein. Zweihundert Meter weiter stand meine Schwester Anke zusammen mit ihrem Mann und zwei ihrer Kinder und feuerte mich an. Ihre Jubelrufe trugen mich wieder ein Stückchen nach vorne.

Dann hörte ich jemanden von der Seite rufen: „Hey, super, was gibt's Neues von der *Tagesschau*?" Ich musste schmunzeln und grüßte den mir unbekannten Sprücheklopfer. Meine gute Laune war zurück, es lief wieder.

Nach der Fünf-Kilometer-Wende kam ich erneut an der gleichen Stelle vorbei. „Die nächste Moderation dann bitte mit Medaille", kam es mir diesmal entgegen. Ich klatschte die sich mir entgegenstreckenden Hände ab und ließ mich von der St.-Pauli-Fantruppe gerne zu einer La-Ola-Welle hinreißen. Ich erlebte eine schöne, motivierende Situation nach der anderen.

An einem der Verpflegungsstände etwa hielt mir eine der Helferinnen einen Wasserbecher entgegen, während ihr Standnachbar rief: „Nimm lieber mein Wasser, das ist viel besser, ich reiche überhaupt immer nur das allerbeste Wasser!"

Die Stimmung war sensationell und trug mich Kilometer um Kilometer weiter – mit einem für mich irren Durchschnittstempo von 4:39. Ich war ehrlich bewegt davon, wie sehr wir an der Alster angefeuert wurden. Der *Tagesschau*-Fan mit der großen Klappe dachte sich auch in der zweiten Runde neue Sprüche aus: „Du musst dich schon beeilen, sonst kommst du zu spät zur Sendung" und „Für meine Fernsehgebühren könntest du wirklich ein bisschen schneller laufen".

Als ich nach der zweiten Wende an ihm vorbeigelaufen war, passierte ich erneut Nils. Diesmal rief er mir zu: „Das sieht stilistisch super aus, mach weiter so, du liegst gut im Rennen."

Die erhoffte Platzierung nannte er mir wieder nicht. Aber da es nur vier Startplätze für Hawaii zu vergeben gab, war klar, dass ich mich in jedem Fall sehr anstrengen musste, wenn ich einen davon haben wollte. Also einfach weiterlaufen.

Bei Kilometer 27 traf ich Ulrich Nieper, einen erfahrenen, sehr starken Athleten aus meiner Altersklasse, den ich über Facebook kannte.

„Wie sieht's aus bei dir, bist du auf Kurs Hawaii?", schnaufte ich und schoss die Worte mit jedem Ausatmen heraus. Bloß keine Kraft verschleudern!

„Ich bin schon raus aus dem Rennen, ich bin leider wohl disqualifiziert, laufe aber noch zu Ende", meinte er. „Was ist mit dir? Welcher Platz?" „Keine Ahnung", keuchte ich.

Wir liefen nebeneinander und Ulrich sagte: „Da vorne steht ein Freund von mir, den können wir fragen ... Hey!", brüllte er seinem Kumpel zu, „guck mal, wo der Schröder liegt."

Jetzt hoffte ich, dass wir noch nicht außer Hörweite waren, wenn er die Antwort gefunden hatte. Zum Glück war er ein schneller Rechercheur. „Siebter", brüllte er uns entgegen. Mein Herz machte einen Satz. Hawaii war vielleicht wirklich möglich. Nur drei Konkurrenten musste ich hinter mir lassen. Die große Frage war, wie groß die Abstände zu ihnen waren. Darauf bekam ich leider keine Antwort.

„Da ist noch alles drin", meinte Ulrich zu mir. „Jetzt schmeiß' die Beine nach vorne und beiß! Los jetzt, Tempo aufnehmen." Er beschleunigte und setzte sich vor mich, zog mich in einem klar höheren Tempo hinter sich her. Ich blieb dran und hoffte, das durchhalten zu können, zumal ich eigentlich den mir aus Frankfurt bekannten 26-Kilometer-Break spürte, ab dem ich nicht mehr der Frischeste war und die Schritte schwerer wurden. Eine Viertelstunde lang zog mich Ulrich so die Alster entlang, dann platzte nicht ich, sondern er. Er konnte das Tempo nicht mehr halten, ließ mich passieren und rief mir hinterher: „Mach weiter, immer weiter, du schaffst das, Platz 6 reicht bestimmt auch für die Quali!"

Nun musste ich meinen Stiefel allein laufen. Mein Durchschnittstempo lag immer noch klar unterhalb der 5-Minuten-Marke. Grandios! Aber wie lange noch? Ich musste mich jetzt gedanklich verabschieden von Wiebke, die an verschiedenen Stellen immer wieder zum Anfeuern aufgetaucht war, vom Sprücheklopfer, von meiner Schwester plus Familie und all den anderen, die mich unterstützten. Ich musste in meinen Tunnel und würde erst im Ziel am Rathausmarkt wieder auftauchen. Keine Ablenkung, keine Fehlinterpretation von Blumenkränzen.

Dann kam ich an Nils vorbei, dem Einzigen, dem ich jetzt noch meine Aufmerksamkeit schenkte. Er tobte wie Rumpelstilzchen und rief mit dem Enthusiasmus, der ihm bei unseren bisherigen Begegnungen abgegangen war: „Du bist Sechster und nicht weit hinter dem Fünften und Vierten, also hau rein!"

Nun durchfuhr ein Elektroschock meinen Körper. Ich konnte es tatsächlich schaffen! Zehn Kilometer lagen noch vor mir, und ich stellte mir die alles entscheidende Frage: Was wollte ich? Ich hatte die Wahl: Für noch ungefähr eine Dreiviertelstunde alles geben, was ich hatte, an meine Grenzen gehen und am besten darüber hinaus, und die Quali schaffen. Oder mich der Müdigkeit und den Schmerzen hingeben und den ganzen Kram, den aufreibenden Versuch einer Hawaii-Quali, ein weiteres Jahr auf mich nehmen. Meine Antwort war klar und eindeutig. Ich gab Speed und rannte, als ginge es um mein Leben, obwohl ich eigentlich nicht mehr konnte. Nichts bekam ich noch mit von dem, was um mich herum geschah, nur Nils drang zu mir durch, als ich ein letztes Mal an ihm vorbeilief: „Mach weiter, Thorsten, du bist immer noch Sechster, keine zwei Minuten hinter dem Vierten, aber die anderen platzen vielleicht gleich, es ist alles drin, los jetzt!"

Noch fünf Kilometer alles geben für Hawaii. „Keine halbe Stunde mehr, Vollgas, los!", spornte ich mich an.

Ich hatte keine Ahnung, warum ich nicht aus den Latschen kippte und mich einfach ins Gras legte. Der Mechanismus, der es mir bisher zwar erlaubt hatte, mich zu quälen, nicht aber, meine vermeintlichen Grenzen zu überschreiten, schien endlich ausgeschaltet zu sein. Ich lief einfach weiter, vorbei an den St. Paulianern, die dieses Mal auf ihre Welle verzichten mussten, vorbei am Verpflegungsstand mit dem weltbesten Wasser, den ich diesmal links liegen ließ. Meine Gedanken kreisten nur noch darum, in wenigen Minuten das Ticket nach Hawaii klarzumachen. Ich war nicht mehr in meinem Körper, sondern irgendwo ganz woanders. Meine Beine liefen und liefen, und ich schnaufte und stöhnte, überholte einige andere Triathleten und registrierte, wie das Ziel näher kam.

Alles schmerzte, als ich über die Ziellinie lief. Ich hatte gerade den Marathon meines Lebens hingelegt: 3 Stunden und 22 Minuten. Kaum zu glauben. Dieses Mal hatte ich wirklich alles aus mir herausgeholt.

Ich robbte zur nächsten Sitzgelegenheit, dem Siegertreppchen neben dem blauen Zielbogen. Ich blieb bescheiden und setzte mich nur auf den zweiten Platz, zog die Beine an, lehnte mich zurück und holte tief Luft. Durchschnaufen. Endlich ausruhen. Ich vergegenwärtigte mir meine Gesamtzeit: 9:45:42 hatte ich gelesen. Mein Trainer hatte recht behalten. Meister – so wollte ich ihn von nun an nennen. Aber reichte diese Zeit für Hawaii? Ein Helfer, der mir einen Becher Wasser gab, klärte mich auf: Platz 6. „Geil!", triumphierte ich. Mit dieser grandiosen Leistung hatte ich ganz und gar nicht gerechnet. Aber eines war auch klar: Qualifiziert hatte ich mich so nicht. Wieder war ich knapp vorbeigeschrammt.

Auf dem Weg aus dem Zielkanal traf ich Wiebke, Andrea und Markus. Auch Fatburning-Frank lief uns über den Weg, der zwar fünf Minuten schneller gewesen war als ich, aber damit in seiner AK kein Hawaii-Ticket bekommen hatte.

Zu zweit gingen wir in den After-Race-Bereich, wo wir duschen und etwas essen konnten. Eher beiläufig blickte ich auf einen kleinen, unscheinbaren Zettel, der an der Wand hing: die Slotverteilung auf die verschiedenen Altersklassen.

Mir blieb der Mund offen stehen. Noch einmal schaute ich auf die Zahlen. Schwarz auf weiß stand dort tatsächlich: „AK 50–54: 5 Slots".

„Kann das stimmen?", fragte ich Fatburning-Frank, „Jetzt sind es bei mir plötzlich fünf Startplätze."

„Dann sind wohl in einer anderen Gruppe weniger an den Start gegangen, und es wurde umgeschichtet", antwortete er.

Meine Laune stieg gehörig. Nur ein einziger meiner Konkurrenten musste auf Hawaii verzichten.

Gleich nach dem Duschen traf ich einen von ihnen: Der Mann, der 26 Sekunden schneller gewesen war als ich und mir damit das Ticket vor der Nase weggeschnappt hatte, saß zufällig neben uns, als wir uns stärkten. Ich gratulierte ihm zu seinem tollen Rennen. „Nimmst du den Startplatz an?", fragte ich gespannt. Er lachte einmal herzlich auf und sagte: „Unter Garantie!" Blieben nur noch vier Leute übrig. Kurz dachte ich daran, dass ich ohne meine Klopause Hawaii jetzt in der Tasche hätte und nicht noch zittern müsste. Das würde morgen spannend werden.

Am sonnigen Morgen des nächsten Tages saßen wir weit hinten in der Sporthalle in Hamburg-Wilhelmsburg inmitten von Hunderten Triathleten, die auf die Verkündung der Startplätze warteten. Mit mir am Tisch saßen Wiebke, ohne deren Unterstützung ich nicht dort gewesen wäre, Ulrich Nieper, der mir den verbalen Arschtritt verpasst hatte, als es dringend nötig war, Andrea, die mich in Frankfurt noch vom Streckenrand aus angefeuert hatte und dann gestern leider wegen ihres schmerzhaften Knies hatte aufgeben müssen, Markus, der mir einst als Marathon-Hase so große Dienste geleistet hatte, und Fatburning-Frank, der mich mit seinen irren Trainingsleistungen motiviert und mit seinem Ernährungsprogramm irritiert hatte. Ich war hypernervös als der Moderator endlich auf meine Altersklasse zu sprechen kam. Wie immer mussten die Aufgerufenen sofort sagen, ob sie den Slot annehmen wollten, ansonsten wurde er weitergereicht.

Es ging los. Als Erstes wurde der AK-Sieger aufgerufen, ein Däne. Sofort nahm er an, alle klatschten, er freute sich. Blieben noch drei.

Dann war der Zweitplatzierte an der Reihe. Auch er sagte sofort Ja. O weh, nur noch zwei Chancen auf das Ticket, es würde knapp werden.

Der nächste Name wurde aufgerufen.

„Ich nehme nicht an", hörte ich aus irgendeiner vorderen Reihe. Große Unruhe an unserem Tisch, erste Jubler, denn damit würde ein Slot an den Sechsten weitergereicht werden: an mich. Aber halt, Moment, immer schön langsam! Ich versuchte wieder für Ruhe zu sorgen, denn ich wollte meinen Namen hören. Ich wollte ganz sicher sein, dass wirklich *ich* der glückliche Nachrücker war. Mir gefällt es gar nicht, sich zu freuen, wenn noch nichts eingetütet ist. Die Wahrscheinlichkeit war natürlich groß, jetzt musste schon der Himmel auf uns niederstürzen, aber man wusste ja nie.

Der Vierte sagte Ja, der Fünfte auch, aber das wusste ich ja schon. Jetzt müsste eigentlich ich aufgerufen werden.

„Thorsten Schröder", hörte ich den Moderator endlich sagen.

Da war er, der große Moment, mein Name. Bei mir brachen alle Dämme. Ich hatte wirklich den Slot für Hawaii!

HAWAII, ICH KOMME!

Der Moderator war überrascht, dass ich noch so viel Energie hatte: „So, wie du hier rumhüpfst, hättest du gestern auch schneller laufen können", feixte er.

„Wozu denn, es hat doch auch so gereicht", hätte ich antworten können, wäre im Rennen am Vortag tatsächlich noch mehr drin gewesen – was definitiv nicht der Fall war. Also grinste ich nur wie ein Honigkuchenpferd und wunderte mich selbst über meine Energiereserven beim „Flummi-Walk" auf die Bühne. Besondere Momente wollen eben gebührend gefeiert werden. Auf dem Weg zurück zu meinen Freunden kreuzten viele Gratulanten meinen Weg. Auch der Mann, der meinem Erfolg ein bisschen nachgeholfen hatte.

„Herzlichen Glückwunsch zur Quali! Wenn sich jemand so sehr über den Slot freut, verzichtet man gerne", sagte er.

„Du warst das?", fragte ich. „Vielen, vielen Dank! Ich bin so glücklich, dass ich Hawaii erleben darf." Ich strahlte.

„Es ist auch wirklich geil mit all den Vollidioten dort", witzelte mein Glücksbringer, und ich musste lachen.

„Ich war schon zwei Mal dort", fuhr er fort, „und ich habe es immer genossen!"

Ich staunte. „Warum willst du diesmal nicht hin?", fragte ich. Er legte den Kopf leicht schief. „Ich habe mir gerade erst für sehr, sehr viel Geld ein neues Triathlonrad gekauft", erklärte er. „Jetzt fehlt das Geld für die WM auf der Insel. Außerdem hatte ich zuletzt mit Verletzungen zu kämpfen, ich wäre nicht hundertprozentig fit geworden für Hawaii." Er lächelte und wandte sich zum Gehen. „Ich wünsche dir viel Spaß!", sagte er und verschwand in der Menge.

Zurück zu Hause versuchte ich, das Erlebte zu verarbeiten. Weil Wiebke noch zur Arbeit musste und sich Andrea und Markus auf den Heimweg nach Koblenz machten, hatte ich den sonnigen Nachmittag für mich allein. Mit einem Dauergrinsen saß ich im Garten und nahm über diverse Kanäle noch mehr Glückwünsche entgegen.

Meine Mimik musste ich allerdings bald in den Griff bekommen, denn auch ich musste heute noch arbeiten: Ich hatte die 20-Uhr-*Tagesschau* vor mir und fuhr um 18 Uhr in den Sender. Erstaunlich, dass ich es ohne fremde Hilfe die Treppenstufen rauf ins Sprecherzimmer und wieder runter in die Redaktion schaffte, sogar ganz ohne schmerzverzerrtes Gesicht und lautes Gestöhne. Der Muskelkater hielt sich in Grenzen. Klar, die Beine waren müde und angestrengt, so wie auch ich erschöpft war, aber damit hatte es sich dann auch. Es war verrückt: Zum ersten Mal war ich über meine Grenze hinausgegangen und fühlte mich danach besser als je zuvor – in mehrfacher Hinsicht. Als ich später am Abend heimkam, begossen Wiebke und ich die Quali mit einem Glas Sekt. Und siehe da: Er schmeckte vorzüglich!

„Als du in Frankfurt gescheitert bist, warst du so niedergeschlagen, dass ich dachte: aus dem Loch kommt er nicht mehr heraus", erzählte Wiebke. „Jedenfalls nicht bis Hamburg. Aus und vorbei. Gut, du hast dann zwar wieder den Dreh zum Training bekommen, aber ich dachte nicht, dass das reichen würde." Sie nahm einen Schluck von ihrem Sekt. „Dafür schien mir dein Fall in Frankfurt viel zu tief", meinte sie. „Zum Glück habe ich mich getäuscht. Du hast in dieser Saison so viel Spaß am Training versprüht wie in keiner anderen zuvor, auch deswegen hast du es wirklich verdient."

Ich dachte kurz über ihre Worte nach. Sie hatte recht. Das große Ziel Hawaii hatte mich so gekitzelt, dass ich mit mehr Elan als je zuvor ans Training gegangen war. Einmal mehr wurde mir klar: Ich liebte diesen Sport. Und jetzt war es tatsächlich so weit: Kona, schnall dich an, ich komme!

Ich schlief mit dem Gedanken an Hawaii ein und wachte mit ihm auf. Das wiederholte sich Abend für Abend, Morgen für Morgen. Hawaii hier, Hawaii da, Hawaii überall. Zwei Wochen lang dauerte das Hochgefühl, dann hatte ich endlich begriffen, was ich geschafft hatte. Und was ich noch schaffen musste: mich wieder aufraffen zum Trainieren. Neun Wochen lagen zwischen meiner Qualifikation in Hamburg und dem Start in Kona. Ich musste dringend etwas machen, was zumindest ansatzweise die Bezeichnung „WM-Vorbereitung" verdiente.

Meistertrainer Nils versuchte, mich behutsam zurück ins Sportlerleben zu bringen und schrieb mir für die Woche nach der Quali lockere drei Stunden in den Plan. Ich erfüllte ihn, obwohl mir schon das viel zu viel war. Der Geist war überhaupt nicht willig, und das Fleisch ganz schwach. In der zweiten Woche musste ich mich schon zu zehn Stunden aufraffen, was erst nach heftigem Kampf mit einem großen, schweren, kräftigen Schweinehund gelang, der auch noch seine Brüder rekrutiert hatte.

Hätte mir vorher jemand gesagt, dass mir das Training schwerfallen würde, ich hätte ihn ausgelacht und gesagt: „Für Hawaii zu trainieren ist eine Ehre, wie in aller Welt sollte man sich dazu nicht aufraffen können?"

Aber die Luft war raus, mein Körper und mein Kopf verlangten nach den turbulenten Wochen und langen Trainingsmonaten eine Pause vom Sport. Dringend. Zumal fast alle anderen um mich herum in die Off-Season verschwanden. Je näher der Herbst rückte, desto weniger andere Athleten sah ich auf meiner Radstrecke, immer weniger liefen mit mir durchs Alstertal, und im Pool dümpelten vor allem Blümchenbadekappen im

Altdeutsch-Rücken-Stil durchs Wasser. Ich war fast der Einzige, der Kraulwellen schlug.

Da es sich aber nicht um irgendeine Langdistanz handelte, sondern um *die* Langdistanz, überzeugte ich Kopf und Körper mit ganz, ganz viel Mühe, aber letztlich erfolgreich davon, sich zusammenzureißen und den Rest auch noch durchzuziehen. Aus einem einfachen Grund: Weltmeister würde ich auf Hawaii natürlich nicht werden. Doch wenn ich das Rennen zumindest genießen und mich nicht nur über die Strecke schleppen wollte, dann musste ich fit sein. Immer mal wieder kam mir Steppkes Maßgabe für meinen ersten Ironman in den Sinn: „Stell dir vor, es ist ein langer, ruhiger Trainingstag." Genau so würde ich es angehen. Hauptsache ins Ziel kommen. Aber garantiert würde es ein harter „Trainingstag" werden. Ohne gute Vorbereitung vielleicht zu hart. Und so siegte die Vernunft. Ich hatte es bis hierhin geschafft, jetzt wollte ich das Projekt konsequent zu Ende bringen. Ich trainierte zwischen neun und zwölf Stunden wöchentlich und je mehr ich mich von Hamburg erholt hatte, desto leichter fiel es mir. In der vorletzten Woche vor Hawaii schaffte ich sogar die vorgegebenen knapp 21 Stunden.

Die rein zufällig relativ wenigen Dienste bei *Tagesschau* und *NDR-Aktuell* machten in dieser Woche ein Pensum möglich, das in all den Monaten vor den Quali-Rennen nicht drin gewesen war. Ich flog also trotz Anlaufschwierigkeiten gut vorbereitet rund eine Woche vor dem Rennen zum großen Finale von „Projekt Kona".

DAS RENNEN MEINES LEBENS

Es ist ein langer Weg von Hamburg nach Kona, nicht nur sportlich, sondern auch durch die Luft. Nach 14 Stunden Flug über Kopenhagen landeten wir in San Francisco und machten erst einmal Pause. Vier Stunden hatten wir, um uns die Beine zu vertreten, in die Stadt zu fahren und auf der Terrasse eines Restaurants etwas zu essen. Wir, das waren neben Wiebke und mir noch Andrea und Markus. Die beiden hatten sich zwar nicht qualifiziert, wollten aber viele Jahre, nachdem sie selbst auf Hawaii gestartet waren, zumindest als Zuschauer die Atmosphäre der Insel mal wieder aufsaugen. Für mich war es ein Segen, Freunde dabeizuhaben, die sich mit dem Rennen auf Hawaii schon auskannten. Es war ohnehin schon alles so aufregend, und ich war froh über jede Orientierungshilfe, die für entspanntere Abläufe sorgen konnte.

Fünf Stunden Flug lagen noch vor uns. Als wir in San Francisco den Flieger bestiegen, schlug das Kribbelometer heftig aus, weil mein Traum mit jedem Kilometer, den wir uns Hawaii näherten, immer realer wurde. Mit uns im Flugzeug waren mehrere Männer und Frauen, die sehr leicht als Triathleten zu erkennen waren. Auf zahlreichen Plätzen saßen sportlich-schlanke Menschen mit Trinkwasserflaschen und in leichten Trainingsklamotten, viele hatten irgendetwas an, das mit dem Ironman-Logo verziert war. Ich war auf dem richtigen Weg.

Am Abend landeten wir auf dem kleinen Flughafen von Kona, der architektonisch auch eine Grundschule hätte sein können. Inseltypisch wurden wir empfangen: Eine kräftige Hawaiianerin mit Pferdeschwanz-Frisur erwartete uns in einem weißen, weiten Kleid mit violetten Frangipani drauf, den Blüten, aus denen auch der traditionelle Lei – oder auf deutsch: Blumenkranz – bestand, den sie uns um den Hals legte. Aloha, Hawaii! Ein typisches Begrüßungsritual, doch diese Ehre wird nicht automatisch jedem Neuankömmling zuteil. Ich hatte nachgeholfen und die junge Dame als standesgemäßes Begrüßungskomittee via Internet bestellt. Wenn schon Hawaii, dann richtig. Die Überraschung war mir gelungen und die Müdigkeit zwischenzeitlich vergessen.

Für weniger inseltypisch hielt ich den Empfang durch das Wetter: Es regnete in Strömen als wir unseren Mietwagen abholten und unsere Sachen verstauten. Waren wir hier richtig? Big Island kannte ich von den Ironman-Bildern nur mit sehr viel Sonne, die auf trockene, karge Landschaft brannte. Jetzt war die Nacht so pechschwarz, dass ich nicht einmal einen Vulkan erkannt hätte, der sich direkt vor mir auftürmte. Das Wasser ergoss sich sintflutartig von oben, anstatt in Form sanfter Meereswellen vor sich hinzuplätschern. In den folgenden Tagen lernte ich, dass zumindest regelmäßige Schauer auf der Insel normal waren. Eigentlich logisch, denn woher sonst sollte diese wunderbar bunte, artenreiche Vegetation kommen, die es abseits der Ironman-Strecke zu bewundern gab?

Vom Regen getränkt, setzte ich mich ans Steuer und kutschierte uns in unser WM-Quartier. Es lag etwas außerhalb, etwa neun Kilometer südlich von Kona, den Ali'i Drive hinab. Weit genug weg vom allergrößten Trubel, aber nah genug dran, um schnell dorthin zu kommen, wo das Ironman-Leben toben sollte. Wir hatten ein Apartment in einer größeren Anlage gebucht, mit Terrasse und sagenhaftem Blick auf den Pazifik: Der Ozean lag uns in seiner ganzen Unendlichkeit zu Füßen. Allerdings konnten wir ihn in der Dunkelheit nicht sehen, sondern nur die Brandung hören.

Wir mussten uns wohl bis morgen gedulden. Todmüde zog es uns gegen 22 Uhr Ortszeit ohnehin in die Betten.

Am nächsten Morgen stand ich schon um Viertel nach fünf auf. Um wieder nichts zu sehen, denn es war noch immer stockdunkel. Ja, ich bin Morgenmuffel, aber jetzt war ich hellwach. Das hier war die Erfüllung eines Traums, und den wollte ich offenbar nicht verschlafen. Vielleicht war es auch einfach der Jetlag. Wir hatten gestern auf dem Weg vom Flughafen zum Apartment noch schnell das Nötigste (also Kaffeepulver) eingekauft, und so saß ich bald mit einer Tasse heißen Kaffees in der Hand allein in der Dämmerung auf der Terrasse. Die anderen schliefen noch, ich schlürfte zufrieden an meinem Heißgetränk, genoss die Stille und sog diesen Moment auf: Das harte Training war beendet, ich hatte die sagenumwobene Insel erreicht und konnte nun am Ort des Geschehens dem Ironman Hawaii entgegenfiebern. It's race week!

Mit dem erwachenden Tag sah ich genauer, wo wir gelandet waren: Vor mir lag ein glatt gemähter, sattgrüner Rasen, direkt vor unserer Terrasse stand eine Palme. 15 Meter dahinter zog sich ein kleiner Fußweg die Küste entlang, dann ging es die Klippen zum weiten Meer hinunter. Hier sollte es sich aushalten lassen. Zumal wir als Sahnehäubchen heute Abend den Sonnenuntergang sehen würden, denn die Sonne stieg gerade hinter mir auf. Nicht nur der Tag, auch meine Mitbewohner erwachten, schnappten sich ebenfalls einen Kaffee und setzten sich zu mir. Alles war friedlich, die Luft war klar und warm und flirrte von all den Möglichkeiten, die dieser frisch geschlüpfte Tag uns und allen anderen bringen würde. Es war eine Stimmung, wie sie nur frühmorgens herrscht, so zerbrechlich, dass man ganz behutsam atmen und sich auf keinen Fall räuspern oder etwas sagen mag, um sie nicht zu zerstören. Sehr viel Zeit, sie zu genießen, blieb aber nicht, wir wollten den großen Teich nicht nur anschauen, sondern in ihm schwimmen. Und zwar am berühmtesten Strand der Insel, zumindest aus Triathleten-Sicht: dem Dig Me Beach am Kailua-Pier.

An diesem Tag, genau eine Woche vor der WM, startete hier ein kleines Rennen auf der Ironman-Original-Schwimmstrecke, nur mit anderem Ausstieg am Nachbarstrand: das Ho'ala-Trainingsschwimmen.

Das Fernsehen vermittelt einem oft den Eindruck, dass Dinge größer sind, als in Wirklichkeit. Vermeintlich geräumige Fernsehstudios sind zum Beispiel meist winzig. Nicht anders verhielt es sich mit diesem Strand, von dem aus einmal im Jahr viele Hundert Triathleten in ihr Ironman-Abenteuer starten. Anhand der Bilder, die ich im TV gesehen hatte, hatte ich ihn mir riesig vorgestellt, wie den Markusplatz von Venedig, er war aber nur so groß wie der Dorfplatz von Klein Kleckersdorf.

Zwei Stufen die Betontreppe hinunter, dann führte ein schmaler Weg zehn, zwölf Meter an der Mauer entlang zum Meer. Nun war mir klar, warum der Ironman etwa 50 Meter entfernt vom Ufer mitten im Wasser startete und nicht schon hier. Man hätte die Athleten stapeln müssen, um sie auf diesem Fleckchen Sand unterzubringen. Eine Illusion weniger – und einen Schritt näher dran an dem, was der Ironman Hawaii wirklich bedeutete. Beim heutigen Schwimmen ging es für mich darum, ein Gefühl für das zu bekommen, was mich bald erwarten würde. Von heftigem Wellengang, wie er hier manchmal herrschen sollte, gab es jedoch keine Spur. Sehr sanft wogte das blaue Meer auf und ab. Aber natürlich versuchte ich mich darauf einzustellen, dass es in einer Woche viel wackeliger werden könnte.

Selbst morgens um sieben hatte der Pazifik Badewannentemperatur, vielleicht 25 Grad. So ähnlich wie das Wasser in meinem Fitnessstudio, nur gesalzen statt gechlort. Langsames Reinwaten war nicht nötig, ich sprang sofort hinein. Ein paar Hundert Athleten hatten sich mit mir in die Riesenbadewanne begeben und kraulten los, als das Starttuten ertönte. Einige wollten wohl schon ihre Form austesten, deshalb gab es die obligatorischen Hiebe und Tritte im allgemeinen Startgetümmel. Aber ich blieb ruhig und hielt lieber Ausschau nach der tierischen Unterwasserwelt, von der ich so viel gehört hatte. Bunte Fische, Schildkröten und Delphine sollten hier zu Hause sein. Doch niemand ließ sich blicken. Kein Wunder, bei der Hektik, die wir hier veranstalteten. Als Meeresbewohner hätte ich mir heute auch eine ruhigere Ecke gesucht, der Pazifik ist schließlich groß genug. Also beendete ich mein „Seaseeing" und konzentrierte mich darauf, im Rhythmus der leichten Wellen voranzukommen, mich aus größeren Schwimmeransammlungen herauszuhalten und mein Ding zu machen. Funktionierte gut. Nur eines versalzte mir im wahrsten Sinne des Wortes die Suppe: das Salz im Meer. Ich mochte es einfach nicht am Körper und im Mund haben. Aber wenn das schon alles war, war alles bestens. Am Nachbarstrand Kamakahonu Beach ging ich wieder an Land und blickte auf meine Uhr: Eine Stunde 14 hatte ich gebraucht, ganz schön lange. Ohne Neo ging eben doch alles ein bisschen langsamer. Da half auch das Salz nicht viel, das immerhin für ein bisschen Auftrieb sorgte. Neoprenanzüge waren bei der Ironman-WM aufgrund des Badewannenwassers grundsätzlich verboten, aber ich hatte ja noch meinen bisher jungfräulichen Speedsuit im Gepäck. Der würde beim WM-Rennen zum Zuge kommen. Nach nicht einmal einem Tag auf Hawaii und 3,8 Kilometern im Pazifik hatte ich schon meine erste Medaille im Sack. Das war die Belohnung für das frühe Aufstehen und das Schwimmen nach langer Anreise in den Knochen. Die Meerwassertaufe lag hinter mir. Und auch, wenn mein Biorhythmus das anders sah: Ich war angekommen.

„Wollen wir gleich hier etwas frühstücken? Dahinten gibt es mehrere Lokale", schlug Markus vor. Und weil wir alle hungrig waren, gingen wir ein paar Hundert Meter den Ali'i Drive entlang, vorbei an all den Shops für Taucherbedarf, an Eisläden, Souvenirshops, Restaurants und dem markanten, gigantischen Banyan Tree, den ich von den Fernsehübertragungen der Zielgeraden kannte. Kona war ganz klar für Touristenmassen gerüstet – ob sie schwammen, radelten und liefen oder gemütlich in der Sonne brutzelten.

Wir landeten im Daylight Mind, einem Café-Restaurant fast direkt am Wasser, mit verlockender Brunchauswahl. Wir setzten uns auf die höher gelegene Veranda, wo eine leichte Brise wehte, hatten das Rauschen des Wassers im Ohr und sahen, wie die Wellen einige Surfer auf ihren Brettern zurück Richtung Küste trugen. Gelebte Klischees können so schön sein.

Die Frühstückskarte des Cafés hatte Hua'ai Salat zu bieten, Avocado Smash, Niu Pancakes oder Loco Moco. Das klang exotisch und war lecker: Wir aßen Mango, Papaya, Erdbeeren, Zitrusfrüchte, Ananas, das alles mit oder ohne Müsli. Es gab Avocadocreme auf getoastetem Brot, Ei oder Pfannkuchen. Es war herrlich.

Kona und auch die Triathlongäste, die nicht am Ho'ala Swim teilgenommen hatten, waren allesamt hellwach, als wir nach einer gefühlten Schlemmer-und-Relax-Ewigkeit das Restaurant verließen und ins Apartment zurückfuhren. Auf den Seitenstreifen der jetzt stark befahrenen Straßen war es wuselig wie in einem Ameisenhaufen. Viele Athleten waren so wie ich schon angereist, um sich an die Zeitverschiebung und die Temperaturen, vor allem auch an die hohe Luftfeuchtigkeit, zu gewöhnen, und um die letzten Einheiten vor dem großen Tag zu absolvieren. Der Ali'i Drive, die zweispurige Straße entlang der Küste, die in gut einer Woche die Zielgerade für die Ironman-WM sein würde, war jetzt zur Trainingsstrecke umfunktioniert. Vom Auto aus konnte ich meine „Konkurrenz" gemütlich unter die Lupe nehmen. Es war ein großes Schaulaufen. Unfassbar fit aussehende, durchtrainierte Supersportler liefen hier rauf und runter. Auf den Waschbrettbäuchen ihrer nackten Oberkörper hätte man Käse reiben und zwischen den Schulterblättern, Nüsse knacken können. Ich war beeindruckt von diesen Cracks und dachte nur: Was für Tiere. Sei froh, wenn du nicht als Letzter ins Ziel läufst! Die oft bemühte Headline stimmte: Kona war zum Nabel der Triathlonwelt geworden. Und ich war ein momentan ziemlich eingeschüchterter Teil von ihr – aber bereit, ebenfalls auf den Laufsteg zu gehen.

Vorher wollte ich jedoch noch ein wenig ruhen, denn der Flug steckte mir und den anderen noch in den Knochen. An zwölf Stunden Zeitverschiebung gewöhnt sich der Körper nicht innerhalb von einer Nacht. Zum Akklimatisieren war heute, neben dem Ho'ala Swim, nur ein halbstündiges Läufchen angesagt. Drei Kilometer Richtung Kona und wieder zurück, auf denen mich Markus begleitete. Und noch ein paar Hundert andere.

Am nächsten Morgen wiederholte sich das gleiche Schauspiel wie am Tag zuvor: Ich war als Erster wach, setzte mich mit einem Kaffee auf die Terrasse, saß schweigend da und schaute hinaus aufs Meer während die Sonne aufging. Das wurde mein Ritual, mein Einstieg in jeden neuen Tag auf Hawaii.

Der dritte brachte die erste Radausfahrt. Immerhin 113 der 180 Kilometer langen Strecke fuhren Markus und ich ab – bei absoluter Windstille. Wo war denn der Mumuku, der berühmt-berüchtigte Wind, der mit seinen heftigen Böen das Radfahren auf dem breiten und so unendlich lang erscheinenden mehrspurigen Queen Ka'ahumanu Highway angeblich so schwer machte? Hier wehte rein gar nichts, nur die vielen Autos nervten. Das könnte Ende der nächsten Woche aber genau andersherum sein.

Trotz des dichten Verkehrs erkannte ich die Strecke wieder, die ich schon so oft im Fernsehen gesehen hatte: die dunklen Straßen mit den gelben und weißen Markierungen, daneben Kargheit pur, kein Grün, nur Lava und braune Erde. Eine Umgebung, die ich sonst auf keinen Fall für eine Radtour ausgesucht hätte, die nun aber einen ganz besonderen Zauber versprühte. Spannend, dass eine an sich völlig dröge Strecke wegen einer Geschichte, die man sich zu ihr erzählt, so faszinierend wird.

Nun war ich selbst da und fuhr mit meinem Triathlonrad (es war als Sondergepäck mit über den großen Teich geflogen) auf den Straßen, von denen mich sonst immer die Mattscheibe getrennt hatte. Die Ironman-WM fand nicht mehr nur hinter Glas statt, ich war mittendrin, spürte die Hitze, die vom Asphalt aufstieg und sah die flirrende Luft am Horizont.

Ich lernte nach schneller Fahrt gen Norden den Wendepunkt der Strecke im unscheinbaren Örtchen Hawi kennen, an dem wir jetzt auch umdrehten und zurückradelten nach Kona. Ich war gut drauf, gab Stoff und hatte nach dem Streckentest nicht das Gefühl, dass ich an irgendeiner Stelle größere Probleme bekommen würde. Der Weg war hügelig, aber sehr gut zu bewältigen. Noch dazu so ganz ohne Wind.

Ich wurde ein bisschen wagemutiger und steckte mir für den Wettkampf ein anderes Ziel als nur „Ankommen". Ich erhöhte auf „Daylight-Finisher". Das bedeutete, dass ich noch bei Tageslicht das Ziel erreichen wollte. Dafür durfte ich nicht viel länger als elf Stunden brauchen. Und wo ich schon mal mit dem Größenwahn angefangen hatte, erhöhte ich gleich noch einmal: Ich wollte unter elf Stunden bleiben! Ohne ein Ziel, dem man hinterherhecheln konnte, waren Wettkämpfe irgendwie langweilig. Außerdem hatte ich gehört, dass es nicht erstrebenswert sei, im Dunkeln den verlassenen Queen-K-Highway entlangzulaufen – oder zu vorgerückter Rennzeit vermutlich eher „sich entlangzuschleppen." Nein, ein bisschen Glamour sollte es schon sein, kein Trauermarsch.

Gut erholt würde ich jedenfalls sein. In den letzten Tagen vor dem Ironman hatte mir Nils nur wenige Einheiten aufgeschrieben, und der Jetlag war überstanden. Kraft tanken, und zwar in aller Ruhe, war das Motto. Ich verbrachte also viel Zeit im Apartment beim Lesen, Musikhören, oder einfach nur aufs Meer Schauen.

Immerhin bewegte ich meinen Hintern auf die Triathlonmesse in Kona, aber eigentlich nur, um mein Rad checken zu lassen. Die Mechaniker meines Bikeherstellers hatten dort einen Stand und brachten das Gefährt für mich auf Vordermann. Sie kontrollierten die ominösen drei Schrauben („sitzen fest, da kann nichts passieren"), machten die Kette sauber („da mag es aber jemand ölverschmiert ...") und wechselten sogar meinen hinteren Reifenmantel („der sieht nicht mehr gut aus, der muss runter, machen wir dir neu"). Wenn ich nicht gerade herumsaß – gerne mit einer Tasse Kaffee –, ausruhte oder andere mein Fahrrad generalüberholen ließ, ging ich mit den anderen dreien schnorcheln, um die bunte Fischwelt zu beobachten. Oder wir fuhren mit dem Auto auf den höchsten Berg Hawaiis hinauf, auf den gut 4000 Meter hohen Vulkanberg Mauna Kea, in den Pu'uhonua National Historic Park, für einen Einblick in die hawaiianische Kultur und Geschichte, und zum Mahai'ula Beach, um den Schildkröten zuzusehen und ihre Gelassenheit zu bewundern. Eine Gelassenheit, die ich mir für das Rennen wünschte. Denn mit jedem Tag, den die WM näher rückte, spürte ich die Anspannung in mir größer werden. Gut, dass sich in der Rennwoche genügend Ablenkung bot.

Wenn ich mich frühmorgens von Kaffee und Terrasse lösen konnte, fuhr ich mit Andrea und Markus zum morgendlichen Schwimmen am Strand von Kona, wo sich schon in der Dämmerung die Triathleten trafen, um ins Wasser zu springen.

Eines Morgens sah ich etwa 400 Meter entfernt vom Dig Me Beach ein Boot vor Anker liegen, das mein Herz vor Freude und Aufregung hüpfen ließ. Bisher kannte ich auch das nur von Bildern, was es nicht daran gehindert hatte, meine Sehnsucht nach Kona zu befeuern. Denn es hatte eine ganz besondere Fracht: frischen Kaffee. Es war das Coffee Boat. Hawaii-Jochen hatte sich immer wieder davor mit Kaffeebecher in der Hand fotografieren lassen und die Bilder auf Facebook gepostet oder mir geschickt. Jetzt war ich nur wenige Hundert Meter von diesem berühmten Boot entfernt und war natürlich scharf darauf, mir dort meinen zweiten Kaffee des Tages zu holen, und mich bei Hawaii-Jochen mit einem Foto zu revanchieren. Also schnell hinein in den tiefblauen Pazifik und zielgenau das Boot angesteuert, Markus und Andrea hinter mir her. Auf einmal war ich ziemlich flott unterwegs. Wenn am Renntag das Coffee Boat hinten an der Wendeboje warten würde, läge ich dort garantiert in Führung, könnte dann allerdings vermutlich nicht mehr zurückschwimmen.

Das Boot war schon gut besucht. Wie Enten bei der Fütterung trieben die Athleten drum herum und wurden mit Kaffee versorgt. Die Aktion war gesponsert, sodass wir den Kaffee kostenlos ausgeschenkt bekamen. Geld mitzunehmen wäre auch schwierig gewesen. Alleine mit seinem guten Sportlernamen hätte man wahrscheinlich nicht bezahlen können. Praktischerweise machte es nichts, wenn man aufgrund des Wellengangs beim Trinken ein bisschen kleckerte. So ging hawaiianischer Kaffeeklatsch.

Ich hörte, wie eine Frau neben mir erzählte, dass sie jetzt aber lieber umkehrte, weil hier Haie lauern könnten. „Ach Quatsch!", dachte ich. Ich glaubte nicht daran, dass in diesem Paradies irgendwo fiese Haie herumgondelten. Durch das Koffein gestärkt, begab ich mich von der Senkrechten zurück in die Horizontale und schwamm noch weiter raus. Jetzt erst recht! Während ich im leichten Wellengang dahinkraulte, dachte ich mit einem Schmunzeln daran, dass mir die Tierchen sowieso nichts anhaben könnten. In der siebten Klasse hatte ich ein Referat über Haie gehalten. Ich erzählte meinen Mitschülern damals, dass Haie eine wunde Stelle hätten und dass man sie sich ganz einfach vom Leib halten könne, wenn man ihnen auf die Nase stupste, sollten sie frech werden und gefährlich nahe kommen. Das würde sie sofort in die Flucht schlagen. Man musste sich eben nur zu helfen wissen.

Als ich so dahinschwamm, war ich mir aber nicht mehr ganz so sicher, ob dieser tolle Tipp in der Praxis tatsächlich so gut umzusetzen war. Trotzdem schwamm ich weiter, als plötzlich nur wenige Meter von mir entfernt zwei graue Flossen aus dem Wasser ragten. Auweia, vielleicht kam 37 Jahre nach der Theorie nun wirklich der Praxistest? Ich machte mich bereit zum Stupsen. Hatte sich das Faustschwimmenüben doch gelohnt. Ich spannte mich an, alles auf Verteidigung, aber: Nein, doch nicht! Die Faust konnte ich wieder öffnen.

Es waren Delphine, die vor mir aufkreuzten, abtauchten und friedlich vor sich hinglitten. Meine Anspannung wich purer Freude: Delphine in freier Wildbahn, wie großartig war das denn?! Ich tauchte und schaute mir die Tiere unter Wasser an, folgte ihnen mit gebührendem Abstand und sah, dass es vermutlich ein Delphinpärchen mit seinen beiden Kleinen auf Tour war, netterweise direkt vor meiner Nase. Das Coffee Boat war toll, aber das hier war noch sehr viel besser. So nah und in ihrem natürlichen Lebensraum hatte ich Delphine noch nie gesehen. Ich war ein Glückspilz – und nahm die Begegnung als gutes Omen für den Wettkampftag.

Wie nah das Rennen gekommen war, machte sich bemerkbar, als das Einchecken anstand. „Hello, my name is Jane, how are you?", fragte mich die überbordend freundliche Dame im Rentenalter, die meine kurzzeitige persönliche Assistentin war. Jedem Athleten wurde ein Helfer an die Seite gestellt, der einem alles Nötige zeigte: wie die Wege in der Wechselzone verliefen und wo die Beutel hingen. Vor allem aber gab mir die gut gelaunte Jane in ihrem blauen Ironman-T-Shirt und mit dem grauen Sonnenhut auf dem Kopf das Gefühl, dass alles seinen geordneten Gang gehen würde. Mein Rad war eingecheckt und nun für immer und ewig unverkäuflich. Seinen Rahmen hatte Jane mit einem silbrig glänzenden Aufkleber verschönert, nein, veredelt: „Ironman World-Championship, Kailua-Kona, Hawaii, October 14 2017". Es war alles bereit für das große Finale. Ich selbst auch – und meine Support-Crew sowieso.

Wiebke, Andrea, Markus und auch Wiebkes Schwester Inken, die kurz nach uns ebenfalls extra angereist war, überraschten mich mit ihren selbst gemachten Fan-Shirts! Die vier hatten sich künstlerisch betätigt und weiße T-Shirts auf Ironman-WM getrimmt: „Thorsos Crew" stand da zu lesen – „Thorso" ist mein Spitzname. Darunter Piktogramme eines Schwimmers, eines Radfahrers und eines Läufers.

Jetzt wusste ich auch, warum sie vorgestern so lange unterwegs gewesen waren und mich länger als geplant im Apartment alleine gelassen hatten. Von wegen: „Der Einkauf hat etwas länger gedauert." Ich musste zugeben, der Einsatz meiner Lieben machte mir noch mehr Lust, im Wettkampf richtig gut abzuliefern. Am letzten Abend vor der WM kochten wir uns im Apartment einen großen Berg Spaghetti mit Tomatensauce, dann konnte die finale Nacht vor dem hoffentlich krönenden Abschluss einer bisher zumindest fantastischen Saison kommen. Ich erlebte den Traum eines jeden Langdistanztriathleten: Kaum war ich – wie üblich hier auf Hawaii – gegen 22 Uhr im Bett, war ich auch schon eingeschlafen. Das Beste: Im Gegensatz zu Frankfurt 2014 wachte ich nicht nach einer Stunde wieder auf, sondern erst nach fast sechs! Um vier Uhr klingelte der Wecker, und ich konnte mein Glück über diese Riesenmütze voll Schlaf kaum fassen. Durchgepennt! Vor einer Langdistanz! Heute war mein Glückstag!

Vielleicht war ich entspannter als ich dachte, denn DaylightFinish hin oder her: Ich musste heute nichts Großartiges produzieren, sondern einfach nur ins Ziel kommen. Es war etwas unheimlich, und ich überlegte kurz, ob es überhaupt gut war, „ausgeschlafen" in einen Ironman zu gehen. Vielleicht fehlte mir die Spannung, die nötig war, um ein solches Rennen durchzustehen? Unsinn, man konnte auch in alles etwas Negatives hineininterpretieren, dachte ich bei mir und freute mich einfach über diese erholsame Nacht.

Es folgte das übliche Frühstück, diesmal allerdings mit massenweise Toastbrot statt Brötchen, weil es die auf Hawaii in der gewohnten Form nicht gab. Dann musste ich nur noch die Kohlenhydratgels in die beiden Radflaschen quetschen und in meinen hautengen St.-Pauli-Einteiler schlüpfen. Mein Herzensverein hatte den an sich neutralen Anzug extra für mich verschönert, hatte das Vereinslogo, den Totenkopf und den Schriftzug „Sankt Pauli" in bunten Hawaii-Farben aufdrucken lassen. Das war eines Champions-League-Teilnehmers würdig. Wäre doch toll, wenn man ihn auf den Zielfotos noch bei Tageslicht sehen würde. Wir stapelten uns in unseren Mietwagen und rumpelten los Richtung Dig Me Beach.

Um 6 Uhr 25 legten die Profimänner los, danach die Profifrauen, dann durften die Jedermänner und -frauen an ihren Startplatz. Der lag mitten im Wasser, es gab also keinen Rolling Start, der alles entzerren würde.

Noch acht Minuten bis zum Start, und wie immer war ich spät dran, aber hier gab es eben keine geheimen Klos wie in Hamburg, zumindest keine, von denen ich wusste. Also Schlangestehen, aber wenigstens hatte ich keinen Neo an, der das Geschäft erschweren würde. Ich war überrascht, dass ich nicht der Einzige war, der so kurz vorm Start noch festen Boden unter den Füßen hatte. Hunderte gingen noch schnell über den schmalen Weg hinunter zum Wasser und schwammen in Startposition. Schafften wir das noch? Ja, wir schafften das!

Ich hatte auf dem Weg sogar noch Zeit und Muße, mich umzudrehen und einen Rundumblick auf die Szenerie zu werfen. Das nun von der aufgehenden Sonne leicht erhellte Ufer war pickepackevoll mit Zuschauern, und irgendwo dazwischen standen auch Wiebke und der Rest von „Thorsos Crew". Trotz des Badewannenwassers bekam ich ein bisschen Gänsehaut.

50 Meter ungefähr schwamm ich raus, im Ohr das Stimmengewirr der Zuschauer und die lauten Mikrofonansagen des Moderators. Im hinteren Bereich des Feldes stoppte ich, blieb nahe am Pier und hielt mich für die restlichen zwei Minuten bis zum Start an einem Lkw-Reifen fest, der als Puffer an der Mauer hing. Die Marschroute bei meinem ersten Weltmeisterschaftsrennen glich der bei meinem ersten Langdistanzrennen: Ich wollte die anderen schwimmen lassen und mein Ding machen. „Krault ihr schon mal vor, ich komme hinterher." Das war mein Plan für das gesamte Rennen: Nur nichts riskieren, um nur ja sicher ins Ziel zu kommen. Sosehr es auch in mir kribbelte und so aufregend die Zeit unmittelbar vor dem Start der Mutter aller Langdistanzen auch waren – ich war sehr sicher, dass mich diesmal kein Adrenalinschwall dazu bringen würde, mich weiter nach vorne zu drängen. Das hier war anders. Ich dachte noch einmal daran, dass ich nun genau da war, wo ich hingewollt und wofür ich so hart trainiert hatte.

In wenigen Sekunden würde ich wirklich beim Hawaii-Rennen starten. „Genieß es!", sagte ich mir und nahm mir fest vor, es wirklich zu tun – soweit man das bei einem Rennen über diese Distanz und unter an sich solch absolut sportuntauglichen Bedingungen „genießen" nennen konnte.

Um 7 Uhr 05 ertönte ein lauter Kanonenknall: Es war so weit. Der Pazifik brodelte unter den Schlägen rudernder Arme und zappelnder Beine, als wir uns in Bewegung setzten. Ich legte gemächlich los, vor mir die große Masse der 2 500 Athleten, aufschäumendes Wasser und gelb bekappte Köpfe. Ich hätte mir genauer angucken müssen, welchen Weg ich an den Bojen entlangschwimmen sollte (sorry, Herr Ziemainz), denn die Orientierung fiel mir nicht leicht bei all den Schwimmern. Keine Sekunde lang hatte ich jedoch das Gefühl, eine Panikattacke in Gang zu setzen, in mir blieb alles ruhig, daran änderte auch der Wellengang nichts.

Der Pazifik hob mich leicht hoch und wieder runter, mehr als im Ho'ala-Schwimmen, aber nicht so, dass er mich gestört hätte. Höhere Wellen hätten den Fun-Faktor für mich sogar noch erhöht. Seekrank würde ich bestimmt nicht werden. Mein Magen war seefest.

Ohne besondere Zwischenfälle kam ich nach einer Stunde, 13 Minuten und 36 Sekunden zurück an Land und stieg die wenigen Stufen hinauf auf den Pier. Dabei trampelte ich versehentlich auf die Finger eines Mitschwimmers, der sich direkt hinter mir auf den Stufen abstützte. Zum Glück hatte ich noch immer Wettkampfgewicht, und er blieb unverletzt. Ich bat um Entschuldigung, er lächelte und winkte ab: „Alles in Ordnung, kein Problem“, sagte der Deutsche. „Puuh, Ich möchte nicht schuld daran sein, dass du aufgeben musst“, erwiderte ich. Wir beide lachten und spazierten weiter. Ja, wir spazierten. Er gehörte auch zu den entspannten Athleten, die in erster Linie ihren Spaß haben wollten und nicht in Eile waren.

Auch deswegen mag ich Langdistanzen so gerne: Ich empfinde uns als eine große Gemeinschaft von Menschen, die ihre ganz eigenen sportlichen Ziele haben und diese bei einem gemeinsamen Event versuchen zu erreichen. Wir wünschen uns vor jedem Rennen Glück und drücken uns die Daumen. Ich bin für mich auf der Strecke, es geht nicht gegen die anderen, die genauso wie ich eine persönliche Bestzeit erreichen oder einfach möglichst schnell, gut und heil ins Ziel kommen wollen. In keinem Fall gibt es (zumindest bei mir) ernsthaftes Konkurrenzdenken, selbst wenn ich um Hawaii kämpfe. Wahrscheinlich existiert auch die Kategorie Triathlet, die verbissen nur sich selbst sieht. Von denen aber bekomme ich nicht viel mit.

Wir wünschten uns gegenseitig noch viel Spaß, und mein unfreiwilliger Fußabtreter verabschiedete sich in Richtung seines Rades. Ich stellte mich gleich nach dem Ausstieg unter die Schläuche, die als Duschen fungierten, wusch mir ausgiebig das Salz von der Haut und vor allem aus dem Mund. Eine Wechselzeit von fünf Minuten würde das sicher nicht werden. Kein Problem. Heute hatte ich andere Prioritäten. Nach gründlicher Reinigung ging es weiter zu meinem Rad. Bevor ich losfuhr, durften mich noch cremeweiße Helferhände mit Sonnenschutz vollschmieren, sodass ich aussah, als würde ich mit einer Schönheitsmaske im Gesicht losradeln – zum Glück ohne Gurkenscheibchen. Mit denen auf den Augen wäre die Orientierung ungleich schwerer gewesen.

Zuerst fuhren wir eine kleine Schleife durch Kona, an deren Asphalträndern viele Zuschauer standen und es zum vorläufigen Abschied noch einmal richtig laut werden ließen. Dann wurden wir ins Nichts geschickt, hinaus auf den Queen-K-Highway: Stille, Einsamkeit und Hitze sollten in den nächsten Stunden unsere Begleiter sein, ohne Chance auf Schatten, und kaum ein Mensch, der uns anfeuerte. Die schwere Prüfung begann.

20, 30 Kilometer lang rollte ich rund, locker und in Aeroposition mit angezogenen Schultern und tiefem Kopf durch die hawaiianische Saunalandschaft über den schwarzen Asphalt. Farblich dominierten das Blau des Himmels und das Braungelb der Erde, meist hatte ich aber das mit weißen und gelben Linien durchzogene Schwarz des Asphalts im Blick. Denn den Kopf zu drehen oder zu weit zu heben, bedeutete, die Aeroposition zu verschlechtern. Und ich wollte so wenig Watt wie möglich verpulvern. Wer wusste schon, wie sich das Rennen heute noch entwickeln würde. Hawaii war schon zum Scharfrichter vieler topfitter Athleten geworden – sogar Profis mussten sich immer wieder den Naturgewalten der Insel, den Temperaturen, dem Wind und der Einsamkeit ergeben. Also lieber den nötigen Respekt und einen kühlen Kopf bewahren, wenn schon um mich herum alles zu fiebern schien vor Hitze. Deshalb trug ich heute auch wieder meinen alten, „normalen“ Radrennhelm. Unter der ziemlich verschlossenen Aerovariante würde ich wahrscheinlich mangels Durchzugs kollabieren.

Auf der Strecke surrten viele Bikes vor sich hin, denn durch meine mittelprächtige Schwimmzeit und den gemächlichen Wechsel saß ein guter Teil der Sportler schon auf dem Rad und fuhr nun nach dem Schlenker die Küste entlang gen Norden. Unser aller Sehnsuchtsort hieß Hawi: Der Wendepunkt nach gut 90 Kilometern. Auf dem Weg dorthin hatten wir es wie schon im Wasser mit einigen Wellen zu tun. Es ging rauf und runter, vor Hawi dann hauptsächlich rauf – bis auf knapp 200 Meter. Insgesamt waren fast 1 500 Höhenmeter zu bewältigen. Da ich bei Kilometer 40 immer noch nichts von dem Wind spürte, der hier so böse wehen sollte, war mir vor der Strampelei allerdings überhaupt nicht bange. Wenn es so angenehm weiterging, dürfte meine Finisher-Zeit nicht viel schlechter werden als in Hamburg. Ich müsste natürlich die paar Minuten addieren, die ich beim Schwimmen und beim Wechseln langsamer war, aber trotzdem könnte ich es vielleicht unter zehn Stunden ins Ziel schaffen. Das wäre der helle Wahnsinn!

Diese schöne Theorie löste sich ebenso schnell in Luft auf wie die Schweißperlen, die ich eben noch auf der Stirn hatte. Nach ungefähr 50 Kilometern war Schluss mit lustig. Ich spürte plötzlich ein Lüftchen wehen, das sich flugs verstärkte und meinen schönen Schnitt ruinierte. Mist, dachte ich. Es gab ihn doch, den Mumuku, und er war gekommen, um zu bleiben, das merkte ich nach weiteren 10, 20 Kilometern, als er unbeirrt vor sich hin blies. Na gut, reduzierte ich meine Zielzeit eben leicht nach unten. Zehn Stunden zehn Minuten wären immer noch toll und deutlich schneller als beim Rennen 2014 in Frankfurt.

Die Einöde und Trockenheit dieser Ecke von Big Island machten mir nicht so viel aus wie ich befürchtet hatte. Offenbar brauchte ich doch nicht so viel landschaftliche Reize zum Glücklichsein. Vielleicht hatte ich aber auch einfach genug mit mir selbst zu tun. Oder es war die Magie des Rennens an sich, die mich Glut und Schweiß ohne Tränen gut ertragen ließ.

Mit höher steigender Sonne wurde es immer heißer, sodass mir der kühlende Fahrtwind sogar ein bisschen willkommen war. Ganz im Gegensatz zu dem Geräusch, das mein Rad plötzlich von sich gab. Irgendwo glaubte ich ein Schleifen wahrgenommen zu haben. Mein Puls schnellte hoch in einen Bereich, in den ihn das Treten heute noch nicht gebracht hatte. Denn eines könnte mir die Laune so richtig vermiesen: wenn ich wegen eines Defektes oder eines anderen Malheurs nicht ins Ziel käme.

Nicht auszudenken! Deswegen waren meine Sinne geschärft: Ich horchte, schaute und fühlte ständig nach, ob irgendetwas nicht rundlief. Bei mir oder meinem Rad. Das Geräusch gefiel mir gar nicht, also stoppte ich sofort am Straßenrand und suchte nach der Ursache. Ich konnte aber nichts finden, nicht am Vorderreifen, nicht am Hinterreifen, nicht an den Pedalen, nicht am Tretlager, nirgends. Ich saß wieder auf und radelte vorsichtig weiter. Aber keine 20 Meter, denn es war immer noch da, das Geräusch. Eigentlich logisch, warum sollte es plötzlich weg sein, wenn ich nichts unternommen hatte. Wieder anhalten, wieder Kontrolle, wieder ohne Ergebnis, ratlos neben dem Rad stehen, das Rad langsam schieben, um das Übel vielleicht lokalisieren zu können, aber nichts Genaues hören, zurück aufs Rad, vorsichtig weiterrollen, und: Weg war es, das Geräusch. Ein großes Rätsel.

Ich schaute mich um, ob mich irgendein Witzbold veräppeln wollte. Vielleicht hatte mich „Verstehen Sie Spaß?“ auf den Arm genommen? Ein ganz schlechter Augenblick für doofe Scherze. Hatte sich etwas Dreck von der Straße oder ein Blatt zwischen Rahmen und Reifen geklemmt und war nun von allein wieder rausgerutscht? Ach nein, zumindest ein Blatt war es wohl kaum. Woher sollte das in dieser unwirtlichen Gegend gekommen sein? Ich traute dem Frieden noch nicht und fuhr vorerst langsamer weiter, immer mit gespitzten Ohren, ob mein Rad wirklich blitzgeheilt und kerngesund weitermachte.

Aber schnell fahren ging eh nicht, denn der Aufstieg nach Hawi und der heftige Wind bremsten mich aus. Wie einfach es noch letzten Sonntag bei unserer windlosen Trainingstour gewesen war, hier heraufzukommen ... Die warnenden Stimmen, die damals von einem Ausnahmetag gesprochen hatten, lagen richtig: Die Fahrt war eine Qual. Ich konnte das nur bestätigen. Oben in Hawi angekommen, pustete ich kräftig durch, und prompt ging es mir viel besser: Etwas mehr als die Hälfte der Strecke war geschafft, noch dazu der mit Abstand höchste Punkt erklommen und der am weitesten entfernte erreicht. Hoch die Hände, Radlwende! Obwohl: Das mit den Händen ließ ich lieber sein, steuerte mit ihnen stattdessen mein Rad um 180 Grad in die Gegenrichtung und fuhr zurück. Ich war quasi auf der Zielgeraden, wenn auch mit 85 Kilometern wahrscheinlich der längsten der Welt. Nach der Steigung führte die Strecke nun kilometerlang bergab. Eigentlich heißt das: Highspeed, gib ihm! Aber mir war etwas mulmig zumute wegen des dubiosen Geräusches. Das war zwar nicht mehr zu vernehmen, spukte mir aber noch im geistigen Ohr herum und ließ mich sanft die Bremse betätigen. Sicher war sicher.

Nicht nur deswegen lief der Radsplit nicht rund. Wie bei einer langen Autofahrt, auf der die Kinder Pipi müssen, Hunger haben, nicht mehr sitzen können oder der Motor überhitzt, wurde auch meine Fahrt auf zwei Reifen immer unruhiger. Irgendwas war immer. Von Zeit zu Zeit erwischten mich kräftige Böen von der Meeresseite, die mich umzustoßen drohten. Ich musste mein Bike im wahrsten Sinne des Wortes fest im Griff haben, um nicht umzukippen oder aus der Spur getragen zu werden. Immer häufiger ging ich aus meiner liegenden Aeroposition heraus, richtete mich auf und hielt mich am breiten Basislenker fest. Einen Sturz wollte ich nicht riskieren. Beim Trinken flutschte mir dann auch noch die Flasche mit dem Kohlenhydratgel aus der Hand. Die war windschnittig geformt und dadurch nicht so gut zu greifen wie eine runde. Zum Glück kam sie keinem anderen Athleten in die Quere, als sie quer über den Asphalt holperte.

Ich hielt an, ging ein Stück des Weges zurück und schnappte mir die Flasche. Sie war nicht ganz billig, und da es heute auf zwei, drei oder vier Minuten nicht ankam, musste ich nicht lange überlegen. Für ein flüssiges Rennen war das natürlich ungünstig. Für meinen Flüssigkeits- und Kohlenhydrathaushalt dafür umso besser.

Und dann fragte ich mich, ob die Hitze bei mir akustische Halluzinationen ausgelöst hatte, denn da war es wieder: das Geräusch. Was war denn hier los? Also gut, schon wieder anhalten und den Patienten untersuchen, um eine Diagnose stellen zu können. Ein paarmal das Rad hin- und herschieben, um das Geräusch auszulösen, doch ich hörte: nichts. Es war wohl etwas Psychosomatisches. Dubios! Wieder war keiner von „Verstehen Sie Spaß?“ in der Nähe. Ich hatte mich extra umgesehen.

Für den Schmerz in meinem rechten Knie konnte die Sendung garantiert nicht verantwortlich sein. Er blieb und war keine vorübergehende Erscheinung. Ich versuchte bei jedem Tritt in die Pedale eine Ausweichbewegung, mit der ich das Problem verringern konnte, und dachte bange daran, dass die größte Bewährungsprobe erst noch bevorstand: der Marathon. Ob das gut gehen würde? Vorsorglich trat ich von nun an sanfter in die Pedale. Bilder von luftballonartig angeschwollenen Knien in thüringischer und sächsischer Landschaft mischten sich vor meinem inneren Auge mit der gar nicht mehr so schnell vorbeifliegenden Lavawüsten-Kulisse. „Bitte lass die WM in Kona nicht die Wiederholung der Tour nach Zschernitzsch werden“, flehte ich das Universum an – oder wer auch immer meine Gedanken lesen und etwas Entsprechendes unternehmen könnte. Der Blick auf die

Geschwindigkeitsanzeige meines Radcomputers verriet mir, dass ich meine angepeilte Zielzeit dringend überdenken musste. Ich kam zu dem Schluss, dass zehn Stunden 20 oder zumindest unter 10:30 auch ganz fein wäre. Am Allerfeinsten wäre es aber gewesen, bald das Radfahren beenden zu können. Meine Gedanken kreisten jetzt einzig darum, mit diesem Bike heil anzukommen. Ich achtete wahlweise auf das Knie, auf komische Geräusche, darauf, ob die beiden Reifen genug Luft hatten und dass mich der kräftige Wind nicht umschubste. Genuss? Nun ja, ging so. Kampf und Krampf des Radfahrens hatten erst nach geschlagenen 5 Stunden und 40 Minuten ein Ende, aber das Minimalziel war immerhin erreicht: die Wechselzone. Daylight-Finisher konnte ich locker immer noch werden! Wenn das Knie hielt.

Ich schlüpfte rein in die Laufschuhe und lief los zur letzten Etappe meines Hawaii-Rennens. Erste wichtige Erkenntnis: das Knie gab Ruhe. Der Schmerz kam also vermutlich durch die Tretbewegung zustande. Die beim Laufen machte ihm wohl nichts. Noch jedenfalls nicht. Dann konnte ich jetzt ja reinhauen. Erstaunlich, was für einen Schub es mir gab, dass ich schmerzfrei war. Mit frischem Elan lief ich los. Zunächst mussten wir den Ali'i Drive entlang, Richtung Süden. Er war gesäumt von Menschen, die Krach machten: Fotoapparate klickten, Hände klatschten, und die Leute brüllten als könnte der Klangteppich die Schritte der Sportler leichter machen. Was er irgendwie tatsächlich tat. Nach der Stille auf der Radstrecke dröhnten mir die Ohren von dem ganzen Lärm, und ich war wie immer zu schnell unterwegs. Ich musste mich bremsen, wobei mir nun völlig unnötigerweise das Wetter zu Hilfe kam. Jetzt, da der kühlende Fahrtwind fehlte, merkte ich erst, wie drückend heiß es war. Dass ich hier auf Hawaii eine Hitzeschlacht erleben würde, war mir klar gewesen. Ich war darauf vorbereitet und glaubte, dass ich damit umgehen konnte, denn auch in Frankfurt war es beim Laufen unheimlich heiß gewesen. Sehr schnell jedoch zog ich das in Zweifel. Es gibt eben Hitze und Hitze.

Exakt fünf Kilometer dauerte es von „Das kann ich ab“ bis „Das halt ich nicht mehr aus!“. Die Hitze ließ die Luft schwer werden, sie versuchte mich zu Boden zu drücken, wo ich mich vermutlich mit Freuden hingelegt hätte, wenn der Asphalt nicht mindestens genauso heiß gewesen wäre. Und wenn ich nicht noch etwas vorgehabt hätte. Zu den Temperaturen von Frankfurt konnte man noch einmal zehn Grad dazurechnen. Locker. Ich fragte mich, wie ich unter diesen Bedingungen einen Marathon bewältigen sollte. In spätestens drei Kilometern würden meine Schuhsohlen am Teer kleben. Wie weit war es noch?

37 Kilometer? Ach so, wenn's weiter nichts ist.

Ich war im Sarkasmusmodus. Der eignete sich hervorragend als Korken auf dem Verzweiflungstöpfchen, das bei mir kurz vor dem Überlaufen war. 37 Kilometer sind eine Menge, wenn du denkst, es geht nicht mehr. Und wo kam jetzt das Lichtlein her? Ich sah leider keins. Dass es heute hart werden würde, wusste ich, aber so hart? Ich konnte nur eines tun, außer Sarkasmus zu versprühen: in kleineren Etappen denken, von Verpflegungsstation zu Verpflegungsstation.

Je eine Meile lagen sie auseinander, also 1,6 Kilometer. So weit mussten mich meine Füße tragen bis ich wieder aufladen konnte. Aber es war bei mir wie mit einem Ford Capri: sieht aus wie ein Mustang, schluckt aber wie ein Lastwagen. Mein „Sprit“ reichte selbst im Schongang gerade mal bis zum Ende der Tank- äh Verpflegungsstelle. Die Wirkung der Eiswürfel, die ich mir unter die Kappe und in meinen Einteiler steckte, sowie die des Wassers, das ich mir über den Kopf kippte, verpuffte innerhalb weniger Augenblicke.

Bei jeder Station dachte ich: „Kann ich bitte einfach hierbleiben?“, aber ich musste mich zur nächsten weiterkämpfen. Ziemainz hilf! Was macht man, wenn der Kopf zu durchgegart ist für irgendwelche Mentaltricks? Vielleicht ihn ausschalten und den Körper irgendwie in Bewegung halten. Ich versuchte, mich zumindest langsam laufend zu verpflegen. Bloß nicht gehen oder anhalten, denn danach würde es schwierig bis unmöglich werden, wieder in Schwung zu kommen.

Um uns noch mehr zu quälen, schickten uns die Veranstalter nach etwa 15 Kilometern erst über eine fiese Rampe und anschließend in die Lavawüste. Als ich die ersten Meter der lang gezogenen Palani-Road hinauflief, kreischten meine Beine: „Spinnst du? Bleib stehen oder geh wenigstens, wir sind eh schon am Anschlag!" Aber ich wollte mich nicht kleinkriegen lassen und lief in Trippelschritten weiter.

Sehr viele andere, eigentlich fast alle um mich herum, gaben sich geschlagen und gingen. Die Straße wollte auch mich zermürben, dachte ich, aber ich würde ein Zeichen der Stärke senden – vor allem an mich selbst. Reiß dich zusammen, es ist nur Hitze. Es ist nur ein Anstieg. Es ist nur Sport. Die Rampe war der Übergang in eine andere Welt. Hinter uns in Kona fand die Party statt, mit der Kuppe schlossen wir Athleten die Tür. Nun waren wir allein mit uns, unseren Gedanken, Muskelschmerzen und der unwirtlichen Außenwelt.

Der Weg zum Ironman-Hawaii-Glück führte wie schon das Radfahren über den Ka'ahumanu Highway bis zum berüchtigten Energy Lab nach etwa 25 Kilometern. Dort forschten normalerweise Wissenschaftler und Ingenieure zu erneuerbaren Energien, heute waren hier die Athleten auf der Suche nach ebensolchen, um von dort den Weg zurück nach Kona zu schaffen.

Aber schon lange bevor ich an dieser Schlüsselstelle ankam, hätte ich für ein paar alternative Energien alles gegeben. Über uns brannte die heiße Sonne, unter uns glühte der Asphalt, und vor uns gähnte die hawaiianische Weite und wirkte bedrückend. Eine hügelige Strecke, daran hatte sich seit dem Radfahren nichts geändert, und wir mussten rauf- und runterlaufen. Trotzdem gab es fast nichts, an dem sich der Blick festhalten, mit dem sich der Kopf ablenken konnte. Nur Himmel, Ödnis und dieses endlose Teerband, das sich stoisch in der Sonne fläzte. An mancher Stelle öffnete sich eine Aussicht wie in Dithmarschen an der Nordseeküste, wo man morgens schon sehen kann, wer abends vorbeikommt. Nur war die

Landschaft in Dithmarschen grün, nicht braungelb, und die Sonne knallte höchst selten so erbarmungslos wie die von Big Island, Hawaii. Kurzzeitig wünschte ich mich nach Dithmarschen, aber dann fiel mir ein, dass ich mich glücklich schätzen konnte, hier zu sein.

Gar nicht so einfach, wenn du dich fragst, wie du die letzten ungefähr 27 Kilometer überstehen sollst. Aber dies hier war der legendäre Ironman, den würde ich verdammt noch mal auch als Brathähnchen finishen.

Wahrscheinlich ging es mir deshalb so schlecht, weil ich auf der Radstrecke schon 180 Kilometer lang gebacken worden war, das aber wegen des Fahrtwindes kaum gespürt hatte. Feinstes Rösten, mit Ober- und Unterhitze: Von oben brannte die Sonne, vom Asphalt wurden die heißen Strahlen reflektiert.

Als Langdistanzler liebte ich es zu kämpfen, mich zu quälen und zu testen, wie zäh ich war. Aber Hawaii brachte mich an meine Grenzen. Also gut, musste ich sie halt noch weiter verschieben.

Viel zu selten für meinen bedenklichen Zustand tauchte eine Verpflegungsstation auf, aber wenn, dann gaben die Helfer dort nicht nur Wasser, Eiswürfel und Gels, sondern auch ihr Bestes beim Anfeuern und Aufmuntern. Das tat gut. Es war ein Tupfer Freundlichkeit in einer gefühlt feindlichen (Sport-) Umgebung.

Ich lief und ging die härtesten Marathonkilometer meines Lebens und setzte meine Zielzeit erneut etwas herauf, auf 10 Stunden 45. Das wäre auch noch ein gutes Ergebnis. Ich schaute auf die abgeleisteten Kilometer, die sich im Display meiner Sportuhr viel zu langsam erhöhten, und hakte weiter meine Etappen ab. Bei zehn Kilometern dachte ich: Schon zweistellig! Bei 15 Kilometern: Mehr als ein Drittel! Meter um Meter und Kilometer um Kilometer kämpfte ich mich voran, eine Sache des Willens. Und wenn der jetzt nicht brach, dann würde ich ihn in den nächsten Monaten total in Ruhe lassen. Kein Durchbeißen durch harte Trainingseinheiten mehr, kein Verzicht auf Wein und Süßigkeiten. Der Willen würde seinen Willen bekommen. Nur jetzt noch einmal stark sein.

Okay, ich hatte die Bedingungen beim Laufen total unterschätzt. Hawaii war nicht Frankfurt, und das nicht nur, weil es hier keinen Äppelwoi gab – der mir jetzt vermutlich den Rest gegeben hätte. Ich brauchte von Station zu Station immer mehr Eiswürfel und mehr Wasser, um mich herunterzukühlen, aber es half alles nichts: Aus Laufen wurde an den Verpflegungsstellen Gehen, und ich hatte schwer damit zu kämpfen, gleich danach wieder in den Laufschritt zu wechseln. Ich fand zum Glück immer wieder zurück, einmal auch mithilfe einer jungen Frau, die an mir vorbeilief und mir zurief: „Nicht stehenbleiben, komm, weiter geht's."

Es klappte. Wenn sie sogar noch sprechen konnte, würde ich zumindest so etwas Ähnliches wie Laufen hinkriegen.

Ich sammelte sämtliche Energie zusammen, pustete einmal laut durch und: lief. Die Athletin wurde für mich zum Ulrich Nieper von Hawaii, die „Quäl dich, du Sau"-Motivation, die ich brauchte. Kilometerlang liefen wir zusammen und unterhielten uns sogar ein bisschen, bis zum Wendepunkt im Energy Lab, das nicht viel heißer war als der Rest, obwohl man immer sagte, dass die Temperaturen dort noch höher seien.

Das könnte daran gelegen haben, dass die Sonne auf dem Weg Richtung Meer war und nicht mehr ganz so heiß brannte. Bald nach dem Wendepunkt geschah dennoch das, was ich gar nicht mochte und was für mich eigentlich ein No-Go war: Ich musste nun auch außerhalb der Verpflegungsstationen zum Gehen wechseln. Aber was sollte ich tun: Mir fehlte ausgerechnet im Energy Lab die Energie. Ich verabschiedete mich von meiner Mitläuferin und ließ sie ziehen: „Lauf weiter, ich brauche eine richtige Pause, aber vielen Dank für deine Hilfe und sehr nette Begleitung." Sie bedankte sich ebenfalls und machte sich im fader werdenden Tageslicht aus dem Lavastaub.

Ein weiteres Mal fuhr ich mein Tagesziel herunter: Ich wollte Daylight-Finisher werden und unter 11 Stunden bleiben. Nun also die letzten Reserven sammeln und weiter. Nach genau einer

Minute und zehn Sekunden zwang ich meine Beine wieder in den Laufschritt. Sie machten mit, die Pause hatte mir gutgetan. Als ich wieder auf dem Highway war, beschloss ich, mir vorzustellen, dass ich nun auf der Zielgeraden lief. Noch zehn Kilometer, dann war ich mitten in der Party. Außerdem würde ich gleich im einstelligen Restkilometerbereich sein. Wieder ein Schub Motivation, der mich die nächsten paar Hundert Meter trug.

Die Strahlkraft der Sonne ließ weiter nach. Sie knallte nicht mehr so unbarmherzig auf uns nieder und machte meine Mission ein bisschen erträglicher. Dafür, dass ich eigentlich nach fünf Kilometern nicht mehr gekonnt hatte, war ich weit gekommen. Den Rest würde ich auch noch hinter mich bringen. Ein letztes Mal, wirklich ein allerletztes Mal, die Zähne zusammenbeißen und den Schmerz beiseiteschieben.

Das Rennen, das jetzt eher ein Schleichen war, hatte seine Spuren hinterlassen. Auch auf dem Highway. Unser Leidensweg war gepflastert mit massenweise platt getretenen, weißen Wasserbechern und leer gelutschten, glitzernden Gelpackungen. Es sah aus wie nach einem Rockkonzert, wo allerdings wohl eher Bierdosen und Zigarettenschachteln herumliegen. Wenn ich mich so umsah, fühlte ich mich an die Untoten aus der Serie „The Walking Dead" erinnert. Wir alle waren gezeichnet von den vielen Stunden, die wir nun schon unterwegs waren. Viele von uns gingen diesen Teil des Marathons und schleppten sich mit leeren Gesichtern dahin, andere konnten nur mit Mühe den Laufschritt halten, die wenigsten wirkten noch frisch.

Ich versuchte unter den Lebenden zu bleiben und ihn zu finden: den Rhythmus, bei dem ich mit muss. Eins, zwei, eins, zwei, immer weiterlaufen, langsam, aber immer weiter, den Rhythmus halten und nicht verlieren, in Bewegung bleiben, eins, zwei. Jeden einzelnen Schritt musste ich mir hart erarbeiten.

Das änderte sich plötzlich, als ich den Abzweig rechts zur Palani-Road sah und schließlich dort ankam. Jetzt war ich dem Ziel ganz nah. Endlich standen wieder anfeuernde Menschen am Straßenrand, unter ihnen Andrea, Markus, Inken und: Wiebke. Handküsse flogen hin und her, dann ballte ich die Faust, Freudentränen wollte ich mir aber noch keine erlauben.

Theoretisch hätte ich die Palani-Road geradeaus weiterlaufen können und wäre nach hundert Metern im Ziel gewesen. Stattdessen hieß es: „Ätschibätsch, da geht's lang", und wir mussten nach links abbiegen für eine Extrarunde, um die Marathondistanz vollzumachen. Für den Kopf eine letzte Klippe. Ich schaltete wieder um in den Kampfmodus. Noch 1,5 Kilometer. Nur noch. Gleich war er da, der große Moment. Ich würde unter elf Stunden bleiben, das war nun klar, aber zweitrangig.

Dann bog ich nach den vielen anderen selbst konstruierten Zielgeraden auf die einzig wahre und echte ein: auf den Ali'i Drive. Von Müdigkeit, Erschöpfung oder schmerzenden Beinen spürte ich rein gar nichts mehr. Wie heftig ich auch immer gelitten hatte, das alles war vergessen und ganz weit weg. Fortgepustet von einem Orkan der großen Glücksgefühle, die ich jetzt endlich zuließ. Zulassen durfte.

Ich lief langsamer, um diesen Moment in vollen Zügen zu genießen, ihn aufzusaugen. Ich passierte den berühmten Banyan-Tree, klatschte Hände ab, die sich mir entgegenstreckten, sah Wiebke, die über die Abkürzung hergerannt war, um sich meine allerletzten Meter anzuschauen und sich mitzufreuen. Das Ziel war ganz nah, und ich stand kurz davor, meinen Zweijahresplan zu einem grandiosen Abschluss zu bringen. Die allerletzten Meter. Ich wandte mich noch einmal zurück, um mir den Zielkanal anzuschauen. Triathleten liefen, gingen, torkelten oder schleppten sich an mir vorbei, einige klatschte ich ab. Wir alle waren glücklich, gleich im Ziel zu sein.

Ich drehte mich wieder um, dem weißen Zielbogen zu, ging gemessenen Schrittes die kleine Rampe hinauf, ballte die Fäuste und schrie mein Glück heraus: „Jaaaaaaa!" Ich hatte es geschafft!

„You are an Ironman", müsste der Moderator soeben gesagt haben, wie bei jedem, der es geschafft hatte, aber das nahm ich nicht wahr, denn nach dem großen Glück kam nun die große Erschöpfung. Ich hatte für den Marathon drei Stunden 50 gebraucht. Sie fühlten sich an wie fünf, wie eine Ewigkeit.

Das Rennen meines Lebens war nach zehn Stunden, 56 Minuten und zwölf Sekunden vorbei. Es war mit Abstand das härteste, das ich je gemacht hatte. Ich wurde gefordert wie nie und musste mich durchkämpfen mit allem, was ich aufzubieten hatte. Hawaii war tatsächlich anders als alles andere, das hatte ich soeben am eigenen Leib erfahren. Ein Mythos. Und trotzdem, oder gerade deswegen: Mahalo! Danke! Ich habe den Traum gelebt.

Der ausgeklügelte Plan hatte einen glücklichen Abschluss gefunden. Fast genau auf den Tag ein Jahr nach Beginn des Intensivtrainingsjahrs war ich im und am Ziel. Ein Jahr, in dem ich insgesamt 320 Kilometer geschwommen, 7 000 Kilometer geradelt und 1 700 gelaufen war. Auf wie viel Kilo Chips und Schokolade und wie viel Liter Wein ich verzichtete, habe ich nicht nachgerechnet. All das hatte sich gelohnt und war es wert.

Ich hatte das Glück des Tüchtigen, dass mich keine Verletzung und keine Erkältung aufhielten, dass Wiebke mich großartig unterstützte, dass Familie und Freunde großes Verständnis für meinen Traum zeigten, dass mein Trainer ein Meister seines Faches ist und wir gemeinsam einen tollen Plan geschmiedet hatten. Dass die Geschichte der Qualifikation so spannend werden würde, konnte keiner ahnen. War ich nach Frankfurt noch maßlos enttäuscht, war ich im Nachhinein froh, dass ich Hawaii in Hamburg klarmachen konnte: in meiner Stadt und auf dramatische Art und Weise. Und weil ich so sehen konnte, was möglich ist, wenn ich etwas wirklich will.

Nach dem Rennen freute ich mich, nach langer Zeit keinen Blick mehr auf irgendwelche Trainingspläne werfen zu müssen. Meinen Tag nicht mehr nach dem Sport richten zu müssen. Nach zwei Jahren großer Disziplin und Willenskraft, in denen ich immer wusste, wenn du zu viel Leine gibst, dann wird nichts aus deinem Traum, war es endlich egal, ob ich morgen, in den nächsten Tagen, ja, sogar in den nächsten Wochen laufen würde oder Rad fahren oder schwimmen.

Um Trainingspläne würde ich vorerst einen großen Bogen machen. Ich wollte in den Tag hineinleben und mich nicht mehr bewegen als nötig. Und ich wollte Chips essen und Schokolade und mich wieder an Wein gewöhnen und Freunde treffen. Letztere beiden konnte man gut miteinander verbinden.

Wiebke und ich reisten nach dem Rennen noch anderthalb Wochen in Hawaii herum, wanderten im Volcanoes-Nationalpark auf erkalteter Lava, flogen weiter auf die Insel Maui, um dort am Strand zu liegen, zu baden und im Haleakala-Nationalpark zu wandern. An einem anderen Tag fuhren wir auf den Berg hinauf, um den Sonnenuntergang zu genießen. Wir eroberten im Cabrio die wunderschöne Küstenstraße nach Hana und ließen es uns gut gehen, während ich meine Erlebnisse sacken ließ.

Kurz vor der Abreise, kehrten wir zurück auf die Hauptinsel Big Island. Der Kreis schloss sich. Sogar wettertechnisch: Hätte der Ironman jetzt stattgefunden, wir wären alle patschnass geworden – nicht durch Schweiß, sondern durch Dauerregen. Es prasselte zwei Tage lang fast ununterbrochen. Das hatten Wiebke und ich nicht erwartet. Der dunkle Himmel und die in etwas höherer Lage sattgrünen Wiesen erinnerten mich an Irland. Vielleicht auch ein bisschen an Dithmarschen.

Immerhin hörte der Regen an unserem letzten Abend in Kona auf. Wir holten uns im Poke-Laden am Ali'i Drive eine Bowl, das hawaiianische Nationalgericht. Eine Mahlzeit, die man sich nach Belieben aus verschiedenen Sorten von roh mariniertem Fisch, Reis, Salat und Gemüse zusammenstellen lassen kann.

Damit setzten wir uns an den Strand und sahen dem Dutzend Surfern zu, die auf die perfekte Welle warteten und sie manchmal auch erwischten. So wie ich in Hamburg meine perfekte Welle erwischt hatte, die mich hierhergespült hatte. Die Gischt sprühte uns salzige Feuchtigkeit ins Gesicht, und wir saßen einfach nur da und ließen das Leben stattfinden. Kein Pläneschmieden, keine Termine, die Zeit war einfach Zeit und nichts, was es akribisch einzuteilen galt. Aber eine Sache wollte ich unbedingt noch erledigen: Bevor es dunkel wurde, fuhren wir etwas weiter südlich an eine Klippe und folgten einer alten hawaiianischen Tradition. Wir nahmen unsere Blumenketten, holten weit aus und warfen sie ins Meer. Die Wellen trieben sie in Richtung Land. Einer Legende nach werden wir nun eines Tages wohlbehalten nach Hawaii zurückkehren.

DER TRAUM VON HAWAII 2.0

Wer glaubt, hawaiianische Legenden wären Hokuspokus und verrückte Fantastereien, der irrt gewaltig. Sie sind zu hundert Prozent wahr. Zumindest wenn man meine Geschichte als alleinigen Maßstab nimmt. Denn wie vom Meer und der Lei-Kette prophezeit, kehrte ich fünf Jahre nach meinem ersten Start in Kona wohlbehalten nach Hawaii zurück. Dass es so weit kommen würde, hielt ich lange Zeit für äußerst unwahrscheinlich. Aber der Reihe nach …

Der *Zweijahresironmanhawaiiplan* war abgehakt und ich hatte mir für die Zeit danach schon etwas Geniales einfallen lassen: den *Einjahresironmanverarbeitungsplan*. Der sah recht einfach aus: Dafür brauchte ich keinen Trainer, den konnte ich selbst mit Inhalt füllen. Für jeden Tag des kommenden Jahres stand dort: Bloß nicht an eine Langdistanz denken! Falls doch, ganz schnell an etwas anderes denken! Mitteldistanzen haben auch ihren Reiz. Oder mal ein Halbmarathon.

Die zwei Jahre Hawaii-Vorbereitung hatten ihre Spuren hinterlassen, so grandios sie auch waren. Das intensive Training hatte von mir mehr gefordert, als ich glaubte. Ich war so enthusiastisch hinter meinem Ziel her gewesen, dass ich das gar nicht gemerkt hatte. Ich hatte den Langdistanzen meine Emotionen und meine Energie überlassen, nun sollten sie vorerst nichts mehr davon abbekommen. Nach Hawaii war mir ganz schnell klar: Nächste Saison geht's lockerer zu. Keine Langdistanz, kein strenges Training und tief durchatmen. Abstand gewinnen, nachdem ich eine tolle Sache intensiv betrieben habe, ist auch ganz schön. Bis zu meinem nächsten locker anvisierten Hawaii-Quali-Versuch war es noch lange hin.

Ich genoss es, Zeit für andere Dinge zu haben, traf wieder häufiger Freunde, ging mit Wiebke ins Kino und ins Theater, haute öfter in die Klaviertasten, las wieder regelmäßig Zeitungen, griff zu Büchern und hatte auch ohne Sport keine Langeweile. „Ohne Sport" bedeutete in den ersten Wochen wirklich ohne Sport. Wochenlang machte ich nichts.

Selbst die Frage, ob ich Lust hätte, ein Buch zu meinem Hawaii-Abenteuer zu schreiben, beantwortete ich mit einem klaren Nein, gefolgt von einem: Zumindest noch nicht! Denn das hätte wieder bedeutet, dass ich mich neben meiner Tagesschau- und NDR-Arbeit in meiner Freizeit fast ausschließlich mit dem Langdistanztriathlon beschäftigen müsste. Besten Dank, das wollte ich nicht. Erst ein Jahr später bekam ich Lust, meine Geschichte aufzuschreiben und ein Buch herauszubringen, das Sie nun in Händen halten.

Beim aktiven Sport dauerte meine Null-Bock-Phase zwei Monate lang. Im Nachhinein war ein solches „Von hundert auf null"-Vorgehen vermutlich nicht sonderlich geschickt nach drei Langdistanzen, die körperliche Schwerstarbeit sind. Immerhin packte mich Mitte Dezember statt Weihnachtsstimmung die Trainingslust und ich legte langsam wieder los – wie üblich mit freundlicher Unterstützung meines Meistertrainers Nils Goerke. Ziel: die Mitteldistanzen im Sommer in Lahti und in Wilhelmshaven.

Doch die Rückkehr ins Training verlief nicht wie geplant. Es war der 5. März, an dem sich etwas bemerkbar machte, das mich sehr lange Zeit nicht mehr in Ruhe lassen würde. Ich trainierte locker vor mich hin, als bei einem Lauf ein Schmerz im linken hinteren Oberschenkel auftauchte. Große Aufmerksamkeit schenkte ich ihm nicht, denn ich kenne das ja: Kaum ist der Schmerz da, ist er auch schon wieder weg. In diesem Fall tat jeder Schritt mit dem linken Bein etwas weh. Unangenehm, aber sicher bald wieder verschwunden. Falsch gedacht. Tag für Tag hoffte ich, dass das Ziehen weg wäre. Doch sobald ich die Beine bewegte, ging es los.

Treppensteigen reichte schon, um den stechenden Schmerz im Oberschenkel aufzuwecken. Gelaufen wäre ich am liebsten nur mit dem rechten Bein. Als ich sogar die Rollwende beim Schwimmen nicht mehr schmerzfrei absolvieren konnte, musste ich mir eingestehen, dass das Problem nicht von allein verschwinden würde. Es musste jemand nachhelfen, der sich mit so was auskannte. Mir wurde eine angebliche Osteopathie-Koryphäe empfohlen, die auf Sportler spezialisiert war. Der Mann hatte das Problem blitzschnell identifiziert: „Sie haben eine ISG-Blockade, ganz klar. Das kriege ich ganz schnell wieder hin." Ich war sehr erleichtert, dass diese unangenehme Sache so einfach zu beheben war und ich bald wieder sorgenfrei durch die Gegend würde laufen können. Nach einer Stunde Behandlung mit kräftigem und schmerzhaftem Herumdrücken auf Triggerpunkten sagte er: „So, alles wieder in Ordnung. Sie sind das Problem los. Alles Gute."

Und ich hatte mir schon Sorgen gemacht, dass ich meine Hauptrolle in „Der Traum von Hawaii, Teil 2" absagen müsste. Die Koryphäe schien sich allerdings ein wenig vertriggert zu haben. Es änderte sich nämlich auch Tage nach dieser Behandlung rein gar nichts. Ganz im Gegenteil. Nun zog es in milderer Form auch im rechten hinteren Oberschenkel. Und beim Rollentraining spannte sich das Problem wie ein Faden sogar durch das gesamte Bein. Zum Glück war der Schmerz nicht stark, sondern eher unangenehm. Ich taufte den hartnäckigen Begleiter mein „Rücken-Bein-Problem", weil ich vermutete, dass er aus dem unteren Rücken in die Beine ausstrahlte, und trainierte weiter. Da ich bei dieser Beziehung allerdings keinen

Wert auf „lebenslänglich“ legte, musste ich wohl doch einen Termin beim Orthopäden vereinbaren; aber erst nach meinem Halbmarathon. Nicht, dass ich noch Laufverbot bekomme!

THORSTEN, WIR HABEN EIN PROBLEM

Im April stand der erste Wettbewerb seit Hawaii an: 21 Kilometer durch Hamburg. Die Koryphäen-Behandlung hatte nach wie vor keine Wirkung gezeigt, ich spürte das „Problem“ vom Startschuss an. Mit jedem Schritt flammte es auf und hatte noch eine fiese Variante zusätzlich für mich parat: Drei, vier Mal hatte ich während des Rennens das Gefühl, das linke Bein würde wegknicken und ich im vollen Lauf auf den Asphalt knallen. Als würde für eine Millisekunde der Strom ausfallen und kurz das Licht ausgehen, so war auch mein Bein einen winzigen Moment lang ausgeschaltet. Das spielte sich in Bruchteilen von Sekunden ab, sodass der Stromausfall mich doch nicht umwarf. Mir wurde trotzdem mulmig. Was passierte da gerade, was war los in meinem Rücken, im Bein? Ich musste wirklich beim Orthopäden anrufen.

Den Halbmarathon konnte ich trotz der Miniausfälle gut zu Ende bringen: Ich blieb knapp unter einer Stunde 30 und war mit einem Tempo von 4 Minuten 14 pro Kilometer durch die Stadt gelaufen. Da konnte ich nicht meckern – tat es aber doch; im Ziel, gegenüber einer Bekannten, einer Läuferin, mit der ich über das Rennen fachsimpelte, und die sagte: „Ich kenne solche Probleme, genau die hatte ich auch bis vor Kurzem.“ Manuela hatte auch Wirbelgleiten, sie war allerdings – im Gegensatz zu mir – unoperiert. Sie erzählte von PRT-Spritzen, die ihr geholfen hätten. Ich hatte wieder eine Spur, die mich vielleicht zur Lösung des Problems führte.

Zu Hause schaute ich gleich mal nach, was das war: PRT-Spritzen. Das könnte ich beim Orthopäden mal beiläufig in den Raum werfen, wenn ich bei ihm vorstellig würde. Die erste Hoffnung auf baldige Linderung verflog jedoch ganz schnell, denn ich verzog das Gesicht allein bei der Vorstellung an eine solche Behandlung, die die tückische Stelle betäuben und Entzündungen bekämpfen soll. Die Nadel wird nah an der Wirbelsäule eingestochen und soll die Nervenwurzeln oder Wirbelgelenke treffen. Autsch! Konnte dabei nicht Schreckliches passieren, wenn der Stich nicht haargenau saß? Wenn der behandelnde Orthopäde keine Koryphäe sein sollte – oder, schlimmer noch, eine der Kategorie des vorherigen Osteopathen? So oder so wollte ich mir aber gerne einmal anhören, was der Arzt dazu meinte, und vereinbarte einen Termin.

Der würde allerdings erst nach dem Sommerurlaub sein, und in dieser Zeit verfestigte sich das Problem. Entweder tauchte von Anfang an oder spätestens nach ein paar Lauf-Kilometern das Ziehen links auf, vom Sitzhöcker in einem Strang runter bis fast auf Kniekehlenhöhe, bei Sprints verstärkt. Manchmal hatte ich das Problem auch auf der rechten hinteren Beinseite, aber seltener und schwächer ausgeprägt. Beim Radfahren war das rechte Bein betroffen, manchmal von oben bis ganz nach unten zum Fuß. Nach dem Sport war zunächst wieder alles gut, aber wenn ich im Bett lag, merkte ich, dass etwas nicht stimmte. Dann spürte ich in den Beinen eine Art Unruhe und Pochen, als würden kleine Wellen durch die Beine rauschen. Merkwürdig das alles! Und ein bisschen beunruhigend.

Zumal das nächste Rennen bevorstand, ein Triathlon. Ende Juni war ich im finnischen Lahti und startete über die Mitteldistanz. Dass ich beim Radfahren nichts vom „Problem“ spürte, nahm ich erfreut zur Kenntnis. Doch als ich auf die Laufstrecke ging, wartete ich förmlich darauf, dass es nun auftauchen und mich entweder ins Ziel begleiten oder zum DNF zwingen würde. Aber da war nichts, kein Schmerz, nicht einmal im Ansatz. Vielleicht hatte allein die Androhung einer Spritze an der Wirbelsäule dafür gesorgt, dass das Ziehen von allein verschwunden war. Darüber freute ich mich noch viel mehr als über das schöne Rennen und meine Zeit von 4 Stunden 54.

Mein Termin beim Orthopäden war leider unspektakulär. Für ihn war eine eindeutige Ursache nicht auszumachen. Er vermutete eine Reizung der Sehnen und des Muskelansatzes. Blitzschnelle Heilung war nicht in Sicht. Aber besser eine bodenständige Diagnose als eine versprochene Wunderheilung, die dann nicht eintrat. Der Arzt schlug ein MRT vor, das Licht ins medizinische Dunkel bringen sollte. Das tat es aber nicht wirklich. Die Ursache blieb auch danach schwammig und damit war weiter nicht klar, was ein wirksames Gegenmittel sein könnte. Das war frustrierend, doch das MRT-Resultat hatte für mich auch etwas Erleichterndes. Denn meine dunklen Laien-Fantasien, dass sich meine in der OP von damals versteiften Wirbel gelöst haben oder etwas anderes Schlimmes dort passiert sein könnte, bestätigten sich nicht. An der OP-Stelle war alles bestens und da ich schon im Laien-Mediziner-Modus war, sprach ich den Doktor auch gleich auf die PRT-Spritzen an. Die betrachtete er zwar als eine gute Möglichkeit, meinte aber, man könne es vorerst noch mit harmloseren Methoden versuchen. Mit Physio und den richtigen Übungen zum Beispiel.

Also verbrachte ich Stunden auf der Matte – vermutlich aber mit den falschen Übungen, wie sich im August zeigte. Frei nach dem Motto „zwei Halbdistanzen sind eine lange", fuhr ich nach Wilhelmshaven für Mitteldistanz Nummer zwei des Jahres nach Lahti. Genau wie in Finnland blieb ich beim Schwimmen und Radfahren schmerzfrei. Dann kam das Laufen, das dank des „Problems" mittlerweile meine Angstdisziplin geworden war. Ich wankte zwischen Optimismus und großer Anspannung – und endete schließlich bei maßloser Enttäuschung und Ernüchterung. Zwar dauerte es ein bisschen, bis das Ziehen spürbar wurde, dafür kam es dann mit jedem Meter umso mächtiger zum Vorschein. „Thorsten, wir haben ein Problem", dachte ich. Nach Kilometer 15 war es ein Riesenproblem geworden. Jeder Schritt war eine Tortur, ich schleppte mich am Rande der Nordsee dahin und quälte mich unter Schmerzen ins Ziel. Wie sollte das bloß weitergehen? Und ging es überhaupt weiter? Trotz meines selbst auferlegten Verbots, an Langdistanzen zu denken, schob sich eine Befürchtung in mein Hirn: Was, wenn es damit vorbei war? Eine Befürchtung, die mein Orthopäde bestätigte: „Wenn Sie auf mittlerer Strecke schon Probleme haben, ist es vielleicht besser, wenn Sie keine Langdistanz mehr machen", meinte er, als ich nach meiner bösen Nordsee-Erfahrung wieder vorstellig wurde. „Die Belastung scheint für Ihr System doch zu groß zu sein, wir werden alle nicht jünger."

Mit Letzterem hatte er vollkommen recht. Aber musste ich deshalb wirklich die geliebten Langdistanzen an den Nagel hängen? In mir rebellierte es, trotz der schmerzhaften Erfahrung in Wilhelmshaven. Aufgeben kam im Rennen nicht infrage, und auch nicht auf der langen Strecke zur nächsten Langdistanz. Zumindest noch nicht. Ich hatte sicher noch nicht alles ausgeschöpft, was mich gesund machen könnte.

Hatten nicht auch vor 30 Jahren mir gleich zwei Ärzte geraten: „Keine langen Fahrradtouren mehr", als damals auf einer Radfahrt von Hamburg nach München beide Knie dick und rot angeschwollen waren wie zwei herrlich saftige Äpfel? Ausnahmsweise habe ich mich damals nicht an die Experten-Empfehlung gehalten. Zum Glück! So wollte ich es auch in diesem Fall handhaben. Denn kürzere Triathlons sind zwar schön, aber Langdistanzen sind das Allerschönste. Erlebnisse, die ich nicht missen möchte. Wenn der Arzt recht hat und meine Gesundheit sie wirklich nicht mehr zulässt, füge ich mich. Aber so weit war es noch nicht.

KLEINE SCHRITTE

Da war sie wieder, die Lust auf die Langdistanz. Vielleicht auch deshalb, weil diese Strecke mir nun, im Spätsommer 2018, drohte, abhanden zu kommen. Ich ließ die Gedanken wieder zu, mich für eine Langdistanz anzumelden und dachte an die Challenge Roth. Aber erst für 2020. Denn war da nicht dieses Buch, das ich schreiben konnte – in gewisser Weise der Langdistanz zu Ehren? Das würde Aufwand bedeuten, wenig Zeit für Sport, aber auch eine Chance, die gepeinigten Beine und den Rücken zu schonen und so wieder ganz gesund zu werden. Wenn ich Ende 2019 mit dem Schreiben fertig bin, würde ich durchstarten in eine neue Saison mit klarem Ziel: Langdistanz. Also vorerst runter von der Straße, runter vom Training, ran an den Laptop, ran ans Schreiben.

In der Zeit konnte ich mich weiter um mein Rücken-Bein-Problem kümmern. Im Kampf dagegen wollte ich neben den Rumpfstabi-Übungen nun auch die PRT-Spritzen über mich ergehen lassen. Sie waren überraschenderweise nicht schlimm und wirkten ... zumindest eine Zeit lang. Dann kam das Ziehen zurück. Wieder eine Hoffnung zerstört. Verdammt noch mal!

Nur selten schlüpfte ich während dieser Zeit in meine Laufschuhe, die sich ziemlich verlassen vorkommen mussten. Dem „Problem“ gefiel die Ruhe aber gar nicht. Anstatt sich schmollend und gelangweilt zu verziehen, nutzte es eine der seltenen Gelegenheiten eines lockeren Laufs als Vorwand, um einen heftigen Sturm mit Blitz und Donner in meinen Beinen aufbrausen zu lassen; nach gerade mal einer Stunde des Laufens. Äußerlich war alles ruhig und nur ich wusste, wie wild es drinnen aussah. Nicht nur ein paar Minuten, sondern drei Tage lang begleitete mich dieses Inferno in den Beinen, wenn ich abends im Bett lag. Was war da nur aus den Fugen geraten?

Da sich das Problem nicht mit sportlicher Untätigkeit austrickssten ließ, entwickelte ich eine tolle neue Idee: beim Laufen kleine Schritte machen. Im wahrsten Sinne, denn das Ziehen kam, wenn ich das Bein nach vorne bewegte. Deshalb meine einfache Überlegung: große Schritte, großes Problem, kleine Schritte, kleines Problem. Aber nach einigen Versuchen musste ich auch bei dieser Methode einsehen: Sie half nicht.

Mehr als eine Stunde laufen war nicht möglich. Nie mehr? Langsam bekam ich es mit der Angst zu tun. Da ich einen Marathon vermutlich nicht innerhalb einer Stunde abschließen konnte, hatte der Orthopäde vielleicht doch recht: Das war es mit den Langdistanzen. Etwas in mir weigerte sich aber noch immer, das zu akzeptieren. Ich wollte weitermachen, ich würde weitermachen – bis es entweder gar nicht mehr ging oder bis der Schmerz besiegt war.

Der war nun schon eineinhalb Jahre mein ständiger, fieser Begleiter, als im Herbst 2019 planmäßig das Buchschreiben zunächst beendet und die Sportsaison eröffnet war. Ich spürte, dass mir, meinem Rücken und den Beinen die Bewegung guttat und schmiedete optimistisch neue Pläne: 2020 Roth, 2021 Ostseeman, im Sommer 2022 erneuter Quali-Versuch und kurz danach, im Oktober, möglichst ein weiteres Mal auf die Trauminsel der Langdistanzler: Hawaii!

Mitte November 2019 startete ich also zum wiederholten Male das, was mir so gut gefiel: eine richtige Triathlon-Saison. So, wie sich das gehört – mit leichtem Einstieg im Herbst und einer Steigerung zum Sommer hin, bis zur legendären Challenge in Roth. Diese Saison sollte mich nach der Pause wieder in Langdistanz-Form bringen. Anschließend sollte mein zweiter Zweijahresironmanhawaiiplan starten: in drei Jahren vom Schreiberling zum Hawaii-Finisher.

Ich hatte richtig Bock, wieder regelmäßig rauszugehen und in der klaren, frischen Herbstluft zu laufen. Das Schwimmbad sollte mich wieder als treuen Besucher bekommen und die Rolle in der Garage wieder glühen. Das Ziehen in den hinteren Oberschenkeln war zwar weiter mein ständiger Begleiter, aber auf einem Niveau, das Training immer noch möglich machte. Ignorieren statt lamentieren war das Motto.

Meine Krankenkasse jedoch hatte offenbar den stetigen Geldabfluss für meine Behandlungen satt und schlug mir ein spezielles Programm vor, das sich FPZ nannte und sofortige Heilung bringen sollte: Gerätetraining mit Maximalkraft. Über Wochen ging ich ein- bis zweimal wöchentlich zum Training, doch der kurzfristige Erfolg blieb aus. Der langfristige auch. Die Suche nach dem Heiligen Gral gegen das „Problem" ging weiter, und die Krankenkasse musste wohl mit weiteren Ausgaben rechnen.

Hoffnung glomm Anfang Dezember auf, als ein großes Wagnis gelang – ein Lauf, der länger als eine Stunde dauerte: 70 Minuten. Aufregend, aber kein Gewitter in den Beinen wie ein paar Wochen zuvor. Ich verbuchte das unter: „Es wird langsam besser." Wie sollte ich sonst auch die Langdistanz in Roth durchstehen? Diese Sorge erledigte sich im Frühjahr aber von selbst. Das Corona-Virus hatte sich auch in Deutschland so breitgemacht, dass das öffentliche Leben weitgehend zum Stillstand kam. Ich war zwar scharf darauf, endlich wieder in der Sonne Fuerteventuras zu trainieren, aber zwei Tage vor dem geplanten Abflug waren auch solche Reisen plötzlich nicht mehr möglich. Kurz danach war zudem klar, dass auch das Rennen in Roth nicht stattfinden konnte.

Von vielen Triathleten hörte ich, ihnen sei die Motivation abhandengekommen, weil ihnen mit all den Rennausfällen die Ziele fehlten. Verständlich, aber bei mir verhielt es sich etwas anders:

Mein Hauptziel war, mich in drei Jahren für Hawaii zu qualifizieren. Ich hatte also ein alles überragendes, langfristiges Ziel, kein kurzfristiges. Roth und weitere kleinere Rennen hätte ich wahnsinnig gerne gemacht, denn Wettkämpfe geben immer den letzten Push. Aber auch ohne sie wollte ich mein Training durchziehen, als hätte ich eine Langdistanz vor der Brust. Roth war tot, aber nur in diesem Jahr. 2021 war es sicher wieder quicklebendig. Es konnte doch nicht sein, dass so ein kleines Virus uns alle so lange im Griff hat, dachte ich damals noch. Dann würde ich eben mit einem Jahr Verspätung – und vielleicht sogar ohne das „Problem" – erleben, wie sich der sagenumwobene Solarer Berg anfühlt und am eigenen Leib erfahren, ob die Stimmung wirklich so grandios ist. Deshalb trainierte ich fast so weiter, als stünden die Wettkämpfe noch im Kalender.

In Herbst und Winter hatte ich die üblichen acht bis zwölf Stunden trainiert, ab dem Frühjahr wurde es wie üblich mehr, allerdings lag das Pensum eher bei 13 bis 15 Stunden als sonst bei 15 bis 20. Das lag daran, dass Schwimmen nicht mehr möglich war. Auch die Fitness-Center und Hallenbäder mussten coronabedingt dichtmachen und fortan schwamm ich auf dem Trockenen. Als Ersatz tauchte in meinem Trainingsplan nämlich ein 30-minütiges Schwimm-Kraftprogramm auf, mit Liegestütz, Unterarmstütz, Seitstütz und Zugseiltraining. Ich hatte in meiner Grabbelkiste zwar tatsächlich solche Zugseile, sie aber bislang wohl nur einmal benutzt. Der totale Abtörner. Zugseiltraining ist der legitime Nachfolger der Rolle von vor zehn Jahren, als es noch kein virtuelles Radeln mit anderen gab und keine Podcasts. So lustlos wie ich an den Seilen hing, hatten die Übungen sehr sicher keine nennenswerten Auswirkungen auf meine Leistung.

Wie gerne ich mich im Wasser bewegte, merkte ich Ende Juni, als das Wetter schön war, ich mich in meinen Bulli setzte und an den Kleinen Plöner See fuhr. Ich wollte einerseits mit meinem SUP-Board darauf herumfahren, anderseits endlich mal wieder ein bisschen schwimmen. Nach einem halben Jahr Corona-Schwimmpause wollte ich spüren, wie es ist, durchs Wasser zu gleiten. Also streifte ich meinen Neo über, stapfte ins Wasser – und wollte gar nicht wieder raus. Meine Arme mussten sich zwar an die Bewegung gewöhnen, das ging aber schnell, und danach kurbelten sie wie aufgezogen mit mir hinten dran durch den See. Ich machte nur halt, wenn ich mich orientieren musste. An Wegweiser hatte hier niemand gedacht. Als ich an zwei Anglern in ihrem Ruderboot vorbeikam, fragte ich sie deshalb nach dem Weg: „Entschuldigung. Wo geht's denn hier zur Schwentine?", fragte ich, da ich nicht erkennen konnte, wo der Fluss in den See mündete. Die beiden guckten mich mit großen Augen an und zeigten mir dann, in welche Richtung ich schwimmen musste.

Ich hatte so einen irrsinnigen Spaß, dass mein Schwimmausflug – nun ja – vielleicht ein bisschen exzessiv ausfiel. Erst nach siebeneinhalb Kilometern im wunderbaren Seewasser hatte ich wieder festen Boden unter den Füßen. Zum Glück, denn auf den letzten paar Hundert Metern war mir mulmig zumute. Das, was ich hier machte, war langsam richtig anstrengend. Liest man nicht manchmal, dass sich Schwimmer überschätzen und elendig ertrinken? Quasi aus dem Nichts so lang zu schwimmen, immerhin zwei Stunden und 40 Minuten, war vielleicht nicht die cleverste Idee. Meine Kräfte ließen zum Ende spürbar nach. Festhalten konnte ich mich nirgends. Jetzt bloß keine Panik bekommen, sagte ich mir. Mit tiefen Atemzügen gelang es mir, ruhig zu bleiben und sicher ans Ufer zu kommen. Was, wenn ich plötzlich untergegangen wäre? Kein Mensch hätte das mitbekommen. Daraus folgte ein klarer Kaufauftrag für mich: eine Boje für meine Sicherheit auf dem Fluss oder Meer musste her. Zumal Outdoor-Swimming wohl noch etwas länger die einzige Möglichkeit für Schwimmtraining bleiben würde. Aber immerhin war schwimmen möglich, trotz meiner lädierten Wade.

Ja, mein Problem hatte einen Kumpel bekommen. Am Tag vor meinem Schwimmausflug war mir etwas widerfahren, das eigentlich nur anderen passierte. Schon häufiger war ich beim Laufen umgeknickt, aber meinen Gummibeinen machte das nicht viel aus. Ich schrie dann kurz auf, verzog das Gesicht, wartete ein paar Sekunden – und lief weiter. Hyperbeweglichkeit ist das Stichwort. Nie lag ich schreiend am Boden mit einem Riss irgendeiner Sehne oder einer Muskelfaser. Aber an diesem Tag gab es bei mir eine Premiere, auf die ich gerne verzichtet hätte. Mein erster Muskelfaserriss. Andere erste Male waren schöner.

Ich war zu einem langen Lauf aufgebrochen, der eine Stunde 25 dauern sollte, aber schon nach einer halben Stunde völlig anders verlief als geplant. Plötzlich tauchte in der Wade ein Stechen auf, das mir das Laufen schwer machte. „Super", dachte ich. Mir reichte eigentlich voll und ganz das Ziehen im Oberschenkel. Bei einer kurzen Pause hoffte ich, den Schmerz wegdehnen zu können. So simpel lag der Fall aber nicht. Nach ein paar Hundert Metern musste ich wieder stoppen und dehnen, um mich lauffähig zu machen. Aber der Schmerz wurde immer stärker und die Laufabschnitte wurden immer kürzer. Ich merkte, dass Laufen alles nur noch schlimmer machte, aber ich hatte schließlich eine Trainingseinheit zu erfüllen. Die sah vor, dass ich sich steigernde, schnelle Intervalle lief. Wo kommen wir denn da hin, wenn ich klein beigebe, nur weil die Wade zwickt? Unter heftigsten Schmerzen und mit vielen Dehnpausen erfüllte ich meine Pflicht und quälte mich nach Hause. Ich ahnte, dass ich besser frühzeitig hätte abbrechen sollen, denn zum Schmerz gesellte sich nun deutlich sichtbar eine Schwellung. Jetzt war klar, dass es sich nicht um eine Lappalie handelte: Vermutlich hatte ich mir eine Verletzung eingehandelt, die auskuriert werden musste.

Dieses Malheur leitete unfreiwillig frühzeitig die Off-Season ein. Keine zwei Wochen danach, Anfang Juli, wäre das Rennen in Roth gewesen. Das hätte ich nun wohl eh absagen müssen. Na also, passte doch alles gut zusammen in dieser merkwürdigen Saison: keine Wettkämpfe, kein Schwimmtraining, seit gut zwei Jahren Rücken-Bein-Probleme – und jetzt ein Muskelfaserriss. Davon musste ich mich erst mal ausgiebig erholen. Um die Schwellung zu lindern, schmierte Wiebke Quark auf mein Bein und verband es mit einer Binde: ein Wadenwickel.

Erst vier Monate später, nach einem Urlaub und gelegentlichen Läufen und Radausfahrten, startete ich am 2. November 2020 in mein großes Abenteuer, von dem ich nicht wusste, wie und wann es enden würde. Ist schon in ein paar Monaten Schluss? Nächstes Jahr? Nach dem verpassten Slot im Quali-Rennen in anderthalb Jahren? Oder – wie ich es mir wünschte – erst nachdem ich in Kona/Hawaii die Ziellinie überquert hatte? Ich musste mit allem rechnen, zumal mich auch mein Problem, der treue Geselle, nicht verlassen hatte – trotz Stoßwellen, einer weiteren ausgeschöpften Behandlungsmöglichkeit. Große Zwischenstation sollte die Challenge in Roth werden. Und inzwischen wusste ich auch, wo ich die Qualifikation für Hawaii versuchen wollte.

Zehn Jahre nach meiner Ironman-Premiere in Frankfurt würde ich dafür erneut in meinem „Triathlon-Wohnzimmer" am Main an den Start gehen – zum fünften Mal insgesamt. Und da ich nach der unfassbar knapp verpassten Quali dort im Jahr 2017 noch eine Rechnung mit dem Rennen offen hatte, wäre nun eine gelungene Quali am Main der umso hellere Wahnsinn. Ganz zu schweigen von einer erneuten Teilnahme auf Hawaii. In puncto „Problem" war ich weiter im Ignorier-Modus. Es war da, hinderte mich zum Glück aber weiter nicht am Training.

Am Tag vor dem großen Trainingsstart kam das fast schon traditionelle große Fressen. Noch einmal hemmungslos zugreifen und versuchen, sämtliche im Hause verfügbaren Süßigkeiten und Chips eigenmagig zu vernichten.

Unglücklicherweise kam eine Neuentdeckung hinzu, was die Alkoholvorräte betraf. Eigentlich bin ich kein Fan von harten Sachen. Hochprozentiges ist nicht meins, doch der Sommer-Urlaub in diesem Jahr in Schottland hatte mich auf den Whiskey-Geschmack gebracht. Der Gefallen daran ebbte auch nicht ab, als der Urlaub beendet war – anders, als ich das von anderen Genussmitteln aus anderen Urlauben kannte. Bei meinen Fahrradreisen hatten wir beispielsweise abends vor dem Zelt immer gerne Zigaretten aus dem jeweiligen Land geraucht. Wie man das halt so macht, wenn man als einsamer Cowboy nach einem langen und vielleicht auch gefährlichen (Fahrrad-)Ritt durch die Fremde erschöpft am Lagerfeuer sitzt. Dann wurde der rumänische oder chinesische Glimmstengel angezündet und versonnen in die Ferne und auf den anstrengenden Tag zurückgeblickt. Wie vorzüglich das mundete. Von diesen Nikotin-Köstlichkeiten musste ich, der damalige Gelegenheitsraucher, immer unbedingt ein paar Packungen mit nach Hause nehmen. Nur um dort zu erkennen, dass es sich um das vermutlich widerlichste Kraut auf Erden handelte. Aber das Urlaubsmitbringsel aus Schottland schmeckte auch daheim noch ausgezeichnet. Die Abstinenz musste ein weiteres Jahr warten, bis zum entscheidenden Trainingsjahr. Natürlich galt für diese Saison: Alkohol in Maßen, also weniger als das, was ich in den vergangenen vier Monaten praktiziert hatte. Alkohol und Naschereien hatten in dieser Zeit für ein Plus von vier Kilogramm gesorgt. Das war aber nicht schlimm, denn die würden mit dem Training schnell wieder verschwinden. Auf Chips und Schoko wollte ich ganz verzichten.

ABSTRICHE

Erste Amtshandlung als möglicher Hawaii-Qualifikant 2022: rauf auf die Rolle. Nicht gerade meine Lieblingsbeschäftigung, aber dennoch fühlte es sich ganz besonders an. Jetzt ging es richtig los mit dem Zweijahresironmanhawaiiplan. Die vergangene Saison war zum Aufwärmen gedacht, nun wollte ich den nächsten Schritt gehen. Die ersten Kilometer einer langen Reise, die mich von meiner Wahlheimat Hamburg über Roth und Frankfurt hoffentlich nach Hawaii bringen würde.

Insgesamt strampelte ich zum Einstieg eine Stunde 40. 42 Kilometer war meine virtuelle Auftaktstrecke im Keller lang. Fast 20 000 weitere Kilometer lagen noch vor mir, was ich damals natürlich noch nicht wusste. Ich hatte mich auf die vielen Rollen-Stunden vorbereitet: ein Ventilator sorgte für frischen Wind und Abkühlung, meine Hawaii-Medaille von 2017 hing direkt neben dem Fernsehgerät, später stellte ich noch ein Plakat meiner geglückten Hawaii-Quali in Hamburg hinzu, mit dem damals die Straßensperrungen für dieses Rennen angekündigt wurden. Alles Motivationshilfen!

Knappe neun Stunden trainierte ich insgesamt in meiner ersten Trainingswoche. Der Anfang war gemacht. Wohlgemerkt nur Radfahren, Laufen und Stabi. Schwimmen ging immer noch nicht und ob Roth und all die anderen Rennen überhaupt würden stattfinden können, war auch noch fraglich.

Ende des Jahres sollte ich längere Läufe absolvieren und ich war sehr gespannt, wie meine Beine das finden und wegstecken würden. Das Ziehen war weiter da, aber selbst der Lauf über eine Stunde und 40 Minuten löste in den Beinen keine Katastrophe aus. Deshalb wurde ich optimistischer. Die Grenze, bis zu der das Laufen für mich erträglich war, lag nun nicht mehr nur bei einer Stunde. Vielleicht war ich auf dem richtigen Weg. Der hatte mich mittlerweile nämlich auch zu einer Physiotherapeutin geführt, die mit mir Pilates-Training machte: Stabilisierung und Kräftigung insbesondere der tieferliegenden Muskulatur.

Die Läufe waren jetzt lang, aber ruhig, nur zwischendurch oder am Ende sollten kleinere Steigerungen eingebaut werden – langsam sollte der Körper an größere Aufgaben herangeführt werden. Vermehrt hatte mein Coach Nils dazu hochintensive Einheiten eingebaut. Beim Radeln bedeutete das mehrfach hintereinander kurze Sprints, bei denen ich alles geben musste. Wirklich alles. Beim Laufen auch, nur dass ich dabei manchmal das Gesicht leicht verzog, weil ich keinen schnellen Schritt ohne das „Problem" machen konnte.

Hier sollte ich Anfang Januar ein neues Level erreichen: Zwei Stunden standen in meinem Plan, was konditionell und vom Tempo her kein Problem war. Aber die Beine ...! Die winzigen Komplettaussetzer waren zurück und das linke täuschte drei oder vier Mal an, dass es einknicken würde. Danach kam – willkommen zurück – das Ziehen im hinteren Oberschenkel hinzu. Erfreulich war einzig, dass ich kein langes Rumoren und Pochen im Nachgang zu erleiden hatte. Ich hielt fest: Mittlerweile war ein Zwei-Stunden-Lauf durchaus möglich, wenn auch mit ein paar Abstrichen. Selbst dafür war ich inzwischen dankbar!

Dafür ging mir Corona immer mehr auf die Nerven. Nun tobte das Virus schon seit einem Jahr und hatte immer noch nicht genug. Von Normalität keine Spur, mit Folgen für die Wettkämpfe. Meine geplanten Vorbereitungsrennen über die Mitteldistanz – erst in Schleswig, dann in Hannover – fielen aus. Vieles andere, was mit Sport zu tun hatte, wurde terminlich ganz weit nach hinten verschoben, in der Hoffnung, dass sich die Lage bis dahin verbessern würde.

Das betraf auch Roth: Von Anfang Juli rutschte es ganze drei Monate nach hinten, auf Anfang September. „Och nö", dachte ich. Mein Plan war ein ganz anderer gewesen: Ich wollte die Challenge genießen und erfolgreich hinter mich bringen und ab Juli für den großen Rest des Sommers meine Freizeit auf dem SUP-Board, am Strand oder im Garten verbringen; mit so viel Tria-Training wie nötig, aber mehr nicht. Corona hatte diesen genialen Plan durchkreuzt.

Da ich aber ohnehin nichts daran ändern konnte, versuchte ich, die Sache positiv zu sehen. Wenn ich bis September durchziehen müsste, würde die Off-Season nach Roth und vor der entscheidenden Saison notgedrungen sehr kurz ausfallen: statt drei oder vier Monate nur noch eineinhalb. Das wiederum bedeutete, dass meine Form keine Zeit haben würde, sonderlich tief in den Keller zu rauschen, sondern weitgehend erhalten bleiben dürfte. Das könnte helfen, schneller auf ein gutes Leistungs-Level zu kommen und die Chance auf eine Quali zu erhöhen. Ich musste mich „nur" von einem entspannten Sommer verabschieden.

Es wurde März und mein Problem und ich feierten unser Dreijähriges. Ich konnte nicht fassen, dass es sich so hartnäckig hielt. Aber ich bekam den Tipp, dass es eine Personal-Trainerin gab, die auch Physiotherapeutin war, und mir vielleicht helfen konnte. Die Pilates-Stunden nahm ich weiterhin, aber wenn ich den Weg zur Schmerzlosigkeit beschleunigen konnte, dann wollte ich es nicht unversucht lassen. Doch ihre Übungen lösten genau die Schmerzen aus, die sie bekämpfen sollten. Und wenn mich schon mein „Problem" nicht verlassen wollte, konnte ich mich wenigstens von einer trennen: der Personal-Trainerin. „Bleib geduldig", beschwor ich mich selbst.

Geduld brauchte ich auch, was das Schwimmtraining anging. Die Bäder hatten noch immer geschlossen. Deshalb entschied ich, meine erste Einheit im Frühjahr, nach einer Ewigkeit ohne

Wasserkontakt (von der heimischen Dusche mal abgesehen), in einem kleinen See bei mir um die Ecke zu wagen. Ich zog mir den Neo an und stapfte ins zehn Grad kalte Wasser. Es musste sein, wenn auch nur kurz. Sehr kurz! Ich freute mich, ein paar echte Kraulzüge machen zu können, statt nur im Wohnzimmer am Seil zu ziehen. 43 Sekunden zeigte mir meine Uhr am Ende an und ich hatte 22 Meter zurückgelegt. Okay, das war verdammt wenig, aber nach so langer Schwimmabstinenz war es sicher klug, nicht gleich beim ersten Schwimmen zu überdrehen. Weitere zwei Monate dauerte die Schwimmpause, bis ab Ende Mai die Schwimmbäder wieder öffneten. Nach mehr als einem Jahr endlich wieder regelmäßig ins Wasser. Also noch mal Vollgas, um im Kanal im schönen Frankenland in Roth einigermaßen zu bestehen.

Im September war es so weit: Ein richtiger Triathlon! In Roth! Wegen der Corona-Auflagen aber in abgespeckter Version mit weniger Teilnehmern und weniger Zuschauern, damit sich die Menschen nicht zu nahe kommen konnten und sich so womöglich gegenseitig ansteckten. Und noch etwas hatte die Pandemie auf dem Gewissen: den Solarer Berg. Ich war wirklich sehr sauer auf Corona. Es hatte großen Schaden angerichtet, und nun auch noch dieses Highlight kaputt gemacht. Dort soll sonst immer Tour de France-Feeling herrschen, die Menschen dicht gedrängt auf der Straße stehen und erst im letzten Moment einen Schritt zurückweichen, um den Radlern ein kleines bisschen Platz zum Durchfahren zu gewähren. All das unter ohrenbetäubendem Lärm. Ich konnte nur erahnen, wie sich das anfühlt und hätte es gerne erlebt.

Also gut, verschob ich das halt auf später. Falls ich dann noch aktiv sein sollte. Ich konnte mir gut vorstellen, nach genau zehn Jahren entweder in Frankfurt oder auf Hawaii Schluss zu machen. Vielleicht hatte der Orthopäde recht und die lange Strecke war gar nicht gut für meine Gesundheit. Dann eben die Karriere beenden, aber bitte mit einem Feuerwerk. Genau das drohte bei den letzten Trainingseinheiten kurz vor Roth aber zum Rohrkrepierer zu werden: Beim Laufen hatte ich nach zwei Stunden große Probleme. Der untere Rücken schmerzte und brauchte eine Pause, in der ich ihn und die Beine dehnen musste, um weiterlaufen zu können. Das hinterließ kein gutes Gefühl bei der Abfahrt nach Franken. Konnte das gut gehen?

Ich war nervös, aber glückselig, als ich mit all den anderen Neopren-Uniformierten am Ufer des Kanals stand und wir auf dem Weg ins Wasser beklatscht wurden. Das Feuchte in meinem Gesicht waren vermutlich Regentropfen, an diesem wolkenlosen, milden Rennmorgen – und keine Tränen der Freude und Rührung. Oder etwa doch? Ein Fragezeichen stand mir aber groß ins Gesicht geschrieben: Was wird heute aus dem Rücken-Bein-Problem? Das Worst-Case-Szenario wäre, so große Schmerzen zu bekommen, dass ich aufgeben musste. Darüber durfte ich nicht weiter nachdenken, sondern musste den positiven Gedanken Platz machen. Also freute ich mich darüber, dass dieser Wettkampf möglich war, dass die Helferinnen und Helfer so unfassbar freundlich waren und das Wetter mitspielte. Jetzt erst mal das Schwimmen.

Trotz des spärlichen Trainings im Wasser fühlte ich mich richtig gut, glitt nach dem Startschuss gefühlt geschmeidig dahin und dachte: „Wahnsinn, ich habe trotz der langen Pause eine gute Schwimmtechnik und wenn ich nicht völlig danebenliege, bin ich am Ende nicht weit entfernt von der magischen Marke von einer Stunde. Vielleicht sogar erstmals darunter? Na gut, das wäre wohl vermessen, lass es eine Stunde 03 sein. Höchstens 1:05, langsamer bestimmt nicht. Yeah!"

Als ich an diesem herrlich sonnigen Morgen aus dem Wasser kam, lugte ich schnell auf meine Uhr ... und erschrak: Ups, wieso stand da eine 1:11? Wie war das möglich? Das wäre die langsamste Schwimmzeit aller meiner bisher sieben Langdistanzen. Komisch. Hinterher sah ich allerdings auch, dass ich mehr als 3 900 Meter geschwommen war, das bedeutet ein Tempo von einer Minute 49 auf 100 Meter. Eigentlich gar nicht so übel, wenn auch nicht annähernd in dem Bereich, in dem ich mich wähnte. Selbsteinschätzung beim Schwimmen: Miserabel!

Das Radfahren war die pure Freude. Eine Strecke, wie ich sie mag, mit viel Rauf und Runter, viel Grün und schönen Ortsdurchfahrten. Vor allem lief alles glatt, ohne Defekt, und ich war geradezu begeistert davon, dass ich die Aeroposition – also mit dem Oberkörper quasi auf dem Lenker liegend – fast die komplette Zeit über halten konnte. Und das, obwohl ich im Training nicht viele längere Radausfahrten in dieser Position unternommen hatte. Mit dem Ergebnis war ich auch halbwegs zufrieden: Das Durchschnittstempo lag bei 34 Kilometern pro Stunde und ich brauchte insgesamt 4 Stunden 53. Auf den ersten Blick eine Wahnsinnszeit, doch die Strecke war deutlich kürzer als normal, nämlich nur knapp 170 Kilometer.

Ab zum Laufen. Von einem Ziehen in den Beinen war erst mal nichts zu spüren, dafür schmerzte es an ganz anderer Stelle: am Fuß. Ich hatte mich an eine goldene Triathlon-Regel nicht gehalten und bekam jetzt die Quittung. Die Regel lautet: Ändere niemals irgendetwas kurz vor dem Wettkampf. Nicht plötzlich die Ernährung umstellen, im Rennen kein neues Kohlenhydrat-Gel ausprobieren, keinen nigelnagelneuen Rennsuit oder neue Schuhe. Das habe ich alles nicht gemacht, aber ein paar Tage vor Roth hatte ich elastische Schnürsenkel eingefädelt, um blitzschnell in die Schuhe gleiten zu können. Mir schwante schon auf den ersten Kilometern, dass die Schnürung viel zu eng geraten war. Der linke Zeh und der Fußballen wurden taub, richtig taub, ich spürte dort nichts mehr außer einem Schmerz. Anhalten ging nicht, wenn ich keine wichtigen Sekunden verlieren wollte. Also lief ich weiter mit diesem äußerst unangenehmen Gefühl und sagte mir immer wieder: „Geht schon, das hältst du aus." Erst nach exakt 20 Kilometern hielt ich es dann doch nicht mehr aus, lockerte die Fesselung und lief weiter.

Mir war zum Glück wohl eingefallen, dass es hier keineswegs auf jede Sekunde ankam. Das tat gut, der Schmerz ließ nach, aber der Fuß blieb in Teilen völlig taub – übrigens noch ein paar Tage lang.

Nach dem Lockern der Schnürsenkel horchte ich in mich hinein: Was machten Rücken und Beine? Die hatte ich noch gar nicht bemerkt. Ein heftiger Schmerz, der in den Füßen – lenkt vom weniger heftigen – dem in der Etage darüber – ab, das kennt man ja. Aber ein Rücken-Bein-Problem hatte ich heute definitiv nicht. Ich lief ohne einen Mucks von meinem langjährigen Begleiter den Kanal entlang, durch den Wald, durch Roth und bis nach Büchenbach. Und stellte fest, dass meine Beine kein Monopol aufs Ziehen haben. Das können auch Laufstrecken. Es war meine Roth-Premiere, deshalb wusste ich nicht, wie lange sich der sanfte, aber bei fortgeschrittener Marathon-Distanz fiese Anstieg hinzog. Er schien kein Ende zu nehmen. Das zehrte an meinen Nerven. Als mir jemand, der mich erkannte, zurief: „Alles okay, Thorsten?", ließ ich mich zu der entnervten Gegenfrage hinreißen: „Wann kommt denn dieser scheiß Wendepunkt in Büchenbach? Ich will zurück Richtung Ziel." Aber auch der längste Anstieg geht irgendwann vorbei und der Weg zurück, leicht abschüssig, fiel mir schon leichter. Ich erreichte ausgepowert das Einlaufstadion, drehte glücklich meine Ehrenrunde und lief nach neun Stunden und 55 Minuten ins Ziel. Marathonzeit drei Stunden 40. Richtig gut für meine Verhältnisse! Damit war ich zufrieden. Jetzt musste ich mich erst mal hinsetzen, durchpusten, ausruhen, ein alkoholfreies Bierchen trinken und mit einem Lächeln alles runterfahren. Aufstehen war danach eine fast unlösbare Aufgabe. Die Beine schmerzten, aber es war nicht das Ziehen der vergangenen dreieinhalb Jahre. Es war der typische Muskelschmerz nach einem anstrengenden Marathon. Die Beine wollten mir sagen: „Schröder, wir haben gerade harte Arbeit geleistet, jetzt lass uns mal in Ruhe." Nichts anderes hatte ich vor, allerdings musste ich mich erst zum Haus meiner Gastfamilie schleppen. Es war mühsam und schmerzhaft, aber ich habe auch das geschafft.

Am nächsten Morgen gesellte sich zum Muskelkater noch Heiserkeit. Mir ist es ein Rätsel, warum das so war. Ich klang, als hätte ich die Nacht durchgesoffen oder hintereinander drei Fußballspiele lang meine Mannschaft angefeuert. Dabei hatte ich abends zur Feier des schönen Tages nur ein Glas Wein getrunken. Was nach wie vor verschwunden blieb, waren die Rücken-Bein-Probleme. Es war geradezu magisch, dass vom unangenehmen Ziehen der vergangenen dreieinhalb Jahre rein gar nichts mehr zu spüren war. Nicht im Rennen, nicht am Tag danach und auch nicht in den folgenden Wochen und Monaten. Bislang ist es nicht wieder aufgetaucht, sondern hoffentlich für immer verschwunden. War das irgendein Zauber von Roth? War es Wiebkes osteopathische Behandlung am Tag vor dem Rennen? Oder zeigte sich just am Renntag eine ungeahnte Langzeitwirkung der vielen Behandlungsversuche? Es wird wohl für immer im Unklaren bleiben. Der Grund war mir letztlich egal, das Ergebnis zählte.

Nach dem Rennen war ich euphorisch. Vielleicht sogar ein bisschen high. Denn wie sonst ist es zu erklären, dass ich gleich am folgenden Wochenende am liebsten den Marathon in Hamburg mitgelaufen wäre? Ich konnte kaum die Füße stillhalten, wusste aber, dass es vernünftiger war zu pausieren. Allerdings nur kurz, denn dies war die erste Off-Season, in der ich weiter in Bewegung blieb und nicht auf null runterfahren wollte. Nils durfte mir kleine Trainingseinheiten aufschreiben und ich hielt mich dran. So kannte ich mich gar nicht, aber ich hatte einen Traum, für den ich einiges in Kauf nehmen und schlechte Gewohnheiten aufgeben wollte. So war das Durchschnaufen nur kurz, um am 1. November 2021 ins letzte, entscheidende Jahr zu gehen.

TRAININGSCAMP DAHEIM

Ich hatte zwei Trainingslager im Januar und März auf Fuerteventura geplant, dazu eines im Juni im Harz für den Feinschliff. Ende Mai der Testwettkampf über die Mitteldistanz in Hamburg, die Standortbestimmung. Ende Juni der große Tag: der Ironman Frankfurt. Und wenn es dort wieder nicht klappen würde? Dann wollte ich es diesmal dabei belassen. Kein Back-up, kein zweiter Versuch, ich wollte es so akzeptieren wie es ist, dann eben kein Hawaii. Ich war schon einmal dort, deshalb musste ich nicht mit aller Macht noch einmal hin, zumal es vielleicht an den damals drei Wettkämpfen in kurzer Zeit und dem miserablen Abtrainieren lag, dass ich solche Rücken-Bein-Probleme hatte.

Ich überlegte, ob ich beim Material weiter aufrüsten sollte, um eine Chance zu haben. Brauchte ich ein neues, besseres Rad? Meines war sechs Jahre alt, vielleicht wäre ein neues Bike noch leichter und noch aerodynamischer – und es hätte eine Scheibenbremse. Mit der Felgenbremse an meinem Rad gehörte ich zu den Dinosauriern. Ich war einer, der mit einem gefühlten Oldtimer durch die Gegend fuhr. Doch an einer Felgenbremse würde die Quali schon nicht scheitern. Never change a winning bike. Auch an der mentalen Stärke sollte es nicht liegen, hoffte ich, denn die wurde Anfang 2022 auf eine harte Probe gestellt. Ich sage nur: Rollentraining.

Nach den ersten Trainingswochen im norddeutschen Herbst und Winter wollte ich mir eigentlich unter der Sonne Fuerteventuras einen ersten kräftigen Leistungsschub verpassen, im Trainingscamp. Reisen war möglich. Aber war es auch klug? Corona war immer noch da und ich überlegte hin und her. Die Inzidenz auf der Insel war sehr hoch. Konnte ich es mit meinem Gewissen vereinbaren, dorthin zu fliegen? Ich war ganz und gar nicht scharf darauf, mir das Virus einzufangen, denn die Folgen waren nicht abzusehen. Gerade als Sportler wollte ich alles vermeiden, was auf Herz und Lunge gehen könnte. Als Mitglied im „Team Vorsicht" würde ich überall, auch am umkämpften Büfett, zwar versuchen, Abstand zu halten. Aber ich könnte mir dennoch das Virus einfangen und mit nach Deutschland bringen. Ich entschied mich schweren Herzens für ein Trainingscamp daheim. Bitter! Ich versuchte, der Absage etwas Positives abzugewinnen: Ich sparte Geld, mein ökologischer Fußabdruck wurde nicht noch riesiger als er eh schon ist, und ich verlor keine Zeit am Flughafen und im Flugzeug, die ich schon ins Training stecken könnte. Trainingscamp von Anfang an!

Der große Nachteil war allerdings auch klar: das Hamburger Schietwetter im Januar. Statt Radausfahrten in der Sonne also Rollentraining im Keller. Motivierend war das nicht. Statt Schwimmen unter freiem Himmel, nun Schwimmen wie gehabt im Fitnesscenter. Motivierend war das nicht. Statt Läufen in kurzer Kleidung zum Leuchtturm mit Blick übers Meer, weitere Läufe in dicken Klamotten im altbekannten Alstertal oder am schon zigfach umrundeten Flughafen. Dort konnte ich wehmütig den Flugzeugen hinterhergucken, die in die Sonne abdüsen. Motivierend war auch das nicht. Aber ich versuchte, das Beste daraus zu machen. Wichtig war: Ich musste mich darauf einlassen, dass ich in einem Camp war. Ich musste es simulieren und durfte nicht auf die Idee kommen, nebenbei den Dachboden auszubauen oder den Keller zu streichen. Weil ich das auf Fuerte auch nicht machen könnte. Volle Konzentration auf den Sport.

Dafür, dass die Umstände nicht gerade eine Riesenmotivation waren, lief es ganz gut: Ungefähr 40 Stunden trainierte ich in den zehn Tagen, und dazu gehörten zum Ende hin auch zwei Einheiten, die die Psyche ganz besonders herausforderten: jeweils vier Stunden Treten auf der Rolle. Mit einem Hörbuch und Fernsehgucken bekam ich die Zeit ganz gut rum. Das lenkte von den Gedanken ab, dass ich diese Tour anderswo auch unter freiem Himmel hätte absolvieren können – mit wohligen Sonnenstrahlen auf der Haut. Zehn Tage Trainingscamp daheim waren eine interessante Erfahrung, die kein Mensch braucht. Deshalb war ich umso glücklicher, zwei Monate später doch noch nach Fuerte zu kommen. Die Corona-Inzidenz war derweil kräftig gesunken, sodass ich den Trip wagte. Noch einmal zehn Tage intensives Training. Nach der Januar-Erfahrung mit ganz besonders viel Spaß!

Was die Camps gebracht hatten, zeigte sich beim Halbmarathon Ende April in Hamburg. Eine Stunde 28 Minuten und 07 Sekunden brauchte ich für die Strecke und war baff. Ich hatte zwar gehofft, mit ganz viel Glück und letzter Kraft knapp unter 1:30 zu bleiben, aber dass ich für meine Verhältnisse so schnell über den Asphalt rase und ein Tempo von 4 Minuten 09 pro Kilometer hinlegen kann, hätte ich nicht erwartet. Ich glaubte eigentlich, nie wieder auch nur ansatzweise an meinen Halbmarathon von 2017 heranzukommen. Damals hatte ich mich gerade erstmals für Hawaii qualifiziert, war in Topform, und lief mit einer Pace von 4:07. Und jetzt das! Das gab eine Menge Selbstvertrauen. Beim Laufen war ich offenbar auf einem guten Weg und hoffte, dass sich das beim Testtriathlon Ende Mai in den Hamburger Vier- und Marschlanden bestätigte.

Es wurde ein Test nicht nur für das Leistungsvermögen, sondern auch für die Wetterfestigkeit. Bei 13 Grad Außentemperatur liefen wir vom kleinen Strand aus ins Wasser, und ich freute mich, dass es darin vergleichsweise wohlig warm war: Immerhin 15,7 Grad wurden gemessen. Sechs, sieben Grad mehr wären mir noch lieber gewesen. Noch dazu regnete es während des Rennens immer wieder, manchmal sogar heftig. Mit anderen Worten: ein Wetter, wie nicht gemacht für mich und eine Mitteldistanz. Ich hasse frieren – und das nicht erst seit meinem eiskalten Radfahren beim Ironman in Frankfurt 2012 und dem nicht minder schrecklichen, aber wenigstens kürzeren Vorbereitungsrennen kurz davor in Darmstadt.

Nach dem Schwimmen zog ich mir nach Zwiebelschalenmanier diverse wärmende Kleidungsstücke an, bis ich sicher war, warm genug eingepackt zu sein, um über die Radstrecke zu kommen. Die meisten anderen hatten ihre Wechselzeit im Sinn, ich mein Wohlbefinden. Nach dem Rennen wusste ich, dass das genau richtig gewesen war: Einige Sportlerinnen und Sportler hatten unterkühlt aufgeben müssen. Andere zitterten am ganzen Leib und meckerten, wie bitterkalt es auf dem Rad gewesen war. Ein Hoch auf meine textilen Schlechtwetterlagen!

Auch wenn mir die Wechselzeiten egal gewesen waren – wie schnell ich in den Teildisziplinen unterwegs war, interessierte mich durchaus. Sehr sogar. Das Schwimmen wusste ich aber nicht recht einzuordnen. Auch, weil ich leider vergaß, meine Uhr mitlaufen zu lassen: Gut 35 Minuten habe ich wohl im Wasser verbracht, und wenn es wirklich die offiziellen 2 000 Schwimmmeter waren, wäre das Tempo von dann 1:46 auf 100 Meter zwar keine Glanzleistung, aber in Ordnung gewesen.

Mit dem Rad bin ich mit 36,1 km/h im Schnitt durch Regen und Pfützen gefahren, was nicht die erhoffte Zeit ergab. Allerdings muss ich davon meinen ziemlich verdreckten Antrieb sowie meine zu große Regenjacke abziehen, die sich im Gegenwind wie ein Segel aufblähte. Beides kostete ein paar Sekunden oder gar Minuten.

Zufrieden war ich wieder mit dem Lauf: Bei vier Minuten 23 lag meine Pace im Schnitt auf den etwa 20 Kilometern. Top! Alles in allem: keine überragende Leistung, aber einen Monat vor dem entscheidenden Rennen ein gutes Fundament. Das sollte weiter gestärkt werden mit fünf Tagen Gas geben im Harz. Auf nach

Wolfshagen, wo ich mir ja schon einmal erfolgreich den letzten Schliff für die Hawaii-Quali geholt habe.

Danach fühlte ich mich gut gerüstet und fit für den großen Tag, für die Prüfung, auf die ich mich so lange vorbereitet hatte. Gut anderthalb Jahre hatte ich fast jeden Tag trainiert, Ruhetage waren ebenso die Ausnahme wie andere Gründe, keinen Sport zu machen. Fast jede geplante Einheit hatte ich absolvieren können. Der Wille und die Disziplin waren da, und wenn das Ziel noch dazu so viel verheißt, dann machte ich es gerne – auch wenn die Wochen und Monate anspruchsvoll, fordernd und manchmal auch anstrengend waren. Hawaii ist es wert, das wusste ich ja auch aus eigener Erfahrung. Und das Erreichen der vielen kleineren Ziele auf dem Weg dorthin auch. Seit sich mein „Problem" nach Roth verabschiedet hatte, war ich verschont geblieben von Verletzungen und ich war sehr dankbar, dass ich schmerzfrei Sport machen konnte.

AUFHOLJAGD

Dann war es so weit. Jetzt galt es, all das ins Wasser und auf den Asphalt zu bringen, was ich trainiert hatte. Jetzt würde sich entscheiden, ob sich mein Traum von einer zweiten Teilnahme am WM-Rennen auf Hawaii erfüllt. Ich fand, ich hatte alles getan, was ich tun konnte. Ich wusste aber auch: Ohne Wiebkes Unterstützung hätte ich wohl verzweifelt aufgegeben. Wieder hatte sie mir besonders in den stressigen zwei bis drei Monaten vor der Langdistanz den Rücken freigehalten und mir mein Training ermöglicht.

Natürlich war ich nervös, wie immer. Schlief in der Nacht vorher zwar schnell ein, wachte aber schnell wieder auf, dann wieder ein und wieder auf. Schlafen in Etappen. Wie meistens. Ich glaube, ich kam letztlich auf drei bis vier Stunden – was völlig ausreichend war, wie ich inzwischen wusste. Um Viertel nach drei klingelte der Wecker, so früh wie bisher noch nie bei einem Langdistanz-Rennen, aber es ging ja auch schon um 6 Uhr 35 auf die Strecke. Der Tag der Entscheidung war gekommen.

Wettertechnisch war er das Gegenteil vom Hamburger Mitteldistanz-Rennen. Statt 13 zeigte das Thermometer 30 Grad. An den Tagen zuvor war es sogar noch heißer gewesen, 36 Grad. Deshalb hatte ich Sorge, ich müsste bei Bullenhitze um den Hawaii-Slot kämpfen. Ja, ich weiß: mal zu kalt, mal zu warm – das Wetter kann es mir einfach nicht recht machen. Die Extreme liegen mir nun mal nicht so.

Und noch etwas ist bei solchen Temperaturen gefährlich, zumindest für mich: Ab einer Wassertemperatur von 24,5 Grad gilt ein Neoprenverbot. Nicht so gute Schwimmer hassen das. Also ich. Doch am Rennmorgen kam die erlösende Durchsage, dass 24,3 Grad gemessen wurden. Das war knapp. Hörte ich da ein lautes erleichtertes Seufzen auch bei vielen anderen?

Für eine schlechte Schwimmzeit gab es nun keine Ausrede mehr. Ich musste mit meiner Leistung klarkommen, so unzufrieden ich am Ende damit auch sein würde. Nach anderthalb Kilometern gab es für uns zunächst einen kurzen Landgang. Kaum hatte ich festen Boden unter den Füßen, schaute ich auf die Uhr und sah, dass ich bisher 35 Minuten gebraucht hatte. Das war viel zu lang. Allerdings hatte ich noch einiges vor mir, da ging noch was. Tatsächlich kam ich auf der zweiten Hälfte besser voran, so fühlte es sich zumindest an. Das Feld hatte sich zudem auseinandergezogen und ich konnte weitgehend ungehindert schwimmen und mich orientieren. Sehr viel schneller war ich dennoch nicht unterwegs gewesen. Als ich aus dem Wasser kletterte, zeigte die Uhr eine Stunde, 11 Minuten und 52 Sekunden für die 3,8 Kilometer an. Das sind 1:54 Minuten auf 100 Meter und damit langsamer als beim Test einen Monat zuvor.

Dabei war ich optimistisch ins Rennen gegangen und hatte mich zum Start in der Gruppe eingeordnet, die mit einer Zeit von bis zu einer Stunde und fünf Minuten rechnete. Das hatte ich deutlich verfehlt, was für sich genommen nicht weiter schlimm gewesen wäre. Aber es bedeutete, dass ich nach dem Schwimmen auf Platz 61 in meiner Altersklasse lag. Für jemanden, der sich für Hawaii qualifizieren wollte, war das eine Katastrophe. In meiner Gruppe bekamen nur die ersten fünf einen Startplatz. Dabei kann sich allerdings selbst am Renntag noch etwas ändern. Je nachdem, wie viele Leute tatsächlich in der Altersklasse gestartet waren, könnten es auch nur vier Slots sein. „In Hamburg vor fünf Jahren war ein Platz nachträglich hinzugekommen. Warum sollte heute nicht einer nachträglich abhandenkommen?", dachte ich pessimistisch. Vorsichtshalber sollte ich also Vierter werden – 57 Positionen galt es gutzumachen. Mieser hätte es kaum losgehen können.

Doch bevor der Schock über den schlechten Start in eine „Ist doch eh schon alles verloren"-Resignation umschlagen konnte, fiel mir ein, dass es bei meiner ersten Quali in Hamburg genauso gewesen war: Nach dem Schwimmen lag ich weit hinten. Im Verlauf konnte ich mich aber ganz weit nach vorne schieben. Warum sollte das nicht noch einmal klappen? Ich wusste es zu diesem Zeitpunkt noch nicht, aber als ich mich aufs Rad setzte, hatte ich allein beim Wechseln schon jede Menge Plätze gutgemacht und war auf Rang 38 vorgeschossen.

Ab ging die wilde Radfahrt über eine landschaftlich schöne Strecke, bei der wir 1 600 Höhenmeter sammelten. Fürs Klettern hatte ich einen Tipp meines Trainers verinnerlicht: Auf keinen Fall überpacen! Kurz in den roten Bereich oberhalb meiner Schwelle von 260 Watt rutschen, das war erlaubt, mehr nicht. Sanft fahren, nicht zu heftig in die Pedale treten und die Muskeln schonen, nicht zu viel Laktat bilden, damit den Beinen nicht frühzeitig die Luft ausgeht. Lass die anderen ächzend vorbeiziehen, die holst du bei der Abfahrt wieder ein, wenn du weiter in die Pedale trittst, während die anderen die Beine hochnehmen.

Ich war von Anfang an gut im Tritt und fuhr zunächst mit fast 40 Sachen. Ich überholte permanent und wurde selbst kaum überholt. Nur wusste ich bei der Masse an Menschen nicht, wie weit ich mich damit in meiner Alterklasse nach vorne geschoben hatte. Ich machte auch dank meiner Vorgehensweise bergauf und -ab weiter Plätze gut und hatte durchgängig genug Power. Mein übliches Problem, dass mir nach etwa 120 Kilometern die Kraft schwindet, kam diesmal nicht auf. Es lief gut für mich.

Es muss etwa bei Kilometer 130 gewesen sein, da schrie mir im Vorbeiradeln ein Zuschauer zu: „Neun Minuten auf Fünf." Was sagte er da? Okay, der Mann verfolgte offenbar den Tracker auf seinem Handy und hatte gesehen, dass ich neun Minuten hinter dem Fünftplazierten lag. „Danke für den Hinweis", dachte ich, und: „Wer war das? Aber egal, auf jeden Fall ein super Service." Das war zwar ein gehöriger Rückstand, aber ich hatte noch den Marathon vor mir, da wurden die Karten neu gemischt. Und auf den restlichen 50 Radkilometern konnte ich versuchen, noch näher ranzukommen. Also weiter, immer weiter, das war mein Mantra! Ich war so gut unterwegs, dass mir immer klarer wurde: Ich hatte mich zurückgekämpft und durchaus noch eine Chance auf Hawaii. „Es ist noch nichts verloren", war nicht länger ein aufbauender Spruch, sondern eine Tatsache.

Nach 183 Kilometern – die Strecke war etwas länger als üblich – war ich zurück am Mainufer, nach fünf Stunden und drei Minuten, eine Bombenzeit für mich, denn das ist ein Tempo von exakt 36 Kilometern pro Stunde. Fast so schnell wie beim Testrennen, allerdings auf doppelt so langer Strecke und auf deutlich hügeligerem Terrain. Und ich war damit schneller als vor fünf Jahren in Frankfurt und in Hamburg. Besser ging es nicht. Was für ein Ansporn! Das gab Rückenwind für den Marathon! Aber Wievielter war ich nun und wie waren die Abstände? Ich wusste es nicht.

Ich gab das Rad in der Wechselzone ab und schlüpfte in die Laufschuhe, die heute locker geschnürt waren – ich hatte aus Roth gelernt. Später erfuhr ich, dass ich beim Start zum Laufen nur noch knapp zwei Minuten hinter dem Fünftplazierten lag, und fünfeinhalb Minuten hinter dem Vierten. Ich startete den Marathon und lief schnell an, wahrscheinlich zu schnell, aber ich war vollgepumpt mit Adrenalin und wollte endlich wenigstens auf den fünften Rang. Ich hatte richtig Bock und wollte zeigen, dass ich beim Laufen sehr gut drauf war. Nach etwa sechs Kilometern stand Wiebke an der Strecke und feuerte mich an: „Thorsten, super, weiter so!" Aber das war nicht das, was ich hören wollte. „Wie viel auf Fünf?", schnauzte ich sie an, aber ich hörte nur noch ein „Was?" hinter mir, während ich mich laufend von ihr entfernte. „Abstand zu Platz fünf", rief ich noch, aber natürlich vergebens. Und schon war es mir unangenehm und peinlich, dass ich meine Freundin zur „Begrüßung" so angeraunzt hatte. Ich war offensichtlich on fire und voll im

Rennmodus. Trotzdem wäre das nicht nötig gewesen, sie konnte gar nicht wissen, was ich von ihr wollte, und ich würde meine Info schon noch bekommen.

Mit dem Tempo, das ich vorlegte, gehörte ich bestimmt zu den Schnelleren. Und tatsächlich: „Eine Minute hinter dem Fünften, du bist schneller unterwegs als alle vor dir", hörte ich eine mir unbekannte Stimme, die mich auf den Stand der Dinge brachte. Nach knapp acht Kilometern lag meine Pace noch bei 4:33 Minuten pro Kilometer, ein viel zu hohes Tempo, das ich niemals durchhalten würde, aber es fühlte sich okay an und ich hatte Mühe, mich zu drosseln.

Und dann entschied ich mich, nicht mehr auf meine Uhr zu gucken. Ich wollte einfach so laufen wie es mir mein Gefühl sagte, und je nachdem, was mir die Zuschauer zuriefen, wo ich im Feld positioniert war. Warum ich das machte? Das fragte ich mich hinterher selbst, ich weiß es nicht. Ich vermute, weil sich das Laufen so gut anfühlte und ich es ohne Zwang und Vorgaben erleben wollte. Merkwürdig, solch ein Experiment im entscheidenden Quali-Rennen zu wagen. Aber es fühlte sich genau richtig an. Zumal mich die Temperatur von 28 Grad nicht sonderlich störte. Mein Trainer Nils, der vor Ort war, meinte hinterher: „Es war ja ganz schön drückend." Da musste ich erst mal überlegen, ob das stimmte. War es wirklich heiß gewesen? Ich hatte jede Menge Wasser über mich schütten müssen, um abzukühlen, aber ich hatte das nicht als sonderlich schlimm registriert. Es passieren merkwürdige Dinge auf einer Langdistanz.

Nach knapp zehn Kilometern am Mainufer hatte ich ihn ergattert: den fünften Platz. Das würde wahrscheinlich die Hawaii-Quali bedeuten. Wahnsinn. Ich hatte es jetzt selbst in der Hand, bei der WM dabei zu sein, der Zweijahresironmanhawaiiplan könnte aufgehen. Ich spürte, wie Freudentränen nach oben drückten und ich musste wieder streng mit mir sein und mich ermahnen. Natürlich war es für überbordende Freude viel zu früh, auch wenn ich mich gut fühlte. Vielmehr musste ich jetzt eine wichtige Frage mit mir klären: Was tun? Auf Nummer sicher gehen und mit dem fünften Platz zufrieden sein oder weiter Gas geben und Platz vier anvisieren? Ich kam zu dem Entschluss, weiter kontrolliert zügig zu laufen, und zu hoffen, dass mein Tempo höher war als das der anderen. Für Platz vier fehlten mir noch fast zwei Minuten, riefen mir die Zuschauer zu. 32 Kilometer lang hatte ich noch Zeit, um sie rauszulaufen.

Es dauerte bis Kilometer 28, dann hatte ich es geschafft: Ich war auf Platz vier vorgerückt, der Platz, auf dem ich mich sicher fühlte, den ersehnten Hawaii-Slot zu bekommen. Wieder klopften diese Freudentränen an. Wieder musste ich harsch einschreiten und mich daran erinnern, dass vor jeder Qualifeier erst einmal das Finish steht. Coach Nils wartete an der Strecke und feuerte ein Tipp-Stakkato auf mich ab: „Wenn du dich gut fühlst, kannst du den Dritten angreifen, der ist keine zwei Minuten vor dir, aber nur wenn du richtig fit bist, sonst lauf' das Ding einfach nach Hause." Ich überlegte: Dritter, dann wäre ich auf dem Podium. Hier ging es immerhin auch um den Europameistertitel. Was wäre das für ein Triumph, wenn ich nicht nur den Slot, sondern auch einen Pokal gewinnen würde? Sollte ich noch mal reinhauen? Die Versuchung war groß. Doch der Kopf siegte. Da ich zu diesem Zeitpunkt nicht mehr so schnell unterwegs war, die Kräfte schwanden und ich schmerzende Blasen an den Füßen hatte, beschloss ich, nichts zu riskieren. Was, wenn ich auf der Jagd auf Platz drei patzen würde? Das wäre eine Katastrophe, dann wäre alles weg. Besser ganz sicher dem Hawaii-Slot entgegenlaufen.

Genau das glaubte ich zu tun, als ich acht Kilometer vor dem Ziel Wiebke am Streckenrand wiedersah. Sie wirkte irgendwie entsetzt. Als ich in Hörweite vorbeilief, rief sie mir aufgeregt zu: „Du bist wieder Fünfter, du musst dich anstrengen." Fünfter? Wieso? Mein Vorsprung war vorhin doch angeblich noch so groß gewesen. Was war hier los? Ein Athlet hatte sich herangeschlichen, der deutlich später gestartet und lange nicht in der Platzierungsliste aufgetaucht war. Mist, also Gas geben. Ging da noch was? Ja, da ging noch was. Es war zum Glück kein großes Problem, das Tempo zu erhöhen und hochzuhalten. Ich war wirklich in sehr guter Laufverfassung und hatte noch Reserven, um zuzulegen.

Zuvor war ich nur deshalb relativ langsam geworden und hatte auf eine Pace von 5:33 runtergeschraubt, weil ich glaubte, nicht schneller sein zu müssen. Nun musste ich doch – und konnte so viel zulegen, dass ich bei der nächsten Messung bei Kilometer 39 wieder an vier lag. Zwar nun mit schmerzenden Beinen, aber mit einem guten Gefühl, lief ich die letzten Meter auf dem Römer über den roten Teppich dem Ziel entgegen. Nach 9 Stunden, 55 Minuten und 18 Sekunden war ich im und am Ziel. Ich hatte ihn, den Startplatz für die legendäre Weltmeisterschaft auf Hawaii. Hart erkämpft nach mehr als eineinhalb Jahren akribischer, intensiver Vorbereitung. Diesmal musste ich nicht bangen und hoffen, dass jemand auf seinen Slot verzichtet und ich als Nachrücker Glück habe. Nein, jetzt hatte ich mir meinen Hawaii-Platz souverän und ganz ohne Zittern geholt.

Dabei hatten mich kurz vor dem Rennen noch große Zweifel überkommen: War es wirklich gut, ausgerechnet Frankfurt für das Quali-Rennen zu wählen? Waren dort nicht zu viele richtig starke Leute am Start, die mir in die Quere kommen würden? Dies hier ist immerhin eine Europameisterschaft, die jedes Jahr viele starke Athleten anlockte. Hätte ich mein Quali-Rennen sorgfältiger aussuchen müssen? Allzu viele Chancen würde ich in diesem Leben sicher nicht mehr haben, mich für Hawaii zu qualifizieren. So penetrant wurden die Zweifel, dass ich mir kurz vor Frankfurt doch noch einen Plan B zurechtlegte. Der besagte, dass ich mir immer noch überlegen konnte, wenige Wochen später nach Maastricht zu fahren, wenn es mit der Quali in Frankfurt (wieder) nicht klappen sollte. Das Rennen war noch nicht ausverkauft und vielleicht wäre das Feld dort nicht ganz so stark. Natürlich war das reine Spekulation. Und hätte ich das wirklich gewollt? Mich noch einmal aufraffen, noch weiter trainieren und noch einen langen Kampf ausfechten wegen Hawaii? Ich war froh und dankbar, dass ich mir nun darüber nicht weiter den Kopf zerbrechen musste.

Ich hatte mich mit meinem Triathlon-Wohnzimmer versöhnt. Was für ein Rennen, was für eine Aufholjagd, von Platz 61 auf Platz vier. Zu verdanken hatte ich das meinem für meine Verhältnisse sehr guten Radfahren und dem großartigen Marathon. Durchschnittstempo am Ende 5:03, Zielzeit knapp 3:33 Stunden. Ich war glücklich und zufrieden. Auch, weil ich beim Bike und Run besser abgeliefert hatte als vor fünf Jahren. In meinem Alter bedeuten fünf Jahre mehr auf dem Buckel in der Regel auch einen Verlust an Leistungsfähigkeit. Bei mir traf das offensichtlich nur aufs Schwimmen zu.

Nun wollte ich aber erst mal duschen, etwas essen und trinken. Etwa 50 Meter waren es vom Zieleinlauf zum Athletes Garden, in dem wir wieder zu Kräften kommen konnten – zur Not auch mit Infusionen. Ich brauchte für den Weg recht lange, denn hier und da baten Zuschauer um Selfies, für die ich als Hawaii-Qualifikant sehr gerne posierte. Ich hätte es nicht tun oder zumindest eine Maske aufsetzen sollen. Denn ich bin sehr sicher, dass es hier passiert ist: Das Corona-Virus erwischte mich. Die kurzzeitige Nähe zu den Menschen und mein darniederliegendes Immunsystem nach fast zehn Stunden Dauersport – leichtes Spiel für das Virus, nachdem es sich so viele Monate lang die Zähne an mir ausgebissen hatte. Meine Maske lag im Rucksack im Athletes Garden. An Gefahren direkt nach dem Rennen hatte ich nicht gedacht. So holte ich mir in Frankfurt nicht nur die Medaille und den Slot, sondern auch Corona.

Das wusste ich zunächst natürlich nicht und war froh, das Rennen erfolgreich hinter mich gebracht zu haben. Jetzt konnte die Kür kommen. Auf Hawaii musste ich nichts, außer ins Ziel kommen.

Der Zweijahresironmanhawaiiplan Teil 2 war noch besser aufgegangen als seine Erstausgabe vor fünf Jahren.

Drei Tage nach dem Rennen hatte ich dann Gewissheit, dass ich eine längere Pause würde einlegen müssen: Der Corona-Test war positiv. Meine Gedanken begannen zu rasen: Wie lange würde ich positiv bleiben? Konnte ich überhaupt in Hawaii starten? Es gab Sportler, auch Triathleten, die die Folgen einer Infektion auch Monate danach noch spürten, mit Herz- und/oder Lungenproblemen, an Sport war für sie nicht zu denken. Klar, die allermeisten überstehen Covid-19 glimpflich, aber sicher konnte ich nicht sein, was das Virus bei mir anrichten würde. Zum Glück aber war ich einer der „allermeisten“: Mein Krankheitsverlauf war mild. Ein leichter Schnupfen, etwas Husten, etwas dollere Kopfschmerzen, etwas müde, schlapp und kurzatmig nach ein bisschen Bewegung wie Treppensteigen sowie ein schnell ansteigender Puls. Ich habe also nicht sonderlich gelitten. Als ich nach gut einer Woche wieder negativ war, lautete meine dringlichste Frage: Wann kann ich wieder Sport machen? Ich spürte immer noch die Kurzatmigkeit und der Puls war auch höher als üblich. Auf keinen Fall wollte ich zu früh mit dem Sport beginnen, sondern die Krankheit auskurieren. Kein Risiko eingehen, selbst wenn Hawaii dadurch gefährdet wäre. Die Gesundheit geht immer vor. Meine Hausärztin hatte ein paar Tage später schon beruhigende Nachrichten: Der Lungenfunktionstest war gut verlaufen und auch sonst konnte sie nichts finden, was sportlicher Betätigung im Wege gestanden hätte. Welch eine Erleichterung.

So legte ich fast vier Wochen nach Frankfurt langsam wieder los. Wirklich nur langsam, weil ich vor dem hemmungslosen Durchstarten auch noch die Meinung eines Kardiologen hören wollte. Als dessen Daumen ebenfalls nach oben ging, gab es für mich kein Halten mehr. Nils konnte mir gar nicht so viel aufschreiben, wie ich trainieren wollte. Die überstandene Infektion war die perfekte Motivation, um in den nächsten Wochen alles für ein gelungenes

Rennen auf Hawaii zu tun. Bester Beweis war ein ganz besonderer Tag auf der Rolle: Ich saß fünf Stunden und 50 Minuten im Keller auf dem Sattel und radelte virtuell 170 Kilometer. Dabei hätten es laut Plan „nur" fünf Stunden 40 Minuten sein müssen. Die hatte Nils auch deshalb aufgeschrieben, weil er davon ausgegangen war, dass Anfang September noch ein Open-Air-Ride möglich sei. Draußen hörte ich aber ein Krachen und Wummern, es donnerte gewaltig und regnete in Strömen. Ich verzog das Gesicht bei dem Gedanken, mit dem Tria-Bike draußen einen „long ride" zu absolvieren. Also ab auf den Heimtrainer. Dass ich so viel Sitzfleisch haben und auch der Kopf mitmachen würde, hätte ich nie und nimmer gedacht. Als ich nach der vorgegebenen Zeit 167 Kilometer geschafft hatte, blieb ich einfach sitzen und rollte weiter, weil ich eine runde Kilometerzahl erreichen wollte. Total bekloppt. Aber ein persönlicher Rekord fürs Rollentraining. Und vermutlich auch für Irrsinn. War das wirklich nötig gewesen? Mein Hintern hätte am Tag danach mit einem klaren Nein geantwortet. Machte er beim Radeln XXXL noch alles ohne Jammern mit, so weigerte er sich nun, auf jedweder Sitzfläche Platz zu nehmen, ohne schmerzhaft zu protestieren. Einen Tag lang lag ich mehr auf Stühlen, als auf ihnen zu sitzen. Zum Glück moderieren wir die Tagesschau mittlerweile im Stehen und ein Radtraining stand auch nicht im Plan!

Zehn Wochen hatte ich nach meiner Genesung insgesamt noch, um mich auf Hawaii vorzubereiten. Und auch, wenn wir noch zwei Wochen in Norwegen Urlaub machten, in denen ich kaum trainierte, fühlte ich mich gut auf Hawaii vorbereitet. Nicht nur ich hatte wieder ein Ticket nach Hawaii in der Tasche, Wiebke als meine wichtigste Unterstützerin in Training, Rennen und Alltag kam natürlich mit. Eine schöne gemeinsame Reise auf die andere Seite des Erdballs zu unternehmen, war eine tolle Belohnung für uns beide.

BACK TO KONA

Der Weg nach Hawaii war auch diesmal weit und mühsam: Nach zweimaligem Umsteigen, langen Zwischenaufenthalten an Flughäfen und ewigem Sitzen in Flugzeugen betraten wir den Boden von Kona, dem Triathleten-Traumziel. Spätabends bezogen wir unser Apartment in derselben Anlage wie vor fünf Jahren, diesmal im ersten Stock, aber ebenfalls mit Ocean View. Interessanter als selbige war nach dieser 31-stündigen Reise aber vorerst das Bett. Auch deshalb, weil die Sonne auf Hawaii wie damals schon nur unter meiner Beobachtung aufgehen sollte. Dafür stellte ich den Wecker auf 5 Uhr 15. Es war noch dunkel als er klingelte, aber ich hüpfte geradezu aus dem Bett (ich arbeite noch daran, wie sich dieser Reflex auf Tagesschau-Frühdienste übertragen lässt) und ich schmiss die Kaffeemaschine an. Mit der dampfenden Tasse setzte ich mich auf den Balkon und begrüßte den beginnenden Tag mit Blick auf den Pazifik. Einfach sinnieren, genießen und wirken lassen. Mein Kontrastprogramm zu dem, was ich in genau einer Woche durchmachen würde. Einen schöneren Tagesbeginn konnte ich mir nicht vorstellen. Veredelt habe ich diesen Einstieg in den Tag, indem ich anschließend zum Dig Me Beach fuhr, um mit den anderen Athleten im warmen, salzigen Meerwasser zu schwimmen, inklusive Abstecher zum berühmten Coffee Boat. Selbstverständlich bekam Hawaii-Jochen wieder ein Foto von mir mit Espresso-Pappbecher in der Hand und mit dem Boot im Hintergrund. Auch wegen dieser Erlebnisse am Morgen war ich wieder hierhergekommen, ich hatte mich nach Momenten wie diesen gesehnt. Wäre es nicht die WM gewesen, hätte ich wohl vergessen, dass ja auch noch ein Rennen anstand. Eine Woche hatte ich mir Zeit gegeben, mich dafür zu akklimatisieren. Gewöhnen an die Hitze, an die Luftfeuchtigkeit. Dieses Mal würde mich das Wetter nicht überraschen können, glaubte ich. Bei meiner Premiere war ich mit den Bedingungen nur leidlich zurechtgekommen und erstaunt, dass ich beim Marathon trotzdem nur 3 Stunden 50 gelaufen war. Angefühlt hatte es sich wie fünf Stunden. Ich war gefeit und guter Dinge, diesmal besser mit den Widrigkeiten zurechtzukommen.

Auch diesmal war mein Grundziel, überhaupt zu finishen, das würde mir als Belohnung reichen. Ich wollte vor allem die Atmosphäre genießen, die Tage vor dem Rennen, die spezielle Energie, wenn Triathletinnen und Triathleten Kona und Umgebung bevölkern. Weltmeister würde ich auch diesmal nicht werden, das war mir völlig klar. Andererseits: Warum eigentlich nicht? Wer weiß, was passieren würde, wenn ich mehr wagte und nicht zu vorsichtig wäre? Versuchen könnte ich es, auch wenn ich das Klima nicht gerade liebe. Mein Trainer hatte mir vor Abflug noch einen wichtigen Tipp gegeben: „Immer die Körper-Kerntemperatur unten halten, nicht überhitzen. Wenn das doch geschieht, dann kriegst du die Temperatur nicht wieder runter." Das war etwas, mit dem man arbeiten konnte. Eine Aufgabe, etwas, das ich kontrollieren konnte ... und vielleicht würde diese magische Insel Gnade mit mir haben und ihren Zauber walten lassen.

Bis dahin hieß es aber: genießen. Meine letzten Radeinheiten auf dem Queen K-Highway, die Läufe den Ali'i Drive entlang und die vielen perfekt austrainierten Sportler, die ich halb beeindruckt, halb besorgt beobachtete. Ich sog die Atmosphäre auf und fühlte mich schließlich bereit für mein Rennen, für den hoffentlich perfekten Abschluss meines intensiven Sporttreibens in den vergangenen fast zwei Jahren.

Ich war in meiner Akklimatisierungswoche immer zwischen 21 und 21 Uhr 30 ins Bett gegangen. Das ergab sich fast von selbst, denn schon gegen 18 Uhr wurde es dunkel in Kona, mein Bio-Rhythmus verschob sich entsprechend. Morgens wachte ich um kurz nach fünf nun ganz ohne Wecker auf.

Weil ich dem Rennen recht entspannt entgegenblickte, hoffte ich auch in der Nacht vor dem großen Tag auf einen ruhigen, langen Schlaf. Ich schlummerte zwar tatsächlich schnell ein, wachte allerdings auch schnell wieder auf. Diesmal aber nicht aufgrund irgendeiner unterschwelligen Nervosität. Ich hatte durch mein Ohropax hindurch Stimmen vernommen. Verdammt. Wer machte da so einen Krach in dieser wichtigen Nacht? Es war doch bisher immer still gewesen um diese Zeit, warum ausgerechnet heute nicht? Es wurde wieder ruhig, aber ich blieb unruhig. Einschlafen? Fehlanzeige. Denn mittlerweile ärgerte ich mich nicht mehr nur darüber, aufgeweckt worden zu sein, sondern ich ärgerte mich auch darüber, dass ich mich ärgerte. Einfach einen Haken dranmachen, gelang mir nicht, ich lag wach und grübelte – und sosehr ich auch versuchte, meine Gedanken davon abzulenken, klappte das nur halb. Mehrfach dämmerte ich weg und wachte wieder auf. Ein blödes Hin und Her. So ausgeruht wie vor fünf Jahren war ich also nicht, doch da ich in der Nacht vor dem Quali-Rennen in Frankfurt auch nur auf sehr wenige Stunden Schlaf gekommen war, konnte ich in puncto Schlafbedarf etwas entspannter bleiben. Ich machte mir keine Sorgen, dass meine Leistungsfähigkeit leiden würde.

Eine Leistung, die bestenfalls für mehr als ein einfaches Finish reichen würde. Wenn schon nicht Weltmeister, dann wollte ich zumindest schneller als vor fünf Jahren sein. Eine 10:55 hätte ich gerne. Das hielt ich für realistisch. Wenn alles top lief, wäre es grandios, unter 10:30 zu bleiben. Das hielt ich für noch halbwegs realistisch. Dann spukte da noch ein „Idealer als das Idealszenario"-Ziel in meinem Kopf herum: Finish unter 10 Stunden – ganz schön unrealistisch.

Also konzentrierte ich mich auf das Erreichen der realistischen Ziele und ging zwar etwas nervös, aber frohen Mutes am Dig Me Beach mit all den anderen ins Wasser. Das Schwimmen wollte ich passabel hinter mich bringen, trotz der üppigen Wellen, die den Pazifik aufwühlten.

Gefühlt kam ich im Wasser gut voran, trotz der Wellen, aber sowohl in Roth als auch in Frankfurt hatte mich mein Schwimmgefühl komplett getäuscht. Deshalb registrierte ich mein Gefühl wohlwollend, maß ihm aber nicht viel Gewicht bei. Völlig zu Recht. Am Ende brauchte ich für die Strecke eine Stunde, 18 Minuten und 44 Sekunden. Schwimmen ist wohl gerade wirklich nicht meine Disziplin, obwohl ich Spaß daran habe und mir einbilde, gar keine so schlechte Technik zu haben.

Die Schwimmzeit war aber kein Problem, denn nun folgten meine beiden starken Disziplinen. Beim Schuhe- und Sockenanziehen fürs Radfahren versuchte ich, präventiv Blasenpflaster an die Zehen zu kleben. Beim Lauf in Frankfurt hatten sich dicke Blasen vor allem unter dem rechten Fuß gebildet, sodass mir insbesondere das Kurvenlaufen höllisch wehtat. Aber wie sollte das Kleben funktionieren, wenn die Füße noch feucht waren vom Pazifikwasser? Ich hatte das schon befürchtet und vorsichtshalber in den Wechselbeutel fürs Laufen weitere Pflaster gepackt. Viele Sekunden verschwendet für nichts.

Ich fühlte mich trotzdem gut, wusste aber natürlich, dass ich unter Hawaii-Bedingungen keinen 36er-Schnitt auf dem Rad schaffen würde wie neulich in Frankfurt. Meine Hauptbeschäftigung und meine Motivation waren es, während des Radelns über die leicht hügelige Strecke Mathematikaufgaben zu lösen: Wie schnell musste ich sein, um besser als vor fünf Jahren abzuschneiden? Ab und an wanderten die Gedanken aber auch in eine andere Richtung. Wieder kam mir in den Sinn, dass ich mir niemals diese Strecke aussuchen würde, wenn ich die freie Auswahl für ein Langdistanz-Rennen hätte. Wie öde es doch war, immer geradeaus durch eine Lavawüste zu fahren, in der es keinen Schatten gab. Immerhin wehte stetig ein Wind, der allerdings kaum einmal tückisch von der Seite blies, sondern von vorn, hinten und von den Seiten für angenehme Abkühlung sorgte. Diese Strecke war nicht schön, aber legendär. Der Mythos, die Geschichte, das ist der Reiz, sich das anzutun. Und die Herausforderung, unter diesen Umständen zu bestehen.

Plötzlich musste ich mich allerdings fragen, ob mir das – und damit mein Minimalziel Finishen – gelingen würde, denn aus heiterem Himmel knarzte es vernehmlich beim Treten. Schon wieder! Hawaii schien mein Fahrrad zum „Musizieren" zu inspirieren. Ich konnte nicht genau ausmachen, von wo dieses beängstigende Geräusch kam. Aber da es nur beim Treten, nicht beim Rollen zu hören war, konnte es sein, dass es das Tretlager war. Au weia! Ich hatte gerade kein heiles in meinem Werkzeugtäschchen dabei. Wäre der Technik-Servicewagen so gut ausgestattet, dass die Mechaniker würden helfen können? Ich wollte eigentlich nicht nach schlappen 50 Kilometern aufgeben müssen. Die restlichen 130 Kilometer lang das Rad zu schieben, wäre machbar, aber ich würde die zulässige Gesamtzeit definitiv überschreiten. Vermutlich um zwei bis drei Tage. Wenn ich mich beeilte. Es war merkwürdig: Das Knarzen hörte nicht auf. 30 Kilometer lang nervte und verunsicherte es mich. Dann war es so schnell verschwunden, wie es gekommen war. Genau wie 2017. Was war das bloß? Egal. Ich radelte weiter über die lang gezogene Strecke fast ohne Kurven, ohne Grün, ohne Schatten.

Meine Rechenkünste hatten ergeben, dass ich zeitlich auf Kurs war. Ich konnte mir sogar etwas erlauben, das ich noch nie gemacht hatte: An den letzten Verpflegungsstationen schnappte ich mir nicht etwa im Vorbeifahren Trinkflaschen und Gels, sondern ich nahm mir Zeit, hielt an und schüttete mir ausgiebig Wasser über Kopf und Körper. Kerntemperatur niedrig halten. So angenehm der Wind war, so sehr brannte die Sonne trotzdem ungehindert auf mich herab und versuchte, mich mürbe zu machen. Die Abkühlung tat so irre gut, ich wäre am liebsten noch länger geblieben, aber ich musste weiter.

Mit einer klar besseren Radzeit als bei meiner Premiere kam ich ins Ziel und kämpfte in der Wechselzone wieder damit, die Blasenpflaster anzubringen. Die Füße in den Socken waren immer noch (oder schon wieder) feucht, denn ich hatte mich ja mit literweise Wasser übergossen. Ich pfriemelte minutenlang an meinen Zehen herum, um die Pflaster halbwegs zu befestigen und handelte mir damit eine miserable Wechselzeit ein. Das machte aber nicht so viel, denn ich lag immer noch gut in meinem persönlichen Rennen. Allerdings musste ich mich nun damit anfreunden, dass ich definitiv nicht unter zehn Stunden 30 bleiben würde. Es blieben noch Ziel eins, finishen, und zwei, schneller als 2017 sein. Ich rechnete aus, dass mir selbst nach meinem Pflasterpfusch ein Marathon von 3 Stunden und 50 Minuten für mein Zweitziel reichen würde. Und 3:50, das war für mich locker zu schaffen, dachte ich. Ich könnte mir im Vergleich zu Frankfurt 20 Minuten mehr Zeit lassen.

Ich wollte den Marathon kontrolliert angehen, bloß nicht so schnell losrennen wie am Main. Unter hawaiianischen Bedingungen könnte das böse enden. Vor allem frühzeitig. Ich hatte das Tempo im Griff. Nach anfänglichen 5 Minuten 06 pro Kilometer rutschte ich in eine Richtung, die ich mir als Gesamt-Durchschnittstempo gut vorstellen konnte: etwa 5:15. Aber „gelang" mir dieses Pacing, weil ich mich so gut im Griff hatte oder weil ich gar nicht schneller laufen konnte?

Ich kam einer wichtigen Schwelle immer näher. Vor fünf Jahren hätte ich am liebsten nach fünf Kilometern Schluss gemacht, weil ich unter der sengenden Sonne am Ende meiner Kräfte angelangt schien. Das war diesmal anders. Ich lief auch nach fünf Kilometern munter weiter und jubelte innerlich. Auch als es nach etwa zwölf Kilometern aus der belebten Gegend am Ali'i Drive raus auf den einsamen Highway ging, war ich noch recht gut beisammen. Wenn ich damals 3:50 geschafft hatte, dann diesmal doch wohl erst recht. Ich lief in meinem Trott - und würden nur die Strecken zwischen den Verpflegungsstationen berechnet, wäre alles wunderbar gewesen. Aber bei der Verpflegung und Abkühlung verlor ich eine Menge Zeit, und zwar immer mehr. Ging ich anfangs noch die Stationen entlang, um mich zu erfrischen, zu essen und zu trinken, so blieb ich immer länger stehen, brauchte vor allem immer mehr Kühlwasser und Eiswürfel. Mein Motor war überhitzt. Das Projekt „Niedrige Körperkerntemperatur" war gescheitert. Hitze und Luftfeuchtigkeit setzten mir mächtig zu. Oder hatte ich eher ein Kopfproblem? Welche Rolle spielte es, dass in diesem Jahr die Verpflegungsstationen 2 bis 2,5 Kilometer Abstand voneinander hatten und nicht nur 1,6 Kilometer wie noch vor fünf Jahren? Solche Gedanken hatte ich zwar noch nicht im Rennen, sie kamen aber hinterher auf der Suche nach den Gründen für meine größer werdenden Probleme.

Mein Durchschnittstempo rutschte nach den Stationen kontinuierlich ab. Erst um eine, dann um zwei Sekunden. Aufholen konnte ich diesen Verlust anschließend beim Laufen leider vorerst nicht. Mit Grausen sah ich, wie meine durchschnittliche Pace so langsam wurde, dass ich damit auch mein zweites Ziel nicht mehr erreichen würde. Der Blick nach vorn war leider auch keine Motivation. Ich sah vor mir eine nicht enden wollende Schlange an Läufern und versuchte, mich abzulenken, indem ich nach dem Abzweig nach links ins Energy Lab Ausschau hielt. Der wäre ein einigermaßen nahes Ziel. Doch das Einzige, was ich sah, waren winzige, sich ganz leicht bewegende Punkte hinten am Horizont: meine Mitstreiter. Es war wie an der Nordseeküste, wo man morgens schon sieht, wer abends zum Essen vorbeikommt. Ich konnte in der Ferne sehen, wo ich in ein, zwei Stunden sein würde. Alles andere als motivierend.

Ich versuchte, mir selbst glaubhaft zu versichern, dass es jetzt zwar vorerst lange leicht bergauf gehen, dafür der Weg zurück abschüssig und leichter sein würde und ich dann richtig Gas geben könnte.

So ließe sich die verlorene Zeit sicher aufholen. Als ich endlich durchs Energy Lab lief, brach bei mir jedoch ein Damm: Ich hatte lange meinem inneren Schweinehund vehement widersprochen, der meinte, ich solle doch gehen statt laufen. Das sei alles viel zu anstrengend, insistierte er. So penetrant wurde er mit seiner Forderung, dass ich schließlich klein beigab und zum Gehen wechselte. Er hatte recht, das tat gut. Aber es gefiel mir trotzdem nicht, denn ich dachte an meine Zeit, an mein zweites Ziel, von dem ich mich noch immer nicht ganz verabschieden konnte.

Als ein anderer deutscher Athlet an mir vorbeilief und rief: „Du willst doch wohl nicht etwa gehen?", erwiderte ich kurz: „Natürlich nicht, wer macht denn so was?" und setzte mich schleppend wieder in Laufbewegung. Der Schweinehund war aber weiter sehr präsent und fühlte sich wohl ermuntert, nachdem er nach sehr langer Zeit mal wieder einen Erfolg bei mir verbuchen konnte.

Ich joggte weiter und erreichte nach dem Energy Lab das, was mir Mut machen sollte: der Queen K-Highway lag zu meinen Füßen und das bedeutete, ich war quasi auf der Zielgeraden, wenn auch auf einer ziemlich langen mit ein paar Kurven am Ende. Es ging zurück nach Kona. Vielleicht noch zwölf Kilometer. Ich blickte auf die Uhr und sah ein Durchschnittstempo von 5:38 im Display. Damit wäre ich beim Marathon knapp unter vier Stunden geblieben, aber weit entfernt von den angepeilten 3:50. Dafür bräuchte ich eine Pace von 5:30 pro Kilometer. Ich musste mich also sputen. Und tatsächlich: Ich kam ins Rollen und schaffte ein aktuelles Tempo, das zwischen 4:45 und 4:55 lag. Langsam, ganz langsam, ging auch das Gesamttempo nach oben. Ich hatte es schon auf einen Schnitt von 5:34 geschafft und war auf einem guten Weg, als ich wieder das tiefe Bedürfnis verspürte, den Einflüsterungen meines Schweinehundes Folge zu leisten: den Rest zu gehen und das Rennen halbwegs gemütlich ausklingen zu lassen, mich nicht mehr anzustrengen. Aber dann kam die Gegenrede von irgendetwas, das sich noch immer weigerte aufzustecken, und in meinem Kopf spielten sich heftige Kämpfe ab: „Komm, mach weiter, gib nicht klein bei, es sind nur noch ein paar Kilometer, das schaffst du auch noch laufend", flüsterte die Stimme.

Die Antwort des Schweinehundes kam prompt: „Wozu denn? Du wolltest auf Hawaii dabei sein und es genießen. Mission completed, du brauchst dich nicht weiter anzustrengen, wenn du so erschöpft bist."

„Bitte was? Wahrscheinlich ist es das letzte Mal Hawaii. Da kannst du dir ruhig noch etwas mehr Mühe geben. Danach kannst du die Beine hochlegen, so lange du willst und deinen Erfolg genießen. Aber dafür musst du jetzt ein letztes Mal etwas tun!"

„Quatsch. Es reicht doch, ins Ziel zu kommen und die Medaille um den Hals gehängt zu bekommen. Interessiert es dich wirklich, ob du 10:55 oder 11:20 brauchst? Das ist doch komplett egal. Du hast dich in den vergangenen zwei Jahren schon genug angestrengt."

Der Schweinehund hatte in diesem Moment die in meinen Augen deutlich überzeugenderen Argumente. Ich drosselte mein recht hohes Tempo und wechselte für vielleicht eine halbe Minute ins Gehen bevor ich mich wieder zum Laufen in Schwung bringen konnte. Ich schaute auf meine Uhr. Ihr Display war schwarz. Akku leer. Ich hatte sie doch vor dem Rennen vollgeladen. Wenn selbst die schlapp macht, dann darf ich das auch. Oder? Mit kleinen Gehpausen zockelte ich weiter Richtung Dig Me Beach. Es war entschieden: Ich würde nur mein erstes Ziel erreichen. Obwohl „nur" eigentlich nicht stimmt. Gleich würde der legendäre Sprecher Mike Reilly die berühmten Worte sagen: „You are an Ironman." und mein Zweijahresironmanhawaiiplan würde fast perfekt aufgegangen sein. Es war kein „nur", es war ein „eigentlich unfassbar". Die letzten Meter zum Ziel legte ich wieder gehend zurück, obwohl jetzt alle Müdigkeit gewichen war und ich locker hätte durchlaufen können. Die Power war zurück, das große Ziel lag direkt vor mir. Ich wollte die letzten Meter auf meinem langen Weg hierhin aber zelebrieren und aufsaugen. Viel mehr Glück und tiefe Zufriedenheit kann ein Sportler kaum empfinden, als ich es in dem Moment des Zieleinlaufs tat, glaube ich. Es war vollbracht. Es hatte wieder funktioniert. Zum zweiten Mal hängte mir eine Ironman-Helferin auf Hawaii die große, fette Medaille um den Hals und ich brachte mit erstickter Stimme gerade noch ein „Thank you" hervor, dann wich alle Anspannung. Ich war völlig erschöpft. Für Pizza und Pommes reichte die Energie gerade noch, dann wollte ich nur noch eines: schlafen. Es war ganz anders als bei meiner Premiere, als ich abends noch zurückfuhr in den Zielbereich, um die Spätankömmlinge zu bejubeln. Dazu war ich diesmal ganz und gar nicht in der Lage.

Auch der Tag nach dem Rennen war diesmal anders: Zwar wachte ich ebenfalls wieder im Morgengrauen auf, setzte mich, meiner Kona-Tradition folgend, mit einem Kaffee auf den Balkon und schaute aufs Meer: als zweifacher Hawaii-Finisher mit Medaille um den Hals und neuem Hawaii-WM-Teilnehmer-Aufkleber auf dem Tria-Bike. Während ich mich 2017 aber vor lauter Muskelkater kaum hatte bewegen können, blieb der diesmal fast komplett aus. Meine Beinmuskeln schmerzten nur leicht, ich konnte ganz normal gehen und auch der Treppentest ergab, dass ich ohne Probleme rauf- und runterkam. Wie war das möglich? Vielleicht, weil mein Problem wirklich Hitze und Luftfeuchtigkeit waren, aber mein Körper nicht bis an seine Grenzen gefordert worden war? Wäre ich unter anderen Bedingungen zu mehr in der Lage gewesen? Und noch etwas beschäftigte mich morgens beim Kaffee: Wieso nur musste ich beim Marathon gehen? Vor fünf Jahren kam ich mit einer einzigen kurzen Gehpause aus. Klar, ich konnte nicht mehr. Aber für kritische Situationen hatte ich bislang immer Strategien gehabt, um mich zu motivieren, mir selbst in den Arsch zu treten.

Ich glaube, ich hatte mich zu sehr auf meine Intuition verlassen und darauf, dass ich mich schon irgendwie würde aufraffen können.

Auch während des Zweijahresironmanhawaiiplans war der innere Schweinehund immer nur schwächlich und klein, sodass ich meistens kein Problem mit ihm hatte. Im Rennen aber hatte er mich gekriegt. Als hätte er all seine Energie seit Monaten für diesen Marathon aufgehoben. Er hatte wohl auch einen Zweijahresplan.

Ich hätte mir etwas zurechtlegen müssen: motivierende, anspornende Gedanken. Ein Mantra. Irgendwas. Aber in der Hitze des Gefechts war da nicht viel, auf das ich hätte zurückgreifen können, ich war dem Schweinehund ausgeliefert. Vor dem Frankfurter Quali-Rennen hatte ich wochenlang Tag für Tag mit einer Affirmation gearbeitet. Ich hatte mir erfolgreich eingeredet: „Ich bin stark, ich bin fit, ich schaffe die Quali." Tag für Tag sagte ich es mir, mehrfach. Glaube versetzt Berge und diese positiven Selbstgespräche, Bilder, Gedanken und Einstellungen haben mich unterstützt, das große Ziel zu erreichen.

Im Marathon auf Kona hatte ich die Quali aber schon geschafft. Das Mantra funktionierte nicht mehr. Das war mir eine Lehre: Es lohnt sich, sich rechtzeitig mit allen Eventualitäten zu befassen und sich mental darauf einzustellen, auch auf das Unbekannte. Entscheidend aber ist letztlich: Ich bin ins Ziel gekommen und überglücklich und erleichtert. Das ist es, was zählt!

Der Langdistanztriathlon und die damit verbundenen Emotionen – gute wie schlechte – bedeuten mir etwas. So viel, dass ich schon in Frankfurt wusste, dass ich von etwas, das mir so viel Spaß macht, noch lange nicht genug haben würde. Zehnjähriges Langdistanzjubiläum und angedachter „Rücktritt" hin oder her. Außerdem schuldet mir der Schweinehund eine Revanche! Aber noch mal der Zeitaufwand, noch mal das viele Training? Ich geriet in ein Grübeln, von dem ich dachte, dass ich es hinter mir hätte. Deshalb tat ich, was man auf Hawaii tut, wenn man eine Entscheidung braucht: Man geht ans Meer.

Zwei Tage nach dem Rennen tat ich das mit Wiebke. Wie schon 2017 standen wir auf den Klippen, in den Händen unsere hawaiianischen Blumenketten. Wir warfen sie in hohem Bogen ins Meer und sahen, wie die Wellen sie hin und her warfen. Mal spülte es sie in Richtung Küste, dann wieder Richtung offenes Meer. Wir warteten eine Weile und beobachteten, ob die Blüten zurück ans Ufer getrieben würden, aber sie wogten weiter ohne klares Ziel. Schweigend ließen wir das Meer hinter uns und fragten uns, welche Entscheidung es diesmal treffen würde: Rückkehr nach Hawaii oder nicht? Wir lassen uns überraschen! Obwohl ... wenn's nach mir ginge: Eine leichte Tendenz hätte ich schon.

UND WER JETZT **NOCH NICHT GENUG** HAT …

… der findet unter diesem Link die Details zu meinen Trainingsplänen: www.thorsten-schroeder.de/road-to-kona

DANKSAGUNG

Viele Menschen haben auf unterschiedliche Weise ihren Anteil daran, dass ich es nach Hawaii geschafft habe. Ihnen allen danke ich sehr, vor allem aber danke ich Wiebke! Sie hat mir immer den Rücken freigehalten und mich mit großem Herzen unterstützt.

Ein ganz besonderer Dank geht auch an Carola Felchner, die meinen Text mit ihren vielen Ideen sehr bereichert hat.

Ich danke Johannes Altincioglu, ohne den meine Geschichten nicht in Buchform nachzulesen wären. Außerdem danke ich allen bei der Agentur Graf & Graf, insbesondere Franziska Günther, für eine herrlich unkomplizierte Zusammenarbeit, sowie meiner Lektorin Maren Ziegler, die es geschafft hat, meine wilde Schreibwut in geordnete Bahnen zu lenken.